教育実践・教育運動記録集

門田 雅人
Kadota Masato

はじめに

私は、二〇〇九年三月四万十町立米奥小学校校長を定年退職しました。三七年間の教職を経過したことになりました。これまで、教育実践や教育運動に関わって、教育雑誌や書籍などにいくつかの文章を書き綴ってきていました。この冊子はそれらの記録集です。私は、子どもたちが書き綴ること、絵を描くことを教育実践の中核に位置づけて取り組みを継続してきたところです。教師としての私自身にも書き綴ることについては、機会があれば逃げることなく請け負ってきたのでした。

私は、決して文章を書き綴ることが得意ではありません。しかし、父親が遺していてくれた、小学校二年生のときの私の作文『ぼくのおとうと』が時空を超えて六歳違いの弟の誕生に関わるできごとや想いを、還暦の私に伝えてくれる事実をみても書き綴ることはすごいことだと感じます。私は、若輩の頃に書き綴った自分の文章についてもその責任を負わなくてはならないのです。恥ずかしくて顔を赤らめざるを得ませんが、真摯に教育に取り組んできた証拠が残っていることについては誇らしく思います。

私は、いろいろな立場を超えて、協力・協働して教育実践や教育運動に取り組むことを大切にしてきました。職場やサークルの仲間、保護者や地域の人々に支えられてきたことに感謝しています。

二〇〇九年四月　　門田雅人

門田雅人 教育実践・教育運動記録集／目次

一九七三年三月
1 子どものものの見方、考え方 感じ方を育てる図工指導 30
「大方町指定研究中間発表」（大方町立田ノ口小学校）抜粋

一九七五年七月
2 一見絵はへたでも通知表は○ 32
『子どもと教育』（あゆみ出版）7月号

一九七八年三月
3 はっきり正しく読め深く豊かな読み取りのできる子どもを育てる 47
「52年度川崎小学校校内研究、幡多地教連後援」一九七八年三月一日
第6学年 国語科指導案 一九七七年六月一五日
第2学年 国語科学習指導案 一九七八年三月一日

一九七八年三月
4 '77年絵本の拡がりの中で 50
『月刊絵本』（すばる書房）3月号

一九八〇年二月
5 子どもの見る目・感じる心を育てる ―9才の節を見すえた描画指導― 54
『なんぷう』（南の風社）第4号 一九八〇年二月一八日

一九八〇年三月
6　幼年期の教育と保育問題 —— 66
『教育評論』（日本教職員組合）3月臨時増刊号

一九八〇年九月
7　生活する子ども、親、教師を結ぶ　—ぼくの学級通信のとりくみ— —— 72
『月刊どの子も伸びる』（部落問題研究所）9月号

一九八三年一月
8　自分を自分でさしずできる子を　—書くことの指導を軸にすえて— —— 80
季刊『教育実践』（民衆社）冬季刊＝第37号

一九八四年夏
9　いのちの大切さを描いた絵本 —— 90
季刊『子どもと美術』（あゆみ出版）夏季号

一九八四年一二月
10　みんなの力で地域に根ざした高岡の教育を —— 96
『父母とともに創る教育』（あゆみ出版）一九八四年一二月五日

一九九〇年
15　指導作文②　兵隊に行っていたおじいちゃん　こども小砂丘賞小学6年の部最優秀 ―― 144
『小砂丘賞作品集　14』（高知市民図書館）一九九〇年九月二一日
一九九〇年～九六年
16　イメージの宝石箱　一冊の絵本 ―― 別冊
季刊『子どもと美術』（あゆみ出版）No.24～40　連載
一九九一年三月
17　高学年の美術 ―― 150
『小学生の美術教育』（あゆみ出版）一九九一年三月二〇日
一九九一年八月
18　6年　想像の翼をはばたかそう！　絵のイメージ・ことばのイメージ ―― 167
『実践　図画工作科の授業　第13巻　鑑賞』（同朋舎出版）一九九一年八月三一日
一九九二年七月
19　「自由は土佐の山間より」民間の教育研究運動のうねりを！ ―― 170
「子どもと美術」（あゆみ出版）春夏号

一九九二年九月

20　指導児童詩①　自殺した男の子　174

『93年版　年刊日本児童・生徒文詩集』（百合出版）『作文と教育』臨時増刊号

一九九三年一月

21　指導作文③　父の仕事場に行って　こども小砂丘賞小学6年の部最優秀　175

『小砂丘賞作品集　18』（高知市民図書館）　93年一〇月一日

一九九三年一一月

22　指導作文④　転校そして卒業前の僕　180

『94年版　年刊日本児童・生徒文詩集』（百合出版）『作文と教育』臨時増刊号

一九九四年七月

23　教育合意を大切にして、地域に根ざした学校づくりを　184

『部落』（部落問題研究所）'94特別号

一九九五年

24　指導児童詩②　小さな声で帰りの会　206

『96年版　年刊日本児童・生徒文詩集』（百合出版）『作文と教育』臨時増刊号

一九九七年二月
25　子どもとの距離を考える――208
「探検　本の海へ」（こどもの本と未来を語る会）VOL.12

二〇〇四年八月
26　卒業生への祝いのことば――212
「清流」（医療法人川村会くぼかわ病院報）第34号　二〇〇四年八月一五日

二〇〇四～〇五年
27　絵本の宝石箱　一冊の絵本――別冊
月刊「風の子」（高知県保育団体連合）　連載

二〇〇五年一一月
28　現職教育の充実をめざす学校経営　～特色ある学校経営の推進～――221
高知県及び高岡地区小・中校長会で発表

二〇〇六年二月
29　私が大切にしてきた美術教育　―そして今　校長として―――244
「子どもと美術」（美術教育を進める会）No.57

二〇〇七年

30　想い描くこと・書き綴ることを大切にして──234
高知大学教育学部講座「高知県の教育」講義

二〇〇八年一月

31　パネルディスカッションを取り組み終えて──253
『子どもと美術』（美術教育を進める会）No.61
パネルディスカッションを進行するに当たって──252
第44回　全国図工・美術教育研究大会要項　二〇〇七年八月三日～五日

二〇〇八年～二〇〇九年

32　地域とともに四万十川と学校林を活かす
「文化高知」（高知市文化振興事業団）
1　沈下橋に桧の炎が燃えた──258
No.145　二〇〇八年九月一日
2　子どもと四万十川に橋を架ける──260
No.146　二〇〇八年十一月一日
3　学校林が子どもたちに近づいてきた──262
No.147　二〇〇九年一月一日
4　大好き！　ぼく・わたしの故郷〈総合的な学習が主体的子どもを育てる〉──264
No.148　二〇〇九年三月一日

教育実践等の略歴について

・掲載したものは、一部を除いて印刷された出版物からとりました。サイズを合わせるため縮小したりなどしたため、読みにくい箇所がありますが、ご了承ください。
・たて書きとよこ書きが混在しています。よこ組みの文章は、その章の後ろから読むものもあります。
・各章にはトビラがあります。掲載された本や冊子の表紙とともに、データを挿入するようにしてあります。
・発表した文章は年代順に並べましたが、発表した時期と発刊された時期がずれていたり、正確さに欠けているものもあります。
・「別冊」とあるのは、その後、単行本になったものです。この記録集にはありませんので、本になったものをお読みいただければ幸いです。

1

子どものものの見方、考え方
感じ方を育てる図工指導

子どものものの見方、考え方
感じ方を育てる図工指導

※30頁からお読みください

1973年３月
「大方町指定研究中間発表」（大方町立田ノ口小学校）抜粋

5年　門田学級

月	時間	領域	題材	内容	材料・用具
1	3	デ	色のものさし	黄＋青＝緑、赤＋黄＝橙、青＋赤＝紫であることを知る 二色の混合でできる色を混ぜ合わせる割合を変えることによつて五段階を作る 水を含ます割合によつて色あいが変わることを知る	五個のまどを印刷した画用紙、水彩絵の具
	2	絵	きゆうりを描く	色のものさし作りで学習したことを生かしてきゆうりの複雑な色あいを緑色の絵の具を使わないで描写	画用紙、水彩絵の具、色のものさし
	1	デ	わぎりのきゆうり	白の絵の具の使い方のくふうをする	ほうちよう
2	8	彫	はとの塑像つくり	班の共同制作によつてベニヤ板を外わくにしセメントを流し込んで立体塑像をつくる	ベニヤ板、ノコ、くぎ、かなづち、ガムテープ、鉄棒、パイプ（目）、セメント、コテ
3	4	工	指人形づくり	卒業生を送る会に学級として紙粘土を使つて指人形づくりをする（はがきとわりばしを心棒に作る）洋服は家庭科と協力して作り上げる。動物や人物にあつた彩色	わりばし、はがき、紙粘土、絵の具、ニス、布

5年　門田学級

4 月	2 2 2	絵 絵 絵	かあちゃんの表情 クロツキー 大きな木を見て	5 月	6	絵	大きな木を見て
6 月	2 2 2 2	デ 絵 デ 工	12色使つて手を描く クロツキー ダンボールの構成 ダンボールの大きな家つくり	7 月	6 2	工 デ	ダンボールの大きな家つくり 家の着彩
9 月	6 2	工 デ	人体模型つくり （ダンボール） 運動会ポスター	10 月	2 6	工 絵	運動会のために 働く人たち
11 月	4 2	絵 絵	働く人たち クロッキー（変形紙）	12 月	6	彫	人の顔や体
1 月	3 2 1	デ 絵 デ	色のものさしつくり きゆうりを描く わぎりのきゆうり	2 月	8	彫	はとの塑像つくり
3 月	4	工	指人形つくり				

	きる。 o　消せないので緊張したリアルな線をとらえるようになる。 o　竹ペンなどで描いたものに彩色した絵は線の強さにたよりすぎて平版な立体感のない絵になりやすい。	用紙の選択
透明水彩	o　溶けやすく絵の具ののびが良いので白い画用紙の上では透明度高い、タッチを生かして対象にせまるのに適する。 o　乾燥が遅いので重ねぬりをして失敗することがある。	中、高学年に向いている
不透明水彩	o　重色がきき、乾燥が早いので使いやすい、しかし重色によつて濁つた色、不用意に色をぬりたくりやすい。 o　水でうすめて半透明の部分を作つたり、不透明性を生かして質感、量感をくふう、効果的な表現ができる。	低、高学年を問わない
筆	o　普通、細筆、中筆、太筆の三本用意すれば良い同じ太さは不用、平筆でなく丸筆のやわらかいものが良い。	丸　筆 狸　毛
パレット	o　パレットは絵の具の置き方を一定にし、右から明るい暖色、中性、寒色などと、絵の具は全色一通り出しておく。	
紙	o　ケント紙、ワットマンなど高いものは必要でないとしても、四切画用紙で十円程度のものを使いたい。九切五円	
筆　洗	o　市販の小さなものはほとんど役に立たない。 ミルクの空かんなどで作ると良い。	
色　紙	o　色紙、和紙、色画用紙など教材に応じて選び、その大きさなども十分含味して使う必要がある。	
材料、用具	特　色	備　考

文責　門田

資料No.3

☆ 材料用具と特色

昭和47年度　校内研究

大方町立田ノ口小

1. 材料用具の選択の基準

- o 指導内容や目標にてらして、どの用具や材料が良いか。
- o 発達段階から見てどの用具、材料が適切か、子どもが使いこなせるか。
- o 教材や、題材に適しているか、対象をリアルに表現できるか。
- o 時間的な制約から見て適切か、紙の大きさ、綿密さの度合。
- o 作品のイメージと合つているかどうか。

2. 主な材料用具と特色

メ　モ

黒鉛筆	o 使いやすく、学年的配慮は余りしなくて良い。 o 消しゴムが使えるので、物の形態を追求するのに適する。	スケッチ 下　絵
色鉛筆	o 色数が多く細がきができるので細部まで形、色が描ける。 o 重色や混色ができないのでリアルな色には限界がある。	木の葉や器物の細かな描写
クレヨン	o パス類に比べて固いので扱いやすく線描に適している。	低学年生活画 お話の絵
クレパス	o 混色や重色が比較的自由なので自然色が出しやすい。 o 軟かいので手や画面をよごしやすく、遊びぬりになり勝。	絵の具と併用できる
墨　汁	o 竹ペンや割りばしペンを使つて細密な描写がで	細密描写

描くか、このレントゲン式しかないわけです。前の物体にかくれた部分は見えないだけで、存在はしているということはレントゲン画の子どもには理解されかけています。

o 1年生ぐらいに″皿にリンゴをたくさん入れた絵を描いてごらん〃と言うと、ほとんどは皿の上へ上へつみ上げるか、小さくぎしぎしにつめこむはずです。次に皿と13個のリンゴを印刷して子どもにぬらせて切つてはらせてみると・・・o重ねることを発見する。

o上から重ねるか下から重ねるかの問題がでてくる。

ⓓ 縦ならびのびん

これは先の重なり遠近の発展です。これでは型紙を使つて重ねてはつても、㋐おかしいことがあるのに気付きます。それは後ろのびんの背丈は前のより低く見えるからです。次に机のはしにおいてやると㋑下の方にも気づくはずです。

ⓔ 運動場の広さ

教室で思つたことが外で使えるとは限りません。数本の木と校舎が描けるでしょうか。

ⓕ 紙ヒコーキとばし

ヒコーキを作つてとばし、高い低い、遠い近いなど描いてみる。・・・発展

物語 ″夕づる〃や″大造じいさんとがん〃など

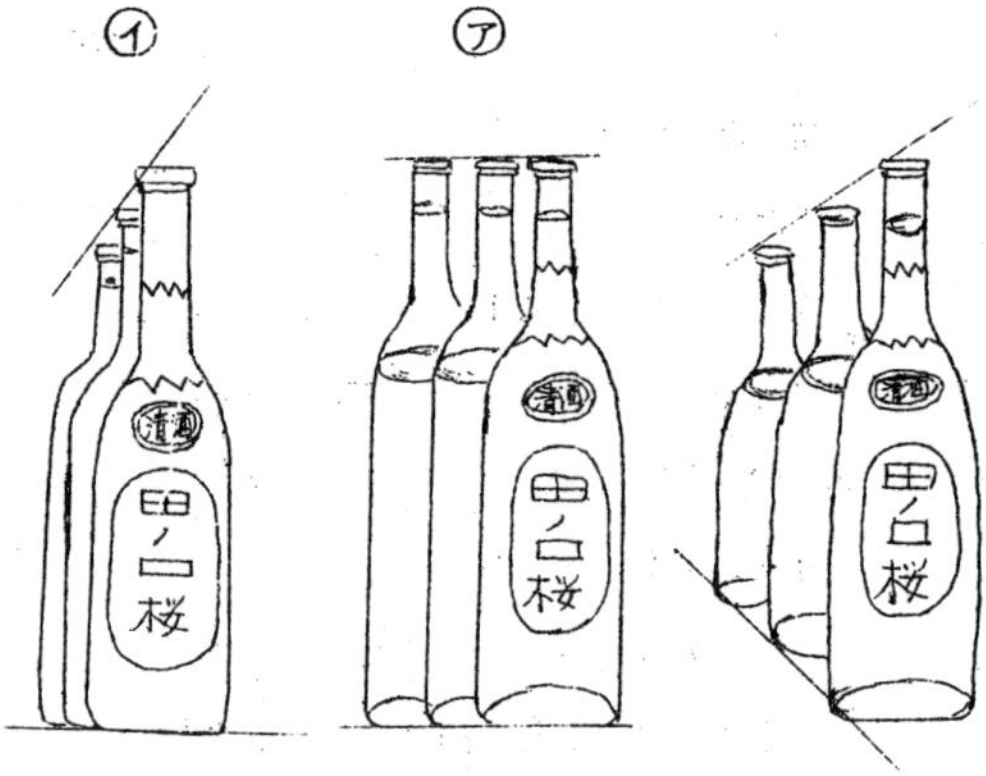

資料No.2

☆ 空間の指導

昭和４７年度　　校内研究

大方町立田ノ口小

1. 前後、左右、上下の表現

どんな絵でも空間を考えないでは描けません。一年生の子どもには右向きの魚を見て描かせても、左向きに描いて平気な子がいたりします。また上学年に木を描かせても枝は左右にばかりで前後にはないということ、人をたくさん描かせてみてわかることは重なつた人がいないということです。

小６年生に牛乳びん３本をたてに並ばせて描かせての結果は・後のはしのびんの背丈が高くなる　・びんの幅が後ほど広くなる　・びんの口が後ろほど大きくなる、などほとんど正しく描けなかつたという実践例やこれは中学生でも同様であつて遠近法が使われる子どもは３割に満たないとさえ言われます。遠近法は長い長い人類文化が生みだしたもので、ダヴィンチが完成させるまでに数１０万年かかつているものです。〝遠近法とはこういうものだ〟と教えることを中学にまかせておくのでは不十分です。

2. やさしいことから

ⓐ 地面から画面へ

幼児にとつて画面は地面に当ります。画面では天地左右なんてないのです。だから画用紙をグルグル回して描きます。小学生も描くものによつてはかなり高学年までそうです。例えば水泳や運動会です。一方家や木、運動会の玉入れなどの題材は画用紙の中に否応なしに地面の線を必要とします。

ⓑ 左右、上下（列車、棒のぼり、つなひきなど）

子どもたちにとつて画面全体を考えることはなかなかです。頭から描き始めると足がはみ出したり、大きくあいたりします。

o横長い画用紙に列車を描かせる。どんどん連結させる。次に台数を指定する中で指導が必要、発展としてつなひきや、物語大きなかぶetc，が考えられる。

oたて長画用紙を使つて、電柱や木、棒のぼりなど・・・

ⓒ 奥行き（前後）・・・（果物の貼り絵）

幼ない子どもの描く絵にレントゲン画というのがあります。二つの物体を描く時、並べての話し合いの中で、既成作品の鑑賞が非常に役立つこと（子どもの作品集購入）またねらいを持つて取り組んだ後では、作品との対話が自然に持たれますし、作品との対話が持たれてこそ、集団の中で互いを認め合うということの意味が深められるのではないかと考え始めています。

「描写」や「表現」の課題を問題にして行く取り組みの中で、次年度は「描写」の課題だけでなく、「表現」の課題に取り組むために「生活」を題材に求めていく取り組みを始めたいと考えています。″誰にでもできる〃″子どものものの見方、考え方、感じ方を育てる〃図工指導をめざして。

文責　門田

MEMO

て地域の生活に深い関連があり、ハウスが忙しくてかまつてもらえない子にとつて作文などで「ぼくは、きゆうりになりたい」などと言わせている対象であること、などがこの題材を取り上げた理由です。

前段として、各学年で発達段階に応じて、青＋黄＝緑であることを気づかせ、教えました。低学年では、色遊び的に、高学年では青と黄の絵の具の割合いや、水の含ませ具合で緑色もさまざま違つた色や感じになることなどを学習しました。

「ありやあ、これは青の方が多かつたに、緑がうすい。」という声は、話し合いの中で〝水の含ませ方で色が違つてくる〟ということに発展的に気づく源になりました。

きゆうりの話し合い、「イボイボのとげの所の色は、赤みがかつちよる」とか「黄色から急に緑には、なつちよらん、段々混じつていちよる」とかいう話し合いで、描くイメージをはつきりさせ、取り組んだ中で、子ども自身が驚くような色の感じが、描写表現されました。

今後の取り組みにむけて

私たちは、本年度の研究実践の中で、自分たちのものとしていくつかのことを学びました。これまで述べたことと、重複をさけますが、カリキユラムの検討と編成実践の過程では、教科書や指導書のカリキユラム、時間数のことも問題になりました。絵画、デザイン、工作、彫塑の四領域がほとんど順次性や関連性を欠いたまま配列されており、しかも非常に短い時間で完成することになつています。（一課題を２、４時間程度で仕上げるようになつている。）私たちのカリキユラムづくりは、先に述べたような方法を取つたために指導書通りの時間数と題材のものも相当数、組み込まれていました。したがつて、実際の授業では完成に多くの時間を必要としたためカリキユラムの変更を余儀なくされました。また、順次性（系統性）については、指導書では二年生までは生活経験を思い出して描くことをし、三年生から見てかく、観察による絵が取り上げられていますが、発達段階をこういう具合に固定化してしまうことには、疑問があります。（実際に見て描く実践が１、２年でもねらいを持つて楽しくなされました。）題材や指導内容を中心にして順次性（系統性）を考えるべきだと考えますし、また、絵画、工作、デザイン、彫塑の四領域もそれでもつて、総合的に取り組むことができるのではないでしょうか。

四領域に加えて、鑑賞の領域を私達は年度頭初軽視していました。実際に後かたづけさえ、バタバタとして時間内に終われない状態でした。しかし、描写や表現の課題に取り組むことによつて、〝何をどう表現するか〟ということに真剣に取り組んでいくにつれて、制作前の子ども同志

o白、黒の使い方で、生き生きとした色や、死んだ色になること。

o濃淡の問題、三色の混色だけでは平板な彩色に止まること。

o光の表現、室内と戸外、遠くと近くなど。

具体的には、どんな実践が考えられるかというと、

o色水つくり――赤、青、黄色の色水をまぜ合わせると橙、緑、紫色の色水ジュースができる。

o人参、胡瓜、茄子を描く――先の要領で創つた橙、緑、紫色で描ける。高学年ほど複雑な混色をすることを求める。

o三原色で１２色を創る――１２の枠を二段つくつて上段には、絵の具の１２色を下の段には、創つた１２色を、何度でも筆を洗わせて近づける。

o色のものさしづくり――例えば、緑色であれば、原色の黄色と青色を両極にして混ぜる割合によつて、何段階かつくれるはずです。（米粒大をひとつという単位にする。）さらに、黄＋青＋黒、黄＋青＋白も考えられるし、

ex,

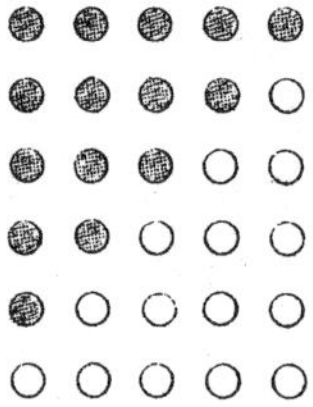

● 青　○ 黄

ものさしづくりの失敗作から、水の含ませ方で濃淡ができることを指導することができる。

o電気釜を描く――これを、えんぴつで描かせると、子ども達は、電気釜そのものの色（白黒）の他に光を白と黒で描写しなくてはいけないことに気づく *etc*，

――以上研究討議資料から――

などが考え、話し合われ、全学年に〃きゆうり〃を描かせることによつて、彩色の指導をしようということになりました。

④ 色彩指導の実践から

私たちは、本年度（４７年度）研究実践の一段階のまとめの実践として二月に〃全学年同テーマ同時間実践〃として、緑色の絵の具を使わない〃きゆうりの絵〃を描かせました。

きゆうりは形が単純であること。黄色から深緑の色までが一本の中にあること。そし

つくります。しかしこれは本能的に「できてしまう」のであつて、本当にすばらしいのは、やりそこなつたり、やり直したりして「つくりだす」ことなのだと思います。しかも「こうしたい」というイメージが立てられるからこそ失敗もあるのだと考えます。

ⓑ　創造性とはうけ入れる姿勢

私たちは、子どもたちが「こうしたい」というイメージと自分の絵として完成した「作品」とのずれに気付いた時（発達段階から考えると小学校中、高学年）に「〇〇ちゃんはうまいけど、ぼくはへただ」といつたことになるのではないかと考え、表現の手だてとしての「描写力」を大切にしようとしたわけです。

講師の先生の授業でも２０分以上が「導入」に当てられ、描くイメージづくりや手だてが話し合われました。私たちの実践でも「何をどう描かせるか」という見とおしを持つて子どもたちと話し合つて描かせた時ほど、子どもたちは、ぐんぐん仕事をし熱中もしました。（二時間三時間ぶつとうしの休み時間なしなんてことが起こりました。）本当の創造とは仲間（集団）の中でひとりひとりでは思いもつかないものがみんなの力ででてくることだと本当に思いました。したがつて

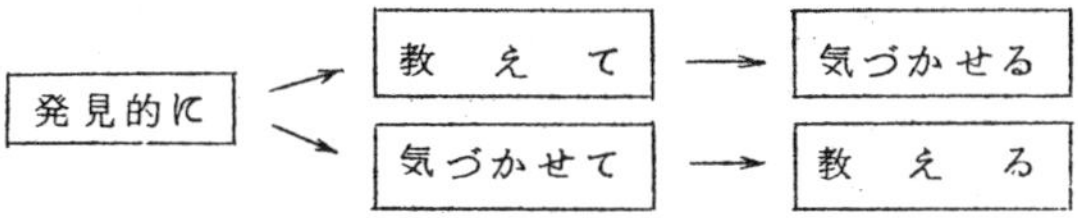

ことを大切にしたいと考えます。これでないと、先生が言う通りにしたら「できてしまつた」ということになりかねません。

ⓒ　彩色の指導の研究実践から

㋐　色数は多い程良いか（色は創るもの）

「色数は多い絵の具ほど良い。たくさんの色を使うことで色彩感覚は豊かになる。」という考え方があります。「２４色の絵の具ぞ」と自慢する子もいます。でも実際には２４色を与えても赤、青、黄、白、黒という基本五色が一番使われるのですが、他には空は空色、地面は茶色、顔は肌色といつた色が、きまりきつて使われます。つまり概念的な絵になることが多いと言えるでしょう。子どもたちには、初め無制限に色を与えずまず基本五色を、それから多彩な色を創りだしていく指導が必要だと考えました。おさえ所として次の五つが考えられます。

※おさえどころ

o二つの原色を合わせて、新しい色あいが創れること。

o三色の混色でさらに複雑な色あいが創れ、いつそう複雑な彩色可能なこと。

らえ、克服したら、させたら良いかを話し合うことができ、実践結果や作品を持ちよつての検討も可能です。このことは、二つの方向から、当たることが考えられました。

(ア) 年中、学校行事を考慮する――このことは、描画に於いては「経験による絵」の部類に属すると言えます。しかし、ここでは私たちは、デザイン、工作、彫塑といつた領域を考えに入れて（研究の中心を描画にしぼつたのではあつたが）図工の時間に作つた作品で年中行事や、学校行事を楽しくもり上げることとの関連を重視しました。″母の日″″たなばたさま″″運動会″″卒業生を送る会″などが取り上げられましたが、中でも″運動会″の小道具や飾りつけ、ポスターといつたものや、″卒業生を送る会″の取り組みとしての″かげ絵人形〃″ペープサート〃″指人形づくり〃などは、ダイナミックで楽しい制作や活用ができたと言えます。

(イ) 描写力を高めるねらいの題材を持ちこむ――形や色、空間、構図といつた描写力の課題やパレット、水彩絵の具の使い方などの基礎的技術の指導を大切にすることを通じて表現を豊かにする基盤をつくろうとしました。

形については″いろいろなまる〃″三角四角〃″立つた人〃″すわつた人〃″働く人〃″拾う人〃などとして、人の体の形の描写力をクロッキーによつてねらつています。

色については″色のまど〃（１年）、″色づくり〃″色のちがい〃（２年）、″青と黄で緑をつくる〃（３年）、″色のものさしづくり〃（４、５、６年）″１２色で手を描く〃（５年）、全学同一テーマ同時間指導として″キユウリを描く〃（緑色の絵の具を使わないで）などが編成、実践されました。

″空間〃″構図〃は個別には見られたが、共通的取り組みはなされなかつた。

ⓑ 系統的な指導のできるカリキユラムづくり

この取り組みは長い実践のつみ積ねによつて初めて、発達段階に即したものが定着すると言えるでしよう。私たちの取り組の中では「色彩」指導にその方向性を示した芽ばえ的な典型があると考えています。

カリキユラム資料No.４、５参照

③ 指導と子どもの自主性、創造性

ⓐ 「つくりだす」のと「できてしまう」――″研究主題について〃の中で私たちの考え方は示しましたので簡単にふれますが、私たちの間で″チユーリツプばかり描く子〃″人形のような人ばかり描く子〃が問題になりました。（これは、中高学年できまりきつた絵を描く子の問題も同じ）つまり「概念的な絵」の問題です。これらの絵は「つくりだす」ことをやめてしまつた「できてしまう」絵だと言えるのではないでしようか。ビーバーやクモはすばらしい巣を

etc,)ですし、もう一つは

子ども達が直接参加し、見聞きしている地域生活です。（稲刈り、大根干し、工事現場、お祭りetc, ）これらの「題材」を集団で話し合い「主題」を明確にしてこそ「表現」が豊かで意味あるものになると考えられます。物語などに「題材」を求める仕事も同様ですし、また集団で発展する方向は共同制作にも求められます。学級集団で「題材」の見方、考え方、感じ方が、話し合われ、深められ、育くまれ、何（主題）をどう表現するかが問われるはずです。

〔4〕 研究、実践の内容

① 研究の形態

ⓐ 研究職員会――基本的には、月に2回持つという形にして、その内一回は児童作品を中心にした実践についての話し合い、一回は″描写力を高める″の基礎的な課題の学習に充てました。

ⓑ 研究会への参加――全職員で参加したものとして、付属小公開授業研究（S 46. 5）具同小図工研究（S 46. 9）、三崎に於ける造形研究大会（S 46. 12）があります。付小研究会には″全教育活動の中での図工科の位置づけ″がどうなのかという視点を持つて臨み、後の二つには「指導」と「子どもの活動」がどうなのかに目を向けました。

ⓒ 講師をむかえて――付小研究会に参加した時、話し合う機会を得た付小の野島忠直氏を講師として、第一回は″観察による絵″の「対象をよく見つめる」という指導内容を中心に、第二回は「対象を描写する色彩」の指導を中心にして、本年度二回の授業研究を持ちました。

ⓓ 授業実践、研究

低学年部会と高学年部会を設定し、共通題材による授業実践をいくつか持つことによつて授業実践の充実をはかり、年間行事との関連や指導内容などを考えて、全校同一テーマによる授業実践を設定しました。

② カリキユラムの編成

カリキユラムは、学期毎に検討し三度編成の機会を持ちました。基本的な視点として、「系統的な指導のできるカリキユラムづくり」が必要だと考えましたが、最初からそのねらいが達成されるはずもありませんので、できるだけ全学年、あるいは複数の学級で共通題材や課題をもてるように編成しようとしました。

ⓐ 共通な題材や課題を持とう

同一の題材を与えることによつて、そこには共通の課題や問題が起つてくる。それをどうと

色　彩	o主題内容との関連における (イ) 全体と部分のコントラスト、強調、ぼかし (ロ) 主調色、虚構の色、リズム、バランス、ハーモニー

Ⓒ 材料、用具の問題

材料、用具は紙にしても、描く用具にしても多種多様であり、このことは描写と表現を無限に拡げるものと言えます。どのような材料、用具を選ぶかは、描写の対象や表現の内容にもかかわる重大な問題です。

資料を挙げるに止めます。―― 略 ――資料No.3

② 近い見とおしと遠い見とおし

ⓐ 近い見とおしについて

描画の全体像に挙げたものの中で、見とおしを持つて系統的に取り組む必要がありました。実現可能な近い見とおしの実践を通じて遠い見とおしの基盤づくりを考えたわけです。

・(ア) 描写、表現力を高める

・(イ) 系統的なカリキュラムづくり

・(ウ) 教材、教具の充実

・(エ) 環境の整備 ―― 図工科全体として

〃描写、表現力を高める〃課題の本年度の全学年による系統性のある取り組みの中心としては、子どもの「描写力を高める」ことをすえた。

ⓑ 遠い見とおし

近い見とおしをふまえて

(ア) 豊かな表現をする子

(イ) 生活を見つめる子

(ウ) 集団の中で発展する子

(エ) 自主的に行動する子

が見とおされます。 美術教育の目ざすものとして先にも若干述べましたが「描写」する力がついてゆくということは「表現」を豊かにすることへ発展させられます。そして、ここで何を表現するかが問題にされなくてはならない。その「主題」は、「生活」の中に求められるべきだと考えられます。「題材」として求められる生活の一つは

子どもの意識と深くかかわつた子どもの日常生活（あけび採りとか、エビ採り、学校生活

章内容および資料No.1、2参照

(ア) 描写能力の課題

基本的な課題、内容として、対象の「形」「色彩」「空間関係」「構図」を正しくよみとり、それらしく描写できるということが挙げられます。

※ 描写指導内容の具体的なおさえ

形	線	直線、曲線、太さ
	面	平面、立面、曲面、明暗、視点移動による面形態の変化
	比　例	大小、長短、高低、広い狭い、中心点、中心線
	方　向	たて、よこ、斜め、重心
色	固有色、現象色、トーン、混色、重色、透明、不透明	
空間	平　面	中心、上下、左右
	立　体	前後、重なり、遠近関係（遠景、中景、近景）空気遠近、奥行き、ひろがり、地平線
構図	位　置	中心、上下、左右、バランス
	比　例	拡大、縮小

(イ) 表現能力の課題

基本的課題内容としては「主題意識をはつきりさせる。」「主題に即応して画面の構築をさせる」「主題に即応した色調や配色を考えさせる」ことなどであり、これらによつて主題をよりはつきり打ち出させ、際だたせることが求められます。

※ 表現指導内容の具体的なおさえ

主題意識	経験による表現	喜び、悲しみ、怒りといつた生活感情と、生々しい現実との具体的なきり結びをさせる。
	物語による表現	物語の主題や理想の追求と典型的な場面のイメージ化をさせる。

構　図	o主題内容との関連における (イ) 人と人、人と物、物と物との位置、大小関係 (ロ) 全体と部分の意味的関連、強調捨象 (ハ) 視点（上から、下から、側面から、アップ、ロング）

良いのかは、みんなの悩みであり、それは一部の専門的教師だけができるというものではない。誰もができる図工指導が求められているわけです。「先生、ここの色はどうしたらええ？」とかいつた質問への答え、基本的な技法、概念くだきの方法をどうしたら良いかなど、とりわけ導入段階をどう取りくんだら良いかという疑問や悩みとして出されました。そこのところを考えていくと、子どもの発達段階はどうふまえたらよいのかということが、大きく浮かびあがつてきます。発達段階を大切にしながら、㋐誰もができる、㋑何をどう教えるのかが、きちんと見すえられた㋒系統性のある、指導をすることが子どもの自主的で創造的な表現を呼び起こすのではないでしょうか。

〔3〕 研究の見とおし

① 描画の全体像

私たちは、図工の研究を始めるに当つて、一部の専門家だけがやれる指導ではない、誰もができる指導方法を探り出して、何をどう指導するかということを深め広げようと考えました。すると図工に限つても四領域があります。これらを総花的に扱うのでは、ほとんど研究にならないと考え、一番身近な絵画を典型として、取り出して研究しようということに一致しました。

ⓐ 内容として考えられること

日常描かれている絵を大きく分けてみると次のようになります。

(ア) 観察による絵――ものをよく見て描くということに焦点を合わせ、ここでは物事に対して、くわしく、鋭く見つめ、表わすことから、対象をリアルに表現することが大切だと言えます。

(イ) 経験による絵――悲しかつたこと、嬉しかつたこと、はつと思つたこと、うーんと考えさせられた事などを絵の中に組み立てて表現するこの仕事では、くらしの絵とか、生活の絵を中心に、作文などとも関係を持ちつつ生活をみつめることが大切です。

(ウ) 想像による絵――お話や物語を聞いたり、読んだりした中にテーマを求め、言葉で示されている世界を想像力で補い形作るもので、感動的な場面をより価値高く、画面に構築する必要があります。

ⓑ 描写、表現する能力

先に述べた「内容」との関連でおさえると描写能力は、〝観察による絵〟と密接不可分の関係にあり、表現能力は、それをふまえた上でとりわけ〝経験や想像による絵〟といつた「主題による表現」に於いて重要になつてきます。なお具体的な取り組みについては後述する〔4〕―③の文

「働く人」という題材で、子どもに絵を描かせても、親が働くことで、生活を支えている仕事の内容を全く知らない子どもだつたり、労働を卑しいものと考える子どもしか育てられなければ、どんなに整つた絵ができても全く無意味だと考えます。全教育活動とかかわつた美術（図工）教育、子どもの全面的（全人格的）な発達とかかわつたものとしての美術教育という観点に立ちます。

しかし、全面的（全人格的）発達とは、現在の通知票をオール５にすることで、ことたりるという性格のものではなくて「労働の美しさ」を知る、「仲間と手をつなぐ」本物の人間を探究することにあるのではないでしようか。ルソーの言つた「農夫のように労働し、哲学者のように思索する」人間をめざす教育と、まとめることができます。

〔２〕 研究主題について

〃ものの見方、考え方、感じ方を育てる図工指導〃

① 図工科と子どもたち

保育園、幼稚園から小学校一、二年生頃までの絵を私たちが見る時、そこにはさまざまな動物や自動車といつたもの、身近に経験したことなどが画面いつぱいにあふれ、どれもみんな子どもの暮しと夢が楽しく描かれ生き生きとしています。また何よりも子どもが絵を描くこと、物をつくることが大好きで、特別な指導を与えなくても、画用紙いつぱいクレパスの色があふれます。（この頃では、それらの子どもでも絵を描けない子、描かない子が増えてきているが。）ところが町展の審査をしていても、みんなから「こりやあずつと一、二年の方がええねえ。」という声がでたように、学年が進むにつれて、特定の子以外はだんだん、絵を描くことが嫌いな子どもがふえる所に、大きな問題があるのではないか。

また、他の子どもたちに「○○くんは、うまいぜ」と言われている。○○君自身も手先の器用さだけで、仕事をして、いつものように下描をし、いつものようにぬつたら、ほめてもらう中には、「何をどう表現するか」ということは、問題になつていません。○○君自身も行きづまりを感じているという状況があります。この様に、いろいろな原因が考えられますが、その理由の一つは、「指導の欠如」だと言えます。

② 図工科と教師の悩み

「そんな形と違うでしよう。」といつた「抑圧」として表われる「指導の欠如」は絵を描かない子を生みますし、いつでも「何でもいいから、自由に伸び伸び・・・」といつた「放任」の「指導の欠如」は概念画や、他人と対話のない作品を生みます。どういう指導や助言をしてやれば

〔１〕 美術による教育

① 教育の現状と美術教育

地域の家庭で親が、勉強をしない子どもに対して「お父さんと同じ仕事がしたくなかつたら勉強しなさい。」といつたしかり方で親の仕事への考え方、子どもへの期待が示される一方、出かせぎのような一種の生活破壊の中でも、五段変速の自転車の性能とかテレビばかりにしか目が向かず、生活を直視しない子どもがいます。

たつた一人で百点を取ること（みんなが百点というのではない）が、学習の目的にすえられた子どもがふえ、また全く教科書の進度内容についてこれない子どももふえるといつた子どもの二極分解も教室に起つています。

「ダメな子、能力のない子はいない」はずなのに、教科だけを考えても、特に通知票の上の４つ（算数、国語、社会、理科）に関しては、「ダメな子」と「ヨイ子」がくつきりと分けられて下の４つ（家庭、音楽、図工、体育）は、どうでも良いとさえ、親や教師に考えられたり、図工の時間には、他教科の息ぬきといつた観をさえ呈しています。

ところで図工科において、このことは、一方では、子どもにとつても、教師にとつても有利な条件でもあると言えます。「きまりきつた答」とか「できる子」「できない子」をわけた鎖、「うまい子」「へたな子」をわけた鎖も、わりと簡単に切れます。差別しあう関係ではない仲間、手をつなぎ、みんなで発展する教育の切り出し口と言えます。（教育内容、集団、学習目的、労働に於ける疎外。）

② 美術教育のめざすもの

美術（小学校教科としては図工）は、当然のことだが、描写、表現する「子ども」「対象のものや出来事」「作品」という三者をきちんと、おさえておく必要があります。なぜならそれは、「観察による表現」であれ、「主題による表現」であれ子どもが、対象をまず見ること、見て描くことから、始まるからです。私達は、自分の頭の中にあるイメージを、大切にする余りに案外「対象のものや出来事」を見ていません。

例えば一年生などにヒマワリを見て描かせてもなかなかヒマワリの花にはなりませんし、時としては、チューリップが描かれたりさえします。「対象のものや出来事」をしつかり見たり、さわつたり、聞いたり、話し合つたりすることを通じて、自分で「見たこと、考えたこと、感じたこと」を色や形や線によつて「作品」として、形づくる（形象）のが美術（図工）であり、本物や、事実を見ること見抜くことを求めます。だから美術的な発達は、知的、社会的発達と決して切り離せないものです。

2

一見絵はへたでも通知表は○

1975年7月
『子どもと教育』（あゆみ出版）7月号

特集
正しい評価とよい通知表

一見絵はへたでも通知表は○

四つの到達目標をもうけて客観的に評価

門田雅人

放任されている図工の授業

親は「通知表の上の四つ（算数、国語、社会、理科）さえよければいい」といいます。図工科は、高校では必修からはずされ、中学校では一年、二年、三年各二時間であったのが、一年二時間、二年と三年各一時間にちぢめられました。小学校でも、「図工科は他教科とちがって子どもの創造性を大切にするんだ」という大義名分のもとに、実際には放任されていることが多いと思います。このやり方では、見えているものを思うようにかけるようにならなければいけない中学年でも、それができない子どもをつくってしまうことになります。

いっぽう、「ほら！ そんな形ではないでしょう」などとヒステリックに子どもをしかりつけてしまう抑圧型の図工の時間も多く見られます。白い紙を恐れてかき出せない子、ぬりつぶしてしまう子、いつまでも〝ぬたくり〟をする子などがそんななかから生み出されています。

私たちは前記のような現状をふまえ、図工教育をとおして「描写・表現力を高める」という目標をめざす実践を通じて、「豊かな表現をする子、生活を見つめる子、集団のなかで発展する子、自主的に行動する子を育てる」という遠い目標をめざす基盤づくりをしたいと考えました。

私は、このような考えにもとづいて、小学校一年生の図工科の授業を、二六ページの表のような内容でやりました。しかし、これは、一年間を見通して一学期のはじめにつくったのではなく、そのとき、そのときの子どもの様子や国語の読みきかせ、季節行事などにあわせながら実践したものです。

この実践のなかで、私は四つの到達目標をつくり、子どもたちとそこまで到達するよう努力しました。評価は、その到達目標に到達した子が「よい」、到達しなかったら「がんばれ」、水準以上だったら「とてもよい」としてきました。

いままで図工教育の評価は、たぶんに主観にまかされていました。そのため「子どもらしさがない」とか「のびのびしている」とか「くわしくかけている」といったように、授業のねらいやとりくみとは無関係な評価がまかりとおり、「すばらしい」と「まったくだめ」の両極端の結論さえ導きかねませんでした。

しかし、図工教育には、学習の結果をわりにはっきり評価できる技術的な面と、学習をとおして子ども自身の意欲、判断力、行動力、社会性、美醜に対するしゅん別の能力などが育っていくという、簡単には評価できない面があります。もちろん、この両者は深いかかわりを持っているものですが、特に後者は、長い見通しの上で見ていくことが必要です。

ダンボールでおみこし

四つの到達目標の第一は、図工がたのしいという、表現の喜びを感じさせる、ということです。

最近、保育園や幼稚園でさかんに絵をかかせているにもかかわらず、絵をかかない子、かけない子、手を動かさない子がふえています。この子どもたちにまずやる気をおこさせることが、いま大切なことだと思います。

運動会が近づいたある日、和也が「教室のうしろにあるダンボールを使うて、おみこしをつくりたい」と提案しました。男の子は五人ですが、張り切り屋ばかりです。「やろう、やろう、運動会でワッショイワッショイやろうよ」ということになりました。つぎの日、家庭から廃品が集められました。ヤクルトのポリ容器、化粧品の箱などがダンボールにくっつけられ、ポスターカラーで色もつけられました。運動会の当日、このおみこしは、昼休みに校庭を二周もねり歩きました。「よかった」というおかあさんたちの声に、子どもたちの喜びはたいへんなものでした。その結果、好評だった六年生の〝歓迎門〟とともに、つぎの年の児童会の〝全学級で運動会をもり上げる出しものをつくろう〟というとりくみに発展しました。このように、学級や学校全体、地域のみんなが「すごい、よかった」と認めあうことも大切な評価だと思います。

三学期になると、子どもたちは家でかいた作品を持ってきて、朝の時間に話をするようになりました。これは、図工のたのしさがわかったということです。

佐也加は二月だけでも五つの作品を発表しました。たとえば、16切画用紙に毛糸の手ぶくろを三つかいて、えんぴつで絵のそばに、〝ゆびのない手ぶくろ〟〝ゆびのある大きな手ぶ

第1学年　門田学級の学習内容

＊全校共通教材
※複数学年　〃
ゴシック字は重点教材

月	時間	領域	教材名	
4	6	絵	せんひきあそび	
	3	絵	きのうあったこと(えにっき)	
5	2	工	カーネーションづくり	＊
	4	工	こいのぼり	※
	1	絵	うしをかく	
	2	絵	さるかにばやし(物語)	
	2	絵	きのうあったこと(えにっき)	
6	2	絵	クレパスをかく	
	3	絵	きのうあったこと(えにっき)	
	2	絵	ふるやのもり(物語)	※
	2	工	いろがみかざり	
7	4	工	たなばた	
	2	絵	**かきの葉**	＊
	2	絵	大きなかぶ(物語)	
9	4	工	うんどう会のみこし	＊
	1	絵	のぎく	※
	2	デ	いろいろな形	
	2	絵	にわとり	
	1	絵	**大きい人、小さい人**	
10	4	彫	どうぶつ	
10	1	絵	かきの葉	＊
	1	絵	いろあそび	
	3	絵	うんどう会(共同)	＊
	1	絵	**ふうせん**	
	1	絵	パレットのつかいかた	
11	1	絵	**友だちの顔**	
	2	絵	先生のじてんしゃ	
	3	絵	みなと(写生会)	＊
	2	絵	かもとりごんべえ(物語)	
	2	彫	いろいろな形	
12	1	絵	先　生	
	4	工	石の人形	＊
	4	絵	かみはんがの友だち	※
	2	彫	自由につくる	
1	3	絵	か　ぶ	＊
	2	彫	どうぶつ	
	2	工	紙ひこうき	
2	1	絵	じてんしゃにのる	※
	4	彫	おひなさま	※
	2	絵	ふしぎなたけのこ(物語)	
3	6	絵工	ペープサートづくり	＊

くろ〃〃ゆびのひとつしかない手ぶくろ〃とかいてあります。なんてかわいい絵だろうと感心し、くらべてちがいをかきわける力にびっくりしました。

　また、農協、学校から帰る佐也加と、三年のさちちゃん、五年のさよさんをかいてきました。川の石の上には鳥がいます。さちちゃんは「きれいなとりやねー」、佐也加とさよさんは、背後からかいた人物に〃くるり〃とかいてあるのを見て、みんな大笑いをして「おもしろいねえ」といって見ました。

　三月には、こわれたクレパスの箱のふたに、色紙を折ってはりつけ、一だんしかないおひなさまをつくってきました。これを見て「みんなもつくろう」ということになり、あきびんで、おひなさまつくりをしました。

　このように、図工がたのしくなるという第一の目標には、全員が到達できたと思います。私の評価は、全員「よい」と「とてもよい」でした。

文のない絵日記をはじめた

　第二の目標は、手を自由に動かし絵がかけるようになるということです。さいしょはぬたくりや線引き練習をたくさんやらせました。しっかりした線がかけなくては、しっかりとした文字も絵もかけません。子どもの認識と表現は豊かな生活経験を基礎にして、〝ことばを使う〟→〝絵をかく〟→〝文字をかく〟と発展すると考え、絵日記を四月からはじめました。はじめは、文字をかかない絵日記ですから、朝の会で絵をもとにして話をさせます。はじめ名前しかかけなかった子どもたちも、文字を覚えるにつれて絵日記に文字がはいってきました。知らない字は○印でかきますので、ほとんど○印でかかれた文もありますが、リアルな表現になっていて、おどろかされました。文字＝認識ではない証拠です。

ぬたくり期をとおりぬけてない子や、「よごしたらいけません」式に抑えつけられてきた子どもにとって、思いっきり画用紙をよごすことは、絵の上達の上でたいへんだいじなことです。点と点をむすぶ線、ぐにゃぐにゃの線、太い線、細い線、そろりそろりとかく線、シャッとかく線などを、さまざまな自然をかくことをとおしてやりました。

この実践の評価では、かいた絵がじょうずかへたかということはまったく見ません。線がちゃんとかいてあれば、すべて「よい」です。だから絵が一見へたであってもよい評価になることは多いわけです。

ですから、ほとんどが「よい」や「とてもよい」となりますが、「がんばれ」となった子もいます。その子がかく線は、釣りの絵の場合でも、釣り糸が魚までとどかないという具合なのです。この子は、親が二人とも土方仕事に出ていて、朝が早く夜が遅いため、親とほとんど顔をあわせないという生活です。まったくの放任で、家庭の教育環境ができていないことから、線が満足にかけないような状態が生まれているわけです。

線をかくことは、指、ひじ、腕を使った活動ですから、使うことが減っている指、ひじ、腕を動かす課題の総合として、私は親とも相談してえんぴつけずりを使わず、肥後のかみ（ナイフ）を学級で買い、使わせました。

左手でえんぴつを持ち右手にナイフを持って、かげんをしながらえんぴつをけずる仕事は、どの子もはじめての経験だから、ひどいけずり方になりましたし、何度か手も切りましたが、二学期、三学期になると、わざと家のえんぴつけずり器ではけずってこずに、教室の肥後のかみでけずる子どもさえ現われるほど上達しました。

かきの葉をちゃんとかけない

第三の目標は、形や色を一年生なりに自由に使えるようになることです。ここでは造形の学習をとおして、〝大・小〟〝高・低〟〝こい・うすい〟などの比較認識を獲得してほしいと考えました。

「かきの葉」の教材は、七月と九月、十月の三回、全校でとりくみましたが、ねらいは学年によって異なっています。一年生は七月の実践では32切画用紙にうすいえんぴつで十文字の線をひき、それを手がかりにして同じ大きさのかきの葉の形をかけることをねらって、色えんぴつで色をぬりました。九月と十月は主としてかけた形の上に、かきの葉の色の変化をくわしくかけることをねらいました。

二年生以上は、黄プラス青は緑、赤プラス黄は橙と、色の混色の学習を色のものさしをつくりながらやって、微妙な色の変化をつかませました。

七月の実践で一年生のゆかりは、十文字を

無視したため小さなかきの葉になり、良夫は十文字をたよってやっとひし形のかきの葉をかきました。この実践では、かきの葉がうまくかけたかどうかは問題にしません。十文字にそって一定の大きさに正しくかけていれば、それは「よい」となるのですが、ゆかりだけが目標に到達できず、「がんばれ」になったわけです。でも、九月、十月の実践ではふたりともしっかりした形がとれ、学級のみんなに「ちゃんとやれたやいか」と認められました。

この実践は十二月の「友だちの顔」（口をあけて歌う友だち、紙版画）のとき、16切の画用紙にどの子も大きくリアルな友だちをかくことに結実したと考えています。

「大きい人、小さい人」も「かきの葉」での形の学習を発展させたもので、正面から見た人を、へその位置をめやすに大小関係をつかませようというものです。「ふうせん」では、パレットと筆を使いこなし、水を媒介に、自分の思っているようなこい色、うすい色をつくりだすことを教えます。一つの色の〃こい・うすい〃を学習したあと、ふうせんをかくときには、「まことふくれたら、色がうすうなってピンクになった」と気づいた子、「じゃけんど、しめた口のとこはもとの色ぜ」と気づいた子が、十二月の〃かもとりごんべえ〃が空を飛ぶのをかくときにも「空は頭の上の空の青色のほうが、山の辺の色よりこい」という発見に発展しました。

この実践の結果は、〃できた〃〃できない〃がはっきりするだけに、できるだけ全員ができることが大切だと思います。少なくとも〃できなかった子〃も、失敗したことによってやり方がつかめることが必要ではないでしょうか。七月には形がとれなくても九月にはとれたというように。

造形課題の順次性にもとづいて、やさしいものから機械的にどんどんドリル式にやっていくやり方には反対です。子どもの発達は、生活と切り離せないものですし、学級のなかの子どもの発達段階のばらつきを考えるとき、ゆっくりした息の長いとりくみが求められていると思うのです。

「さるかにばなし」をかく

第四の目標は、かきあらわしたいと思うことを豊かにかくことができることです。

「さるかにばなし」について、どこをかこうかとみんなで話しあいました。その結果、かにがうんとくやしいところがいいだろうということになり、かにと、つぶされたかきと、木の上のさるをかきました。これは、話しあいによってそれぞれの子がイメージをふくらませることをねらったのですが、結果としては、かなしいのはこれなんだときめられてしまったため、絵がみんな概念的でおもしろさがなかったのです。ところが、ある子は、かにがおにぎりをとられたところがいちばんくやしいところだといって、一人でその場面をかきました。これは、なかなか生きいきとしていて、子どもたちにも好評でした。

この目標に到達したかどうかを評定するのは、たいへんむずかしいことです。第一から第三までの目標はわりに客観的に評価できるのですが、この第四の目標の評価は、主観的になりやすいものです。そこで、私は、子どもたちの話しあいによる評価と、制作した本人の自己評価をとりいれて評価しています。

できあがった作品についてクラス全員で話しあうわけですが、一年生ですから「もっと大きくかくっていってたのに、絵が小さいやないけ」とか、「ほんとに自転車が走ってるみ

たいや」というような発言が出て、それが自分の評価とちがったりします。その場合は、

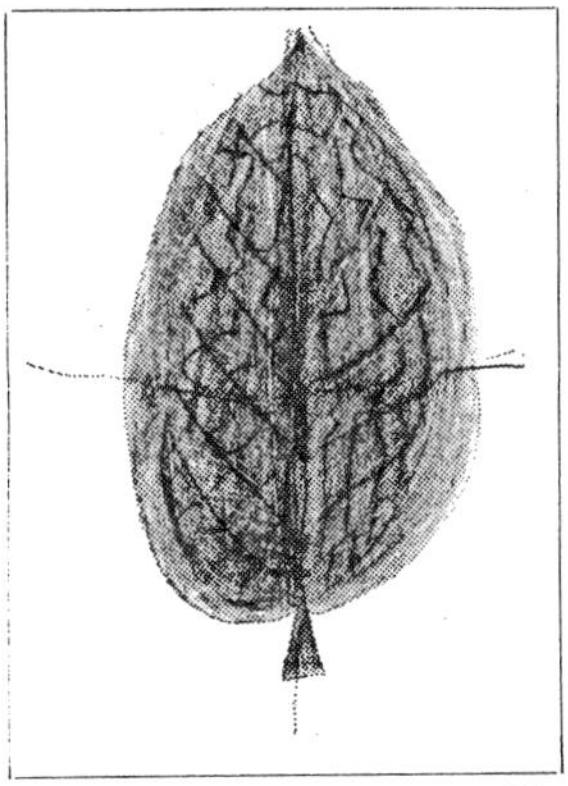

1年生の7月にかいた“かきの葉”

1年生の11月にかいた“先生のじてんしゃ”

また討論するのですが、そうすることによって、クラス全体が認める評価になっていくのです。

　また「かもとりごんべえ」の実践では「どの場面でもいいから、飛んでいるごんべえをかこう」ということで、人を下から見上げる視点を話しあいました。下がきをおえて、子どもたちの絵をくらべあいました。光一と未知の絵をくらべると「光一君のは飛びよるようなけんど、未知さんのは立っちょるみたいな」の声。「そしたら佐也加さんのもぜ」「かまんちゃ、佐也加さんのはフワッと飛びはじめたとこやけん」などなど……。こうして制作前と途中、かきあげたあとに教師と子どもどうしがたしかめあうことが、全体として主題にせまる作品を生み出す基盤になっています。

　私は、このように四つの到達目標にむかって図工科の授業をおこない、すべての子が到達できるようにがんばってきましたが、一年生の一学期の通知表は、つぎの三つの項目について「とてもよい」「よい」「がんばれ」の三段階で評価してきました。

　①元気に絵や制作ができる（この「元気に」というのは、絵をかくことをいやがらず、課題にとりくめるという意味）

　②お話が絵にできる

　③したこと、見たことを絵にできる（これは自分のいいたいことを、どれだけ絵に表現できるかということ）

　二学期からは、全学年共通のつぎのような三項目をやはり三段階で評価しました。

　①色や形をくふうしてかくことができる

　②いろいろな材料でものをつくることができる

　③作品のよさを味わうことができる

　この項目での評価は、四年間やってきたのですが、図工科のカリキュラムを全校で研究していくなかで、もっと合理的な到達目標に変えていかなければならないのではないか、ということになり、先の四つの到達目標を、私は試験的にやってみているわけです。

　図工科の評価の本質は、「いい絵」と「へたの絵」をわけること、「かける子」と「かけない子」をわけることではありません。すべての子どもに、その年齢にふさわしい発達段階をふんで成長していくことを保障してやることでなければいけないと思います。

（高知県大月町立中央小学校教諭）

3

はっきり正しく読め深く豊かな読み取りのできる子どもを育てる

第6学年　国語科指導案

一九七七年六月一五日

第2学年　国語科学習指導案

一九七八年三月一日

※47頁からお読みください

1978年３月

「52年度川崎小学校校内研究、幡多地教連後援」抜粋

ことが、楽しいし、子どもも楽しいということが大切です。
指導案やうまい授業を競い合うのではなくて、みんなの英知で、豊かな授業を創り出すこと、その意味で、教師1年目の若者から、ベテランまで、協力し合う授業研究ができたことは、学校全体の前進に大きな役割をはたしたと思います。

方法としては、複式研究会の各学年部会研究や、国語サークルの研究とも連絡して学びながら、学期1回は文学教材にとりくもう。月1回は詩教材を中心に授業研究を、という形を取りました。(資料参照)
詩教材を選んだ理由は、ⓐ文学の授業の最も凝集したものであること。ⓑまた短かいので投げ入れ教材にした時、前後の授業計画がくずれないということ。ⓒ短かいので集中的に共同研究ができる。ということなどです。
より一層の充実が求められます。

5. 校内研究の現状

78.3.1

(1) 基礎学力としての漢字指導

基礎調査結果や漢字大作戦一、二、三と取り組んだ結果

ⓐ送りがなのまちがい、ⓑ似た点画のまちがい、ⓒ読み方が同じ字の当て字、ⓓ画数の多い字のまちがい　がほとんどであること。

また、3年生までの漢字は日常生活に欠かせない基礎学力であるにもかかわらず、文の形では漢字に書きにくい。つまり生きて働く漢字になってないということがつかめた。

とりわけ上級になっても、ほとんど漢字が使えない子の実態もつかむことができた。

手だてとしては、ⓐ子どもの意欲をひきだす練習テスト、ⓑ新出漢字定着方法の改善、ⓒ書き順原則の定着、ⓓ基本定形の定着　が必要だと考えられる。（資料参照）39P

(2) 正しい読みの到達目標の設定

付属小、坂本浩先生に提示していただいた資料、京都到達度評価表、汐文社版“国民と教育”到達度文章表記などを資料に、日常実践や読書朝会などに反映をさせる。とりくみを行ったが、まだ検討が不十分であり、川崎小独自の到達目標を設定するに至っていない。

確かなのは、正しい読みはすべての教科学習の前提である。ということ、また、豊かな読みの前提でもあり、表現読みへとつらなる。

声に出させての読みの重要性は確認され、全校的に取り組みがなされている。

到達目標設定は課題である。

(3) 読書指導の重視

本年度は辺地巡回図書の配付もうけ8万円近く図書の購入ができた。おかげで開校記念図書と合わせて、かなりの充実が図れたと考えられる。

とくに、これまで少なかった絵本や中学年用児童文学なども計画的に購入し、児童の図書館利用度も高められたし、図書館活動も児童が主体的に取り組めだした。

これら読書活動の前進は、“正しい読み”や“深い読み”を教師の側から教えてゆくところの到達目標設定、文学の授業と結合されるならば大きな力を発揮すると思われます。

(4) 授業研究の推進

私たちの研究は、私たちの共同の研究として、子どもの授業を大切にしてゆく、少しでもよりよいわかる授業、たのしい授業をめざすということを確かめ合い、みんなが、みんなで教材研究をし、授業研究をしました。“うまい授業”をというより授業研究をみんなで取りくむ

目標

1. どんな“ぼく”かをしっかりイメージをふくらませる。
2. 楽しい詩のリズムを楽しませる。
3. 詩の世界にひたった表現読みをさせる。

展開

1. 題について話し合う。	○これまでの詩体験を思い出させる。
○どんなおばけやろ　○どんな詩やろ	○作者の説明　サッちゃん、バッタの詩、おなかのへるうた　etc
2. 一連を書きながら、予想や話し合い。	
○ノートに写し、書きこみをする。	○新しい見開きページを使わせる。
4. 二連を書きながら、予想や話し合い。	○ゆっくり板書し、予想を口々に言わせる。
○ノートに写し、書きこみをする。	○通して読ませる。
5. 二連のたしかめ読みをする。	○わからないこと、わかったこと、思ったこと
○書きこみの発表、話し合い。	── 表記上のこと、内容のこと ──
6. まとめ読みをする。	○句読点がない。
○“ぼく”について　○おばけについて	○くろおばけ、とくろおばけー
7. くろおばけになって“ぼく”に手紙を書く。	○きゃーっとの表現
	○にげた、げた、ぬげた。
○手紙について話し合う。	○主語と述語　○指示語　その
8. 表現読みをする。	○“ぼく”は“あなた”になる。
○二連は感じをこめて読む。	○どんな“ぼく”か、どんな詩の世界かをおさえて

作家

1925年大阪に生まれ、東京大文学部卒、朝日放送ディレクター、75年“土の器”で芥川賞受賞、現在、小説、童謡、脚本と幅広い活躍、サッちゃんの作詩家、詩集“ぽんこつマーチ”（大日本図書）絵本“ピンクのくじら”（国土社）などはなじみが深い作品である。子どもの心理や生活にとけこんだ詩は多くの子どもの共感をよぶ。

つきよの　おばけ

さかた　ひろお

おどかしてやろうと
かくれていたら
うしろに　しゃがんでた
くろおばけ

ぼく
きゃーっと　にげた
げた　ぬげた
なんだなんだと
おまわりさん
その　うしろにも
くろおばけー

第2学年　国語科学習指導案

S 5 3. 3. 1

授業者　門　田　雅　人

川崎小2年教室

——19名　男9名、女10名——

（教　材）　“つきよのおばけ”

（指導観）　すべての子どもが、“おばけ”に対してのおそれを経験する。また一方で、おばけなんていないとも思っている。

いないと信じていながらこわいのがおばけなのだ。この話は、気の弱いあわてんぼうの“ぼく”が、月夜の影をおばけとまちがえて、あわててこわがるようすを、“ぼく”の目をかりて創りあげた世界である。この“ぼく”は(実は自分たちなのだけれども)、子どもたちに共感を持って受け取められると考える。一連は平静に説明的に書かれているのが、二連では“ぼく”のおどろきそのままに描かれてあり実に楽しい。

学校の子どもたちは、実ににぎやかな子どもです。とても幼ない気分そのままの子どもと、お姉さんみたいなおとなしい子どもの両極がある。また学力の面でも極端に低い子どもがいる一方、主体的に何にでも取り組める子どももいる。これらの子どもが集団化として高まり得ていない現在、詩の授業は楽しく、誰もが豊かに読める授業をめざす一つの切り出し口である。

第6学年　国語科指導案

S 77. 6. 15

授業者　門　田　雅　人

教　材　「かぼちゃのつるが」

目　標　○どんなかぼちゃなのかイメージをふくらませる。

○のびやかな詩のリズムを楽しませる。

展　　開	留　意　点
1. 題名からどんな詩か予想する。	
	○作者のことを説明する。
2. よみきかせ、ひとり読みをする。	○詩を板書する。 ○ノートに写される。
3. はじめの感想を発表する。	
	○表現や内容について
4. たしかめの読みをする。	○くりかえし、比喩表現、擬人化 ○句読点がない、現在形 ○主語の関連
5. 表現よみをする。	○どんなかぼちゃか。 ○どんな詩の世界か。

<反　省>

躍動、リズムを感じさせ、詩の楽しさを味あわせたいと考えたが、教材の良さから、イメージが拡げやすかった。

6年生の子どもたちの反応が鋭く、しっかりしたたしかめ読みでの発表がなされた。

しかし、表現や内容のひとつひとつが深められないままで流れたことが残念だった。

とりわけ、擬人法については子どもたちが、意識的に使うことが少ないこともあって追求があまかった。

3の(5)

研究経過の概要

○ 4.27 校内研究方向づけ

ⓐひとりひとりの子どもに確かな学力

ⓑ教科をしぼって共同研究

○ 5.18 主題決定と年間計画

「はっきり、正しく読め、深く豊かな読みとりのできる子どもの指導」

ⓐ実態調査

ⓑ到達目標の検討

ⓒ読書指導の方法

ⓓ文学教材

ⓔ漢字練習

ⓓ授業研究

○ 6. 7 学級実態の検討

○ 6.15 授業研究 6年 詩“かぼちゃのつるが”

授業者 門田雅人

基礎漢字力調査結果検討

○ 7. 6 同和教育と文学教育学習会

佐古田好一論文検討

○ 7.13 教材研究 4年 詩“つけもののおもし”

目標設定etc

○ 7.19 授業研究 詩“つけもののおもし”

授業者 芝 福恵

○ 9. 8 年間計画、授業計画検討

講師招請のこと

○ 9.26 講師授業研究 坂本 浩先生(高知大附小)

3年 詩“次郎”

ⓐ授業研究

ⓑ漢字指導

ⓒ読み指導の到達目標

○ 10.19 指導方法の検討

ⓐ漢字の定着

ⓑ文学教材の取り入れ方

ⓒ読書指導

ⓓ適応検査報告

○ 11. 1 教材研究 6年 文学教材“井戸”

○ 11. 2 授業研究 文学教材“井戸”

授業者 寺尾正厚

○ 11. 7 建材研究 3年 文学教材“モチモチの木”

○ 11. 9 授業研究 文学教材“モチモチの木”

授業者 芝 澄子

○ 11.16 漢字大作戦意義検討

ⓐ児童の自主学習+教授方法の改善

ⓑ同和教育の進め方検討

○ 12. 9 教材研究 1年 詩“いけのそばで”

○ 12.16 授業研究 詩“いけのそばで”

授業者 篠田順子

学力向上対策検討

○ 1.18 教材研究 5年 詩“あめ”

○ 1.20 授業研究 詩“あめ”

授業者 田辺純一

○ 2.15 授業研究 4年 “児童作文”

授業者 遠山昌典

○ 3. 1 校内研究のまとめと方向づけ 6年詩

講師授業 山沖 明先生“三日月”

授業研究 2年 詩“つきよのおばけ”

授業者 門田雅人

助諸

幡多教育事務所指導主事	森 寛助
〃	堀野良和
佐賀町教育委員会指導主事	宮地 保
西土佐村教育委員会研修指導員	村尾友造

☆漢字大作戦実施状況

6. 9	実態調査
7.21	一年生漢字大作戦
9.19	第2回一年弱漢字大作戦
11.17	二年上巻漢字大作戦
12.19	二年下巻漢字大作戦
2.27	三年上巻漢字大作戦

3の(4)　月別研究内容

月	実　践　内　容
4	校内研究のあり方、進め方について研究討議
5	研究主題について（討議、決定） 漢字の基礎学力について調査
6	教材の共同研究と授業実施　詩「カボチャのつる」　指導者　門田雅人（6年） 漢字基盤調査の集約
7	文学教育、教材について研究討議、1年（上）漢字大作戦 授業研究　詩「つけもののおもし」　指導者　芝　福恵（4年）
8	教　材　研　究
9	講師招へいによる授業研究　1年漢字大作戦（2回目） 附属小　坂本治先生　詩「次郎」（3年） 学習適応性検査の実施と結果の分析
10	2年漢字（上）　大作戦　結果の分析 職員研修視察
11	国語 ― 到達度（目標）について研究討議 文学教材　はぐるま ―― 井戸　指導者　寺尾正厚（6年） モチモチの木　〃　芝　澄子（3年）
12	2年漢字（下）　大作戦 教材共同研究　詩　「いけのそば」　指導者　篠田順子（1年）
1	学力向上対策について研究討議 教材共同研究　詩　「あめ」　指導者　田辺純一（5年）
2	教材共同研究　作文　指導者　遠山昌典（4年） 3年漢字（上）　大作戦 校内研究まとめの方向づけ
3	3年漢字（下）　大作戦 詩　「つきよのおばけ」　指導者　門田雅人（2年） 講師　（平田小）　山沖明先生　（6年） ま　と　め
	同一テーマで地教連の指定校となる。

3の(1)(2)(3)

校 内 研 究 の 概 要

1. 研 究 主 題

「はっきりと正しく読め、深く豊かな読みとりのできる子供を育てる」

2. 主題設定の理由

(1) 各教科の指導にあたって、正しく文章が読めない、書けないために、いろいろな障害が多い。

(2) 基礎学力として漢字の読み書きと文章の読みの指導が不十分である。

{ とりわけ文学教材における読みについて、深く豊かな読みとりができるような指導法の研究を実践と結びつけるために

3. 研究内容と方法

(1) 基礎学力としての漢字指導

(2) 正しい読みの到達目標の設定

(3) 読書指導の重視

(4) 授業研究の推進

○ 漢字指導の改善や全校共通の漢字テストの実施により、正しく読めるための前提条件をつくる。

○ 各学年における正しい読みについての到達目標づくりの研究を深める。

○ 文学教材の共同研究と授業の実施

文学教材→ 学期1回 └→月一回を目標に　詩教材を主に

4

’77年絵本の拡がりの中で

1978年３月
『月刊絵本』（すばる書房）３月号

'77年絵本の拡がりの中で

●門田雅人

「絵本よりも青空を」という主張がある。と言います。それだけ、そちらには絵本がある。ということでもあるのでしょう。こちらには青空はうんとあります。絵本は余りありません。やっとやっと、絵本の楽しさの輪が拡がり始めています。

確かに、'77年、量的には、これまでになく多くの絵本が出版されたようです。しかし、見かけ上の華やかさの一方で、翻訳のものを含めて、安易な絵本づくりが目につきました。

私の住む西土佐村(昨年、四月異動で着任)は高知県の西の端にあり、愛媛県と境を接しています。近くに本屋はありません。そのため、各々、月二回程度出かける、中村、宇和島(愛媛)、高知市での本屋あさりは、切れかけた電池の充電のようなものです。なのに、そこで新刊絵本を手にすることは増えても、満足感に浸れないことが多いのです。〃絵本の量的な拡大が質的に充実に転化しえていない〃状況、とでも言えるのではないでしょうか。

私の触れ得た狭い範囲での絵本のうち、心ひかれた絵本のいくつかについてまとめてみます。

『原爆の絵』(童心社)は「一枚の絵」から始まりました。「一枚の絵」は、NHK広島のローカル放送番組を生み、その放送はまた、多くの「一枚の絵」を生み出しました。原画展をさえ組織したのです。この絵の本は、そのうねりの一つの結実点を示しています。

大人が、子どもの絵を見て感心する時、多くの場合、「うまく描けている」という理由からです。「しかもこの年齢で……」と、その驚きは年齢の低さに比例して大きくなるのが普通です。この『原爆の絵』はどうでしょう。うまくなんか描けていません。下手くそです。しかも、この年齢(平均65歳)でなのです。なのに！描かれているこの悲惨、真実、そして、何よりも「これだけは描いておきたい」という想いが、ひしひしと伝わって来るではありませんか。

画面に書かれている文字も、目をひきつけます。絵で表わし切れない叫び声やうめき、説明であったりしています。「描く」と「書く」、この二つの表現手段を、必然として使っているのです。(その意味では、この画集のトリミングや拡大、縮少が逆に、文字を欠落させるという残念な結果を生んでいる)つまり、これらの「一枚の絵」は、そのひとつひとつが、〃話しことばの絵〃なのです。自分が、生き証人として見てしまったヒロシマを

「あのね、私の見たヒロシマはね」

と、涙をこらえながら語りかけているのです。

多くの作家たちが、書きことばの文章でもって、ヒロシマを描きました。例えば、井伏鱒二の『黒い雨』も忘れることはできません。また、少なくない画家がヒロシマを絵にしました。例えば、丸木夫妻の大仕事があります。しかし、あの悲惨を体験した、話しことばしか持たなかった人々の想いは、やっと三十年後「一枚の絵」をきっかけにして形になったのです。それを、絵本出版社のひとつである童心社が画集にした。という点に、絵本の真の拡がりの一つの意味を見ます。

『なにをたべたかわかる?』(銀河社)という絵本の題は話しことばです。長新太は'76年にひきつづいて、最も目ざましい活躍をした人の一人だと思うのですが、彼の絵本が、子どもに無条件に受け入れられる秘密のひとつは、この話しことばにあります。ねこが魚つりをしていて、「こんなおおきなさかながつれたんだけど……」の部分は、こんな大きな、と話しながら身ぶりをするところでしょう。そこに大きな魚の絵が描かれてある。というわけです。

『ぼくのくれよん』(銀河社)には擬声語が使われています。大きなぞうが、大きな青いくれよんで「びゅーびゅう」絵を描くと「こんなにすごいのだ」となって、こんなすごさが青で画面に示されてあります。

『はるですよふくろうおばさん』(講談社)の場合も同様の展開になっていて、文末は「です」「ます」でも、「だ」「である」でもありません。「……とてもさむがり」「……すっぽりはいる」「……かぶせた」という話しことばです。

どうです? 〃話しことば〃と絵が結ばれた絵本、スッと入って来るでしょう。

私は彼の絵については、『おしゃべりなたまごやき』(福音館)'59年、'72年版の二冊が二冊とも、すばらしい出来ばえになっている、という一事をもって尊敬しています。ビュッフェのような直線の黒が、画面をひきしめ、色をおさえた前作、真紅が画面に踊る大型版の後作、彼のポケットには、才能がうなっているのやないか、とひがみたくもなります。あの、簡単にサッと描かれたように見える絵は、見る

者をサワヤカな気分にします。「うまく」描かない所を見て、すごくうまいなあと感心するしだいです。

「うまく描いている」ように見えない。と言えば、佐野洋子の絵も、そういう絵です。パステルなんかを使って、力まずに描いた絵は、女性ならではのやさしさがただよいます。

'77年『わたしのぼうし』(講談社)『チコとゆきのあひる』(ポプラ社)は何か気負いみたいなものが、良さを殺しているように感じられ、好きになれませんでした。『おれはねこだぜ』(偕成社)も、いやなねこ！ ところが、『100万回生きたねこ』(講談社)には一発で参ってしまったのです。佐野洋子は、くり返しの楽しさが持味のひとつだったけれど、今回は100万回もくり返すのです。自分が一番好きなねこ、というのも実在感があっていいですね。100万人の人にかわいがられ、その死を、100万回も悲しがってもらって、へのかっぱで生き返ったとらねこが、初めて、自分のねこ、つまりのらねこになることで、自分というものを持つことができた時、他の猫を好きになる。という設定がすてきです。

白猫の前でけなげに宙返りするとらねこ、「そばにいていいかい」というところなぞ、ほれた弱みですが、男としては身につまされます。(女性の主人公はいつも受身ですね。またたびをプレゼントしためすねこや、キャンディキャンディのような女性も欲しいものです。)愛することを知り、子どもを育て、年老いて死ぬ。というなんでもない日常の方が、いろんな人にねこかわいがりされながら、100万回死んで、生き、かわれる。という非日常よりも意味があるのです。

『あおくんときいろちゃん』(至光社)『しろいうさぎとくろいうさぎ』(福音館)などのような、生活に裏うちされた愛の絵本が、日本にはありませんでした。〃愛〃をテーマにした絵本の出現を、心待ちしていた私にとって、大きなプレゼントでした。ただ、白猫の死をなげくねこの泣き顔は、マンガチックすぎていただけません。

人を愛し、子どもを育てる。という日常の、真只中に居る私に、身近に感じられた絵本は、『いたずらノラ』(文化出版局)です。去る六月、長男が生れたのですが、それ以来、しばらくの間、長女華はノラと同じ症状を呈しました。あみだした戦術は立小便です。わざとがまんしておいて、「シッコシッコ」とやるわけです。ノラの場合はドタバタ騒ぎと家出でした。このような、なんでもない日常の心のふれ合い、すれ違いなどを描く絵本は、もっと増えていいと思います。

その点で、A・ローベルの『ふたりはいっしょ』『おはなしばんざい』(文化出版局)はこれまでの連作に続いて、期待を裏切ることがありませんでした。「春がそこの角まで来ている。」と、かどっこの春を捜しに行くかえる君。あちこちの角で見つからなかった春が、家のかどっこをまがると、草花の芽ぶき、という形で見つかるなんて、うれしくて、ローベルさんに会いたくなってしまいます。

『みんなうんち』(福音館)こそ、一番日常的な盲点をついた絵本だったかもしれません。五味太郎があっさりと、においなしの絵本に仕立てくれました。

『ふくろう』(福音館)を見ると、宮崎学の写真機には、熱い血が流れているのではないか、と思わずには居られません。するどい口ばしと足の爪を持った、冷たく暗い夜の帝王ふくろう。どことなくこっけいでユーモラスなふくろう。ふくろうに対して持つイメージの二面性は、〃ふくろうの子育ての姿〃を撮り切っている彼のレンズが、みごとに統一して描き出してくれました。前作『カラス』を見た子どもが、涙ぐんで「先生、カラスいうてかわいそうなねえ。みんなからきらわれて。」と、言いましたが、この絵本を見る者みんなが、ふくろうの味方にもなることでしょう。

雨とか風、光のような自然を描いた絵本は余り多くありません。『よあけ』(福音館)は数少ないそんな絵本のひとつです。

夜明け方、山と湖が緑に染まる場面は、それまでの色が、グレー系のブルーにおさえられているだけに、圧巻です。『はなをくんくん』の終りの所でも、そこだけ黄色の花がパッと見えます。あの時の黄色を、本当に美しいと思ったのですが、この緑もなんとすてきでしょう。それまでの自然の描写もこまやかです。月の光、それを水に映させて、そよ風にさざ波を立たさせる。ぼおっと白いもや、かえるが飛び込んだ波のあと、ボートの起す波、ひとつひとつ、自然の変化を静かに描いています。かえるが「チャポン」と飛び込んだ音や、水くみの音ボートのきしぐ音さえ聞こえて来ます。

『にわかあめ』(至光社)も、光や空のすき透った色を感じさせてくれます。特に、雨あがりのさわやかな光、チョウが一羽飛ぶ、空の拡がりはすばらしいものがあります。'76年の『かぜのふくひは』では風と一緒に心をはずませたけれども、『にわかあめ』では、雨あがりの光や空に向って、深い深呼吸をしたくなるようなしかけになっています。

〃独断と偏見〃を覚悟して気楽に書きました。でも、私は本気で'78年の絵本の拡がり、ここに書いたような方向で、深まってほしいと願っています。「絵本よりも青空を」はどちらをとるかと言えば確かにその通りでしょう。しかし、絵本と青空は、二つを並べて二者択一をせまるべき関係ではありません。現実に、青空はあっても遊べない子どもは多いのです。絵本は、青空を真に自分のものにする、手段のひとつでさえあるのですから……。

5

子どもの見る目・感じる心を育てる

―9才の節を見すえた描画指導―

1980年2月
『なんぷう』(南の風社)第4号　1980年2月1日

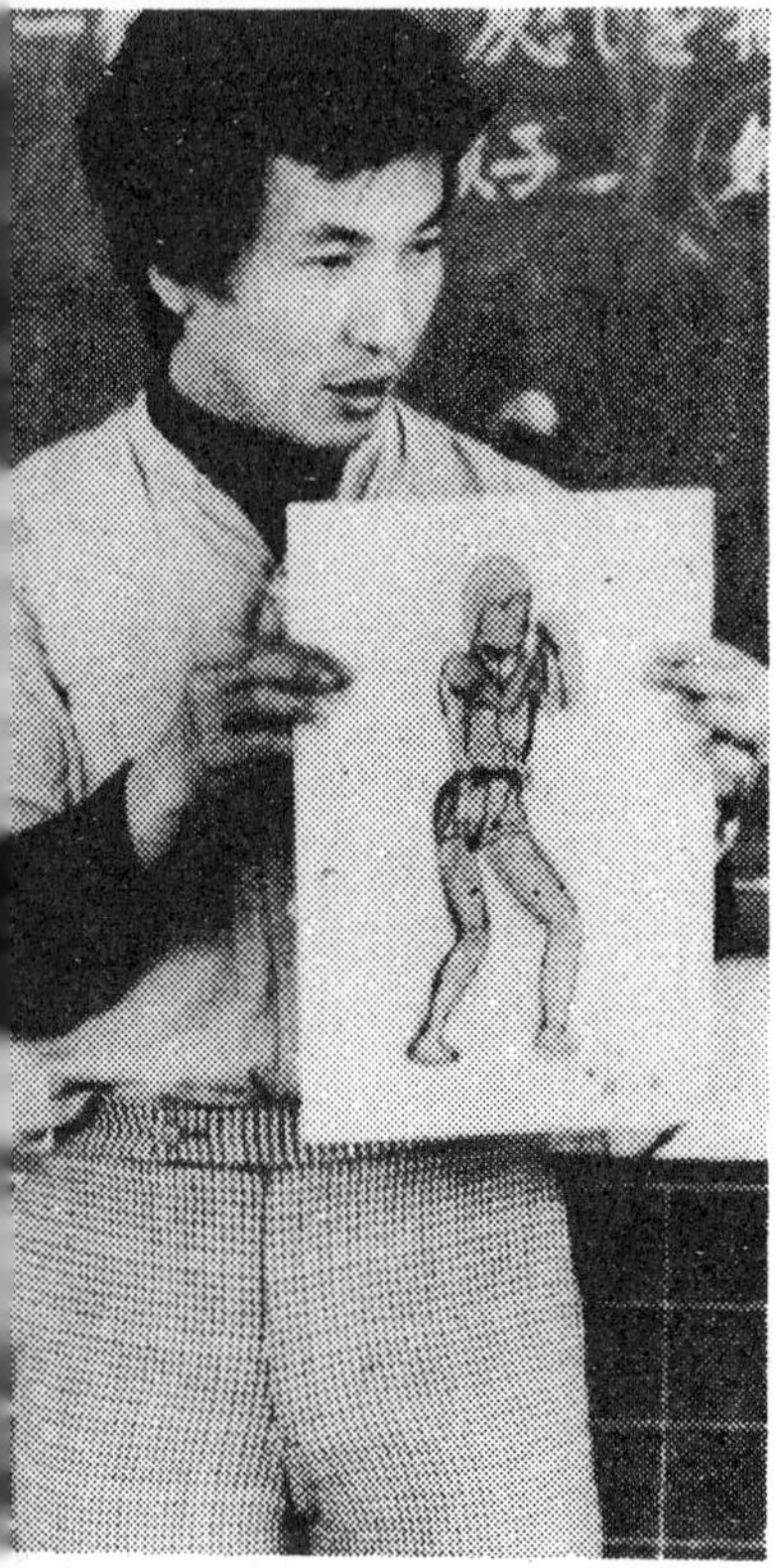

子どもの見る目・感じる心を育てる

——9才の節を見すえた描画指導——

川崎小学校　門田雅人

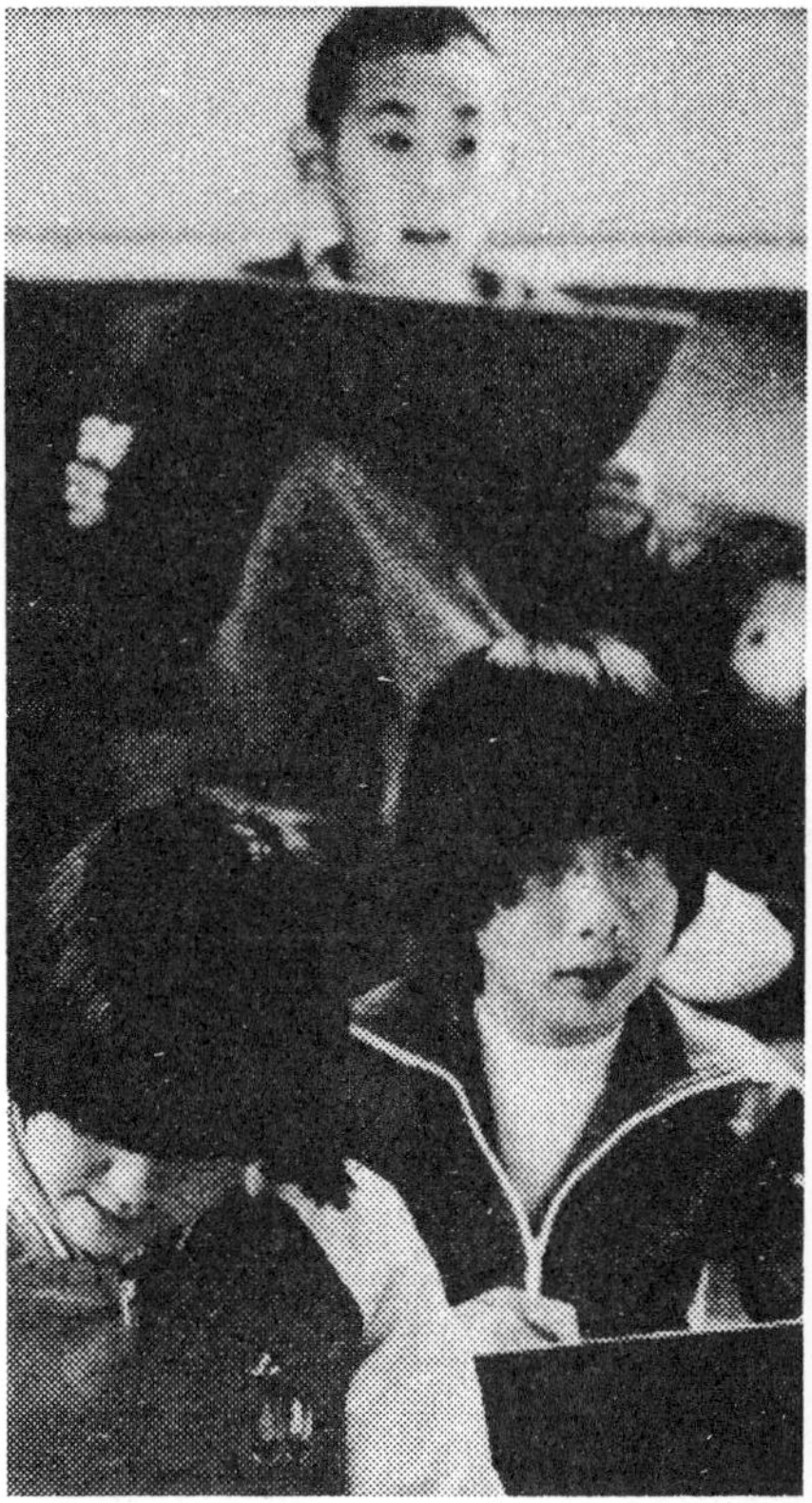

1枚の絵を見る〔1〕

邦彦君が描いた自由画があります。この絵を見る人は例外なく「キャア」とか「マア」とか「アリャア」とか奇妙な声をあげてまじまじと見つめます。2年生の時の絵なのですが、幡多郡教研の討議の場ではこの絵を巡って〝激しい〟討論がまき起こりました。なかなかの問題作なのです。

中央には美しい女性が描かれています。下着を1枚しか着けていません。なかなか色っぽいのです。その足元には1人の男がひざまずいています。そして、吹き出しがつけてあって、そこには「うつくしい」と書いてあり、男は足に口づけをしているのです。

この絵は図工の授業の中で生まれたものではありません。しかし、朝の会で子どもどうしが発表しあう通称「見つけ勉強」のひとつとして、つまり家庭での多様な学習活動をはげます教育の営みの中から生まれたことは確かです。

ぼくは、この絵を認めることから描画の指導が始まるのではないかと思います。実際、実にていねいに描いてあるのですが、この絵を「イヤラシイ」とか「退廃的な文化状況の表れ」とかとだけとらえて否定してしまう中には教育はないと思うのです。他ならぬ私の受け持ちの生活者である邦彦君が描いたのですから、彼の感じ方や心の中、生活総体と関わっての教育のありよう、絵に限っても授業の教材や自由表現をどう仕組んでいくかこそ問われていると受け止めるべきだし、彼や子どもたちにも露骨にイヤな顔をしてはならないと考えるのです。

1枚の絵を見る〔2〕

敏幸君が6年生の時に「ヤカン」を描いた絵があります。ほとんどの人が「スゴイ」とか「ウマイネー」とか言いながらこの絵をほめてくれます。

鉛筆だけで陰影まで描写したこの絵は全くすばらしい出来ばえなのですが、それを「6年生が描いた」というと、一層驚きや賞賛の声は高まるのが常です。

このことは何を意味しているのでしょう。それは、絵を見る価値基準が多くの場合一本の単純なもの差しであることを示しているのです。

1本のものさしによる指導の疑問

〝見た通りに描ける、描いてあるのがいい〟

〝しかもそれは早い年令であるほどすばらしい〟

——こんなものさしが私達にはないでしょうか。多くの人は9才頃〝見た通り描きたい〟という要求が強まりますが、それが自分自身で満たされないまま成長した結果が、このものさしこそ絶対と思いこませている原因を作り出しています。

教育実践としても、「よく見なさい」式が横行する原因になっていますし、しかも、それは〝何才では遅すぎる〟などという風潮と相まって低年令へ低年令へ下げられている現状があり、おそろしげでさえあります。

3才児にカブの観察画を描かせていた保母さんに、「なぜこの絵を描かせたのですか」と聞いたことがあります。

「収穫の喜びを獲得させたかったから」が答えでした。ぼくは同意できませんでした。収穫の喜びは取り入れの時が一番だろうし、食べればうれしさ百倍なんて思うのです。

〝できるからやらせる〟——英語や漢字や絵やピアノや剣道にしろ、確かに何か早くできるようになるかもしれませんが、大切なものを失います。もっと子どもも心に寄りそいたい！それが、もう子供ではなくなった今のぼくの願いです。

9才の節を見すえる

発達に障害を持った子どもの多くは、9才の節を越えるのに非常に苦労します。Aさんの絵は、5年生まで人物が識別できませんでした。6年になって「女の子」の図式が完成し「女の子」の形が描け始めました。

しかし、やはり今でも図式であって、眼で見る「人物」に対応した絵は描けないでいます。

描画の場合の9才の節は、〝視覚でとらえたものを表現する〟節と言えるでしょう。

生活全般から見ても大きな変化のある年令です。

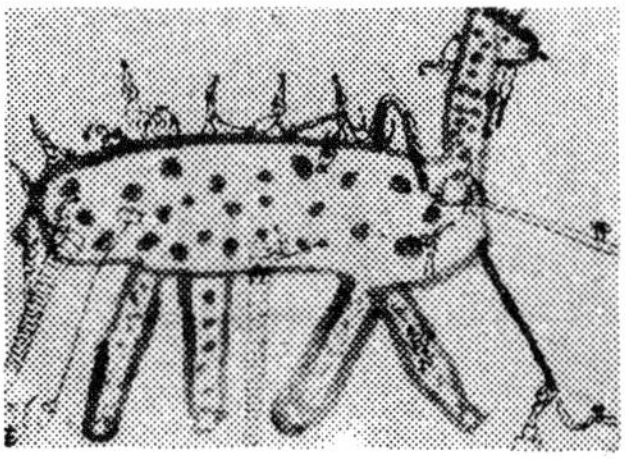

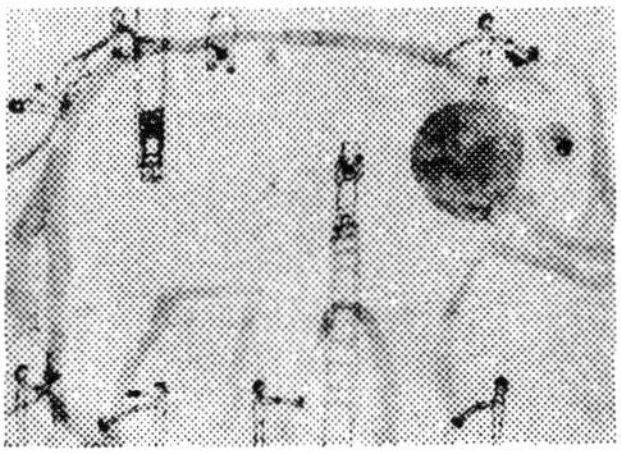

言語面でも書き言葉の一応の成熟がみられ、認識が深まる時期です。又、生活の行動範囲もぐんと広くなります。

ぼくは絵で一番大切なことは〝感じを描く〟ことだと思っています。9才の節以前にはそれが〝知っていることや想ったこと〟に多くを支えられ、9才の節以後には、多くを〝眼で見た様子〟に支えられると考えるのです。

実践的には、9才の節を見通した取りくみや、9才の節までを踏まえた取りくみこそが、9才の節を豊かに越えさせる重要な課題だと思います。

そのためには、①発達研究に深く学ぶ　②人格の解放と結合して実践を深めること、つまり〝いつ、何をこそ教えるのか〟〝何のために教えるのか〟を追求することが大切だと思います。

動物みがきの絵を描く（2年生）

ぼくは今年度6年を担任していますが、幡多郡造形研究会で2年生の描画指導を依頼されました。

イメージをひろげて

まず考えたのは、楽しい授業にしたいということでした。そしてイメージやお話がグングン拡がっていく題材を考えたい、というのが具体的な構想の柱になりました。

動物はポスターカラーと筆で大胆に大きく描きたい。それを洗っている人は小さいたくさんの人で、いろんなやり方をしている様子をサインペンで描かせよう。働く様子は人のまねだってどんどんさそう。でも、自分の独創も大切にするように言いたい、などと考えがまとまって行きました。

細かさと大胆さ、大きく描くことと小さく描くこと、対照的なこの2つのことを共に生かせるその点が大事にしたかったことのひとつです。

今ひとつは、動物をみがく、みがき方の工夫や想像、友だちのものとひびき合いはじけてほしいということでした。

実際の授業の中で

「先生のこと女だと思っていた人？」
「結婚してると思う人？」

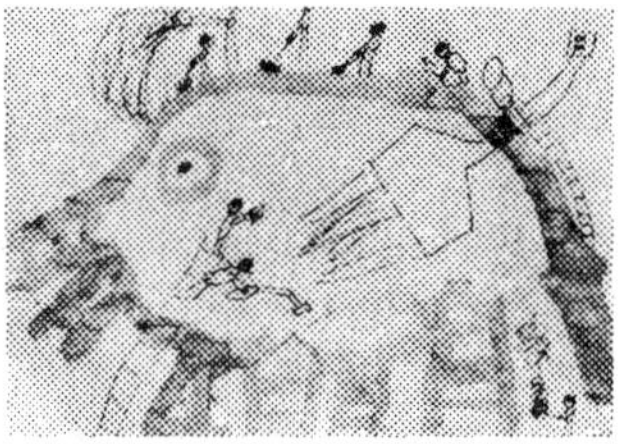

「子どもが居ると思う人?」

などと予想していた教師像と比べさせたり、見てからの感じと実際の違いなどを当てさせるなどして、想像することのおもしろさを感じさせることから入りました。

「女の先生と思っていた」らしく、見た姿からは「結婚してるが子どもは居ない」というのがぼくの感じらしかった。「結婚している」「子どもは3人」などと答えを言うたびに「ワァー」と歓声が上がった。

『みんなウンチ』(福音館)の絵本はクスクス笑いから爆笑を呼ぶ。なんと明るい子どもたちだろう。だんだんぼくの方も気持ちが良くなった。

「大きな動物を描いて下さい。その動物は、うんちでよごれています」

と語りかけ、体で画用紙を押さえて大きさをつかませると、すぐ筆で描き始めた。キリン、カバ、ゾウ…。筆で大きく描くのだが、描けない子は居ない。少しおとなしいかなというのが全体の傾向だ。

「先生、小そうなったけん、2ひきにしてもええ?」「サインペンで小さい人たちが動物を洗いよるとこ描こう」

タワシを持たせる子、ぞうきんをふかせる子、棒ずりでみがかせる子、「○○君は……」と工夫をほめてやる。すると、まねしているが新しい自分の工夫をしている子が多い。水道のじゃ口とホースが出て来た。はしごがかけられた。バケツで水をかけさせてる。ビルのガラスみがきみたいなブ

第2学年図工科指導略案 ('79. 12. 10 於・昭和小 授業者 門田)

1. 題材　“動物みがきの絵を描く”
2. 目標　○描材の違いを生かしてぐんぐん描く。
　○話し合いで想像や工夫をどんどん拡げて描く。
　☆ポスターカラーと大筆で大きな動物を描き、動物をみがく人はサインペンで小さく細かく描く。
　準備　色画用紙クリーム色四ッ切、四ッ切更紙、ポスターカラー紺一色、水彩用具、サインペン、えのぐとき皿。
3. 展開

学習活動	留意点
1. 自己紹介と想像、イメージの話を聞く ●予想と実際の違い	●想像の楽しさを感じさせる
2. 絵本〝みんなうんち〟の読み聞かせを聞く ●色々な動物のうんち	●楽しく、おもしろく読む
3. 学習課題を知り話し合う ●自分の描く動物を決める	●描く意欲をかきたてる
4. 動物を大きく描く ●ぐんぐん描いて、えのぐでうんちも描く	●大きさの感じをつかませる
5. 動物みがきの道具や人の様子を描く ●水のかけ方、道具、人の体つき	●工夫を見つけはげます
6. 絵を見ながら話し合う ●友だちの工夫、良い所	●互いの工夫を見つけさせる
7. 学習のしめくくりをする ●道具の片づけ	●満足感を残したい

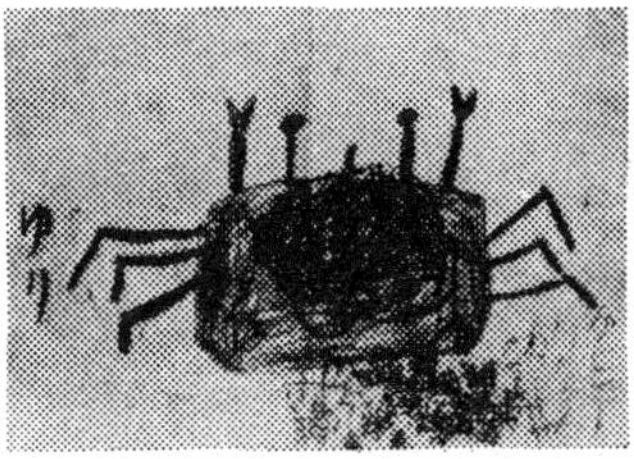

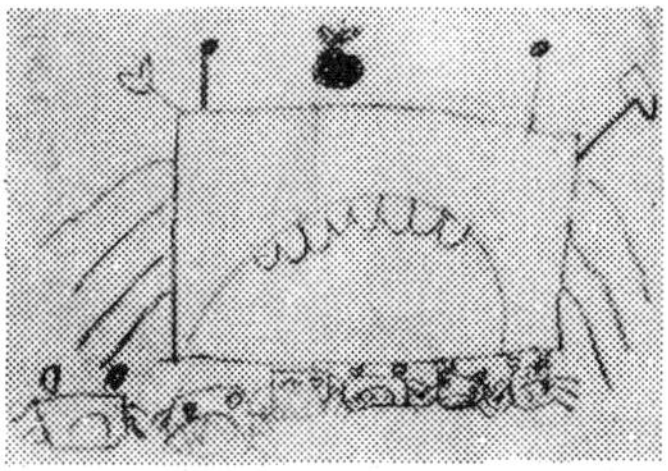

ランコも登場。

「どんな仕事をしているか感じを出してね」。人数の多さをほめると、人数ばかりふやす子が出て遠まわしな注意を与える。

「できた！もうええ」

とニコニコして持って来た子どもの絵を前に並べた。終った子には四つ切の更紙を与え自由な題材での一人仕事をさせ、描画中の子どもの気持ちを安心させる。そして、みんなが描き終った。

まとめとして、全員の絵の中からいいなあと思う絵を選ばせてみた。

「水がゾウにかかって落ちよるのがええ」

「洗いよるのに、ウンコをしよるとこがおもしろい」

「人がたくさん居ってすごい」

ずい分しっかりと描き、しっかりと発表することができた。

知ってること、想ったことを大切に

先の実践では表現の仕方もよかったが、何よりイメージや想像がどんどん拡がり、学級みんなの喜びになったことがうれしかった。この時期の子どもには、生活経験の豊かさを基盤にその想いをこそ大きくしてやりたいと思います。

文字の獲得がまだ不十分な1学期、『さるかにばなし』の絵を描かせたことがあります。猿につぶされたカニを描いた子どもたちは画用紙のウラに「かにさんいたかったね。子どもができてよかったね」とか「かにさん、おかあさんがおらんでさみしいね。わたしはいるよ」と書きました。またガキ大将のひろゆき君は「ぼくはカニをまいにちころしています。むごない」と自分の遊びの生活と猿を重ねてきました。

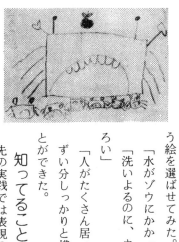

また観察の仕事も、生活との関わりを持って実践されれば豊かなものが生まれます。同じ職場に勤めた矢野良香先生の実践『ヒマワリの取り入れ』の絵には、自分たちが育てた大きなヒマワリを取り入れる喜びがあふれています。

人間よりずっと大きく背も高いヒマワリを、ビュウと伸ばした腕で切っている。ヨレヨレと枯れた葉、ビっシリつまったヒマワリの種、どの絵も

自分との関わりでしっかり見ているのです。単なる「つり合い」にはこだわらない、この時期の子どものすばらしい表現は、〝子どもの知っていること、想っていることが〟生き生きと表われてこそなのです。

動きのある人を描く（4年生）

大きな流れやかたまりでとらえることと、細か

第4学年図工科指導略案 （'79. 10. 20 於・川崎小 授業者　門田）

1．題　材　“動きのある人を描く”

2．目　標　○ものの見方、感じ方、考え方に関った人物画を描かせたいという見通しを持つ。
○人の動きの大きな流れやかたまりをつかませる。
○手つき、こしつきなど生きた人間をしっかりと描く。　―3時間　―2次
☆細かなしわばかりを描いて、部分部分は描けるが全体の感じがつかめない子どもや、頭ばかり大きく描いて全体のつり合わない子どもたちがいる。これは〝良く見なさい〟という指導だけでは解決しない問題だと考える。

準　備　12色中型マジック、サインペン、画板、更紙、参考作品

3．展　開

学　習　活　動	留　意　点
1　学習課題を知る　人物クロッキー	●なにを描くのかをはっきり示す　㋐ようす　㋑気持
2　参考作品を見て話し合う	●描材による表現の違い　㋐大きく　㋑細かく
3　大きな流れをかたまりで表す。頭、胸、腰、もも、すね、足指、腕、ひじ、手指	●幼児の人物表現の仕方 ●全部ぬりつぶさなくてもいい
4　友だちの絵を見て話し合う	●モデル人形で理解を助ける
5　手つき、腰つきなど、表情を細かく描く	●大きな流れ、かたまりのつながり方
6　絵を囲んでみんなで話し合う	●見た感じをこそ描かせる ●いいところを発表させる
7　学習のまとめをする	

く描き込んでいくということを統一的に描くということは、先の「動物みがきの絵」で追求したがこの教材ではもう一歩進めてはっきりと気づかせ意識化させることが狙いである。

細部の真実を全体の中で位置づけたい。

マジックで、更紙にかたまりで短時間のうちに描かせる。頭、胸、腰、腿……と体が折れまがる部分に注目させて、マジックでグルグルとやるのだ。これを何度かとりくんで、しっかり流れがつかまえられるようになった段階で、細かく描き込むことを、これにつなげる。

マジックの色は明るい色に限定して大きな流れをつかみ、その後少し時間をかけて、サインペン又は割りばしペンでそのかたまりを基にしつつ、細かく描かせるのである。

その時、子どもの眼は紙の方より対像の人物の方をより多く見させるようにした。

いつの場合でもだが、まとめには必ず相互批評をして、気のついたよい点を認め合うようにしたい。

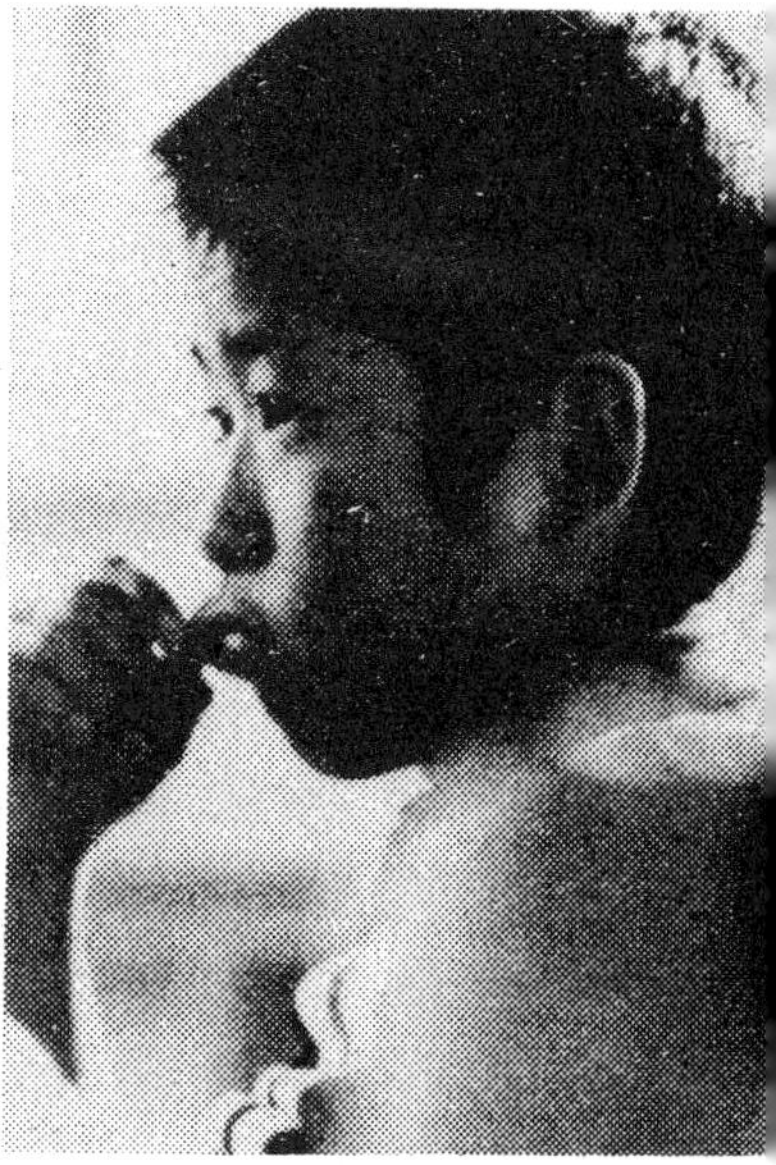

自分のくつを描く（6年生）

授業に入る前に自己紹介をし、かつてとなりの学校に居たこと、その時1年生と『さるかにばなし』の絵を描いたことなどを話した。

すると子どもたちが、

「先生知っちょる。憶えちょるぜ」の声。

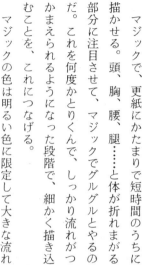

当時の絵を見せると、照れくさそうに笑った。急に親近感を覚え、子どもたちもぐっと近づいてくれた。

半数以上が絵は嫌いだと言う。「思った通りに描けん」「描くものがない」などが主な理由であ

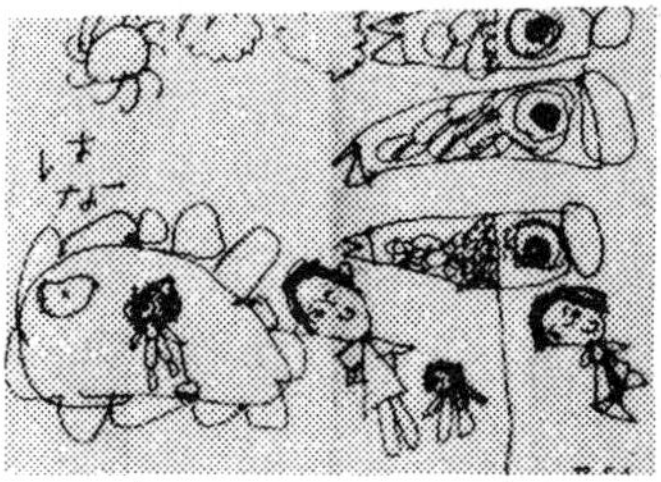

った。

4才のぼくの娘の絵を示して「何が描いてある?」と聞くと、「こいのぼり」「池」「人が他に3人」などと出されたので、すかさず「どんな感じや気持ちが伝わって来ますか」とたずねた。

「うれしそうな」「楽しそうな」と出て、「こいのぼりを上げたがよ、そんでみんな眼が上を見よるし、表情もうれしそうに描いちょる」ということになった。

第6学年図工科指導略案 （'78. 9. 21 於・三浦小 授業者 門田）

1. 題　材　"自分のくつを描く"

2. 目　標　○自分のくつの感じを表現する。
　　　　　○同じ大きさに描き形をしっかりつかむ。

　準　備　運動ぐつ、ハッ切画用紙、エンピツ、アリの図

3. 展　開

学習活動	留意点
1. 自己紹介、三浦小とのかかわりを知る	●身近な存在であることを印象づける
2. 絵を描くのが好きかきらいかの話し合い	●なぜきらいかをはっきりさす ●必ずしゃんと描けるようになると宣言する
3. アリの形はどうか話し合い確かめる	●身近なものをしっかり見てはないことにしてかせる
4. 自分のくつの様子について話し合う	●くつもじっくり見たことはない 身近なものであることを意識さす
5. 「ただいま」と帰った時のくつの形を描く	●ちらばり具合や自然さを出さす
6. 絵を見ながら批評し合う	●感じが出ているか
7. 学習のまとめをする	●形がつかめているか

絵でも、文章でも〝ものやできごと〟の描写があるし、〝気持ちや想い〟の表現があることを話した。そして、「今日はきっと全員がしっかり描けるようにするけんね」と約束をした。

アリを見たことのある人を聞くと、全員が当たり前だという表情で手を挙げた。

「それじゃあアリを上から見た絵を描いてね」と3人を黒板に出して描かしてみた。予想通り、足が8本あったり、数々な所に足がついている。胸に集中して6本あることを教えると、「マコトそうやった」と身近でいつも見ている物を案外見てないという事実に自分で驚いている様子だった。

そこで、「じゃあ自分のくつはどうやろう」と切り出し、くつを巡る様々な経験やくつの特長を出し合わせた。

ここで、ぼくはくつの置き方を「学校から家に『ただいま』と言って帰ったままのように置くように」と状況を設定した。条件がついて置き方に制約のある方が、くつを描くイメージがはっきりすると思ったからだ。

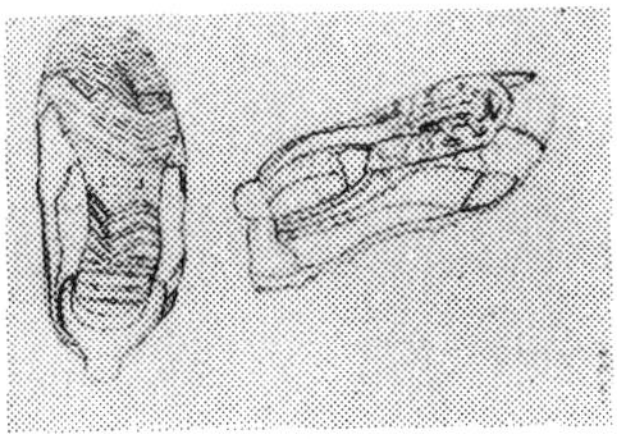

つまり、くつの存在そのものの描写力を、子どもの内面から支える意欲や感じをしっかりつかませることが必要であり、「立体感を出しなさい」と言うよりは、「自分の足が入ってたのやね」と言う方が子どもの意識にパチッと入るし、それを描こうとする。

「ヨレヨレだ」とか「ひもがねじれている」どいった事実と重ねて、「自分がずっとはいているくつで新品じゃない」とおさえると、線のひき方もシャシャッでなくソロソロとなります。

このことは、9才の節までに十分蓄積されるべき内容です。自分との関わりでしか見れない時代だったのですから……。今は9才の節を踏まえて自分との関わりも大切にしながら〝ものやことがら〟の事実に視覚的にせまることができる時期だと思うのです。確かに、主要な課題は視覚的表現操作に移るという不連続な面と、9才の節までが豊かに発展していれば、あるいはそのことを大切にすればそれが9才の節までにも生きて働くという連続な面の両面をしっかりおさえたいのです。

だからこそ、単純明解な石こうをでなく「にんじん」を「大根」をあるいはくらしを支える器具類を描かせるのです。そして、そのことは、思春期を越えて、もう一度見えない内面世界の表現の追求に向かう基礎でもあります。

学び合う仲間の中で

ぼくたちは、誰もが取り組める美術教育をめざして、「3人寄れば文殊の知恵」「教えてもらう会から学び合う会に」「0才から青年期までの発達のすじ道を明らかにしよう」を合ことばに、サークル活動を大切にして来ました。高知「美術教育を進める会」は毎月例会を持ち、春のシンポジウム、夏の全国大会、秋の研究大会などを地味に積み上げています。

美術だけでなくすべての教育実践はサークル活動の中でこそ、自分の実践を確かめ、仲間に学びより広い視野に立つことで高め合って成長するのだと思います。

6 幼年期の教育と保育問題

1980年３月
『教育評論』（日本教職員組合）３月臨時増刊号

■第14分科会

幼年期の教育と保育問題

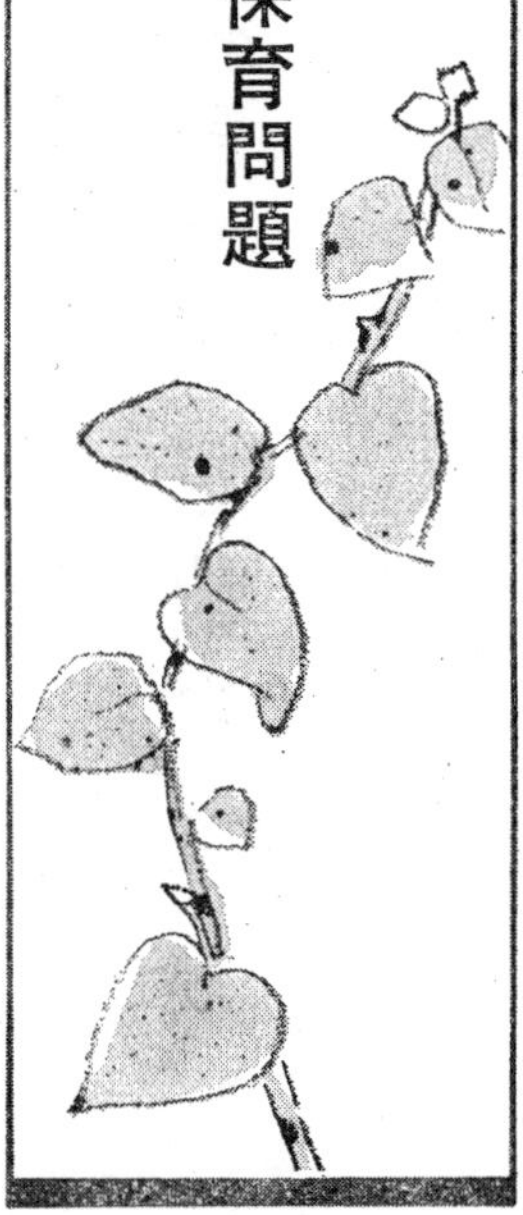

はじめに

「自由」と書かれ、薄よごれた旗が中央舞台にある。その舞台は土俵なのだ。にわかにかこいを巡らせ、寒々とした相撲場が全体会場であった。しかし、そのどちらもが、見かけの見すぼらしさとは対照的に、前者は、自由民権運動の大きなうねりを象徴し、後者は、理不尽な右翼の妨害をはねのけ、鋭く対決した高知県教組の勤評闘争以降の輝かしい伝統を象徴していた。さまざまな想いを胸に全国から集まった参加者の意欲と情熱が会場を熱いものにしていた。全国教研こそは六〇万日教組組合員の団結と連帯を実感させる。

沼田稲次郎氏は「人権と教育」と題した記念講演のなかで、

「子どもの教育を受ける権利を保障するために家庭における親、学校における教師の権利と責務が問い直される」

と、「児童の権利宣言」に留意すること、さらに、それに生きた血を通わす教師の姿勢や行動こそが大切であると訴えた。

人権を根こそぎ否定する軍靴の音が、高なりつつある今、私たち教育運動を進める者が、個人、集団を民主的に変革するとともに、社会の民主化の視点をしっかり持たなければ、幼ない子どもの発達も保障されない、との思いを強めた。

子どもの生活総体の危機に眼を向けて来た私たちの想いをテコにして、今、権力が、「家庭基盤の充実」、「保育所見直し論」をセットに「婦人よ家庭に帰れ」と、声高に攻撃をしかけて来ている。これとの対決点を明確にし、実践的にも運動の面でも前進をかち取って行く上で、「人権」を守り育てる、子どもの発達を真に保障することの重要性が再度強く確認されなければならない。

一　討論をより深めるために

今次教研全体会では、自己紹介や設定した報告などの形式を取らなかった。それは、当分科会で「レポートを発表する」という、これまでの傾向を克服発展させ、「これまでの成果や課題レポートを踏まえた報告や討論を深める」ものにするねらいであった。つまり子どもの現状や実践を列記するのではなくして、それらを生み出した個人や、集団、社会背景をえぐり出し、結び合わせながら、共通の認識や積極的実践と運動の方向を引き出すことを期待したのである。

分科会参加者や、司会者の主体性や意識を問われる全体会であった。討論の柱だてや、会の流れの適否は別にすれば、この会の持ち方の意義は、参加者に確認されたと思われるし、二日目以後の討論の方向を深いものにした。珠玉のレポートや、運動の成果や到達点に真摯に学ぶ姿勢である。

四日間の討論は次のように進められた。以下討論の柱に沿って大きな会の流れを紹介したい。

（第一日、第二日午前―全体会）
㈠今日の子どもの状況
（第二日、午後・第三日午前・小分科会）
㈡保育教育実践の課題と内容
①遊び・労働などを中心に
②教科・課業など学習を中心に
㈢学童保育など保育、教育運動
㈣保幼小の連携と、一元化・まとめ
（第三日、午後・第四日・全体会）

討議の柱だてに対して、参加者から、「遊びや労働と教科や課業が分けて考えれるのか」という指摘があった。確かに「丸ごとの子どもをとらえよう」、というのが、この分科会の重要な視点であった。このことは、討論のなかでも、何度も立ち帰る課題であったが、①「発達を無視して教え急ぐ傾向」と、②「発達を放任する」という両極がある現状を止揚するために、〝遊び〟と〝教科〟の分裂と統一は、科学的に追求されなくてはならない。そのためにこそ、分科会を分けて持つのだ、ということが確認された。

第一日目、島袋日教組幼稚園部長が、あいさつと司会・助言者団を紹介した。部長以下司会者団は、誰一人継続した人がいないという点、段取りのところで大きな問題であった。助言者団は、ここ数年にわたって、この分科会に継続して責任を持ってもらって来た。そのことが、どれほど研究を発展させて来たかは、計りしれないものがある。運動の継続発展を願うなら、まず、司会者が毎年変わるという当分科会の改善が必要である。

当分科会とともにあったとさえ言える羽仁助言者から、心のこもった長文のメッセージが寄せられた。期せずして、「人権を認め合いともに生きる」ということを強調されたものであった。「人間の真の基礎を」との呼びかけは、運動の先進としての重みを持って参加者にせまった。

司会から、〝現状〟〝保育・教育内容〟までの討議の基調として要項の内容、①「個々、直立と歩行、食事と排泄の自立、遊びや仕事、学習をみんなのなかで自分もする。そういうヒトが人間らしさを護持していくのに不可欠な、『生き急がされぬ人間でなく、自ら生きる人間』になっていく力が弱いのではないか、調べた事実を出し合い、おもしろい調査と実践、運動の方法を創造的に発見するようにしたい」②「自ら生きる人間になっていく力を育む『活動』として、遊び、労働（仕事）、学習の三つをとらえ、その組織化と内容を子どもたちと一緒に創っていった実践と研究を交流し、失敗からも学んで、幼年期教育の内容と構造を明らかにする。『早期教育』の批判的検討もする」を、提起し、具体的なレポートを挙げて討議の方向を示した。

橋本助言者は、基調報告として

①政府自民党の政策との関わりで子どもの現状を深く分析することの必要性を強調した。彼らが、「家庭基盤の充実」を主張して、家庭の責務、「家庭の日」の設置、両親の扶養と子どもの保育こそ家庭の責任などという「日本型福祉」を説いて、勤労大衆を切り捨て、幼稚園を幼児教育の中心にすえ、四、五歳児は幼稚園、三歳未満は保育園、さらに進めて家庭で保育するという、彼らの「保育一元化」構想が見て取れること、②八〇年代、私たちの課題としては、地域ぐるみで子どもの発達を保障すべきであり、家庭や地域の現状をふまえて、地域ぐるみの運動と、社会全体でたたかう八〇年代としなくてはならぬことを提起した。

二　子どもの生活をどうとりもどすか

土踏まずの遅れだけでなく、指吸い、虫歯、出やすい鼻血、朝からあくび、背中グニャ、転んで手が出ない、よく転ぶ、皮膚のカサカサ、保育時間中目がトロン、肥満、休み時間ボーッ、奇声を発する、腹の出っぱり、まっすぐ走れないなど、からだに表われた人間的危機が、すでに乳幼児期にきざしていて、①基本的生活習慣、②遊び、③労働（仕事）、④学習という、子どもの生活総体のゆがみになっていることは、今次教研のレポートにも生々しい実態が記されていたし、ここ数次の教研で確かめられて来た。

まず、地元高知は、橋本提起を受ける形で、行政主導で要求のない地域への幼稚園づくりの実態と、それに伴う子どもへのしわよせを報告した。「長野などと並んで、高知の保育所王国は、多くの自治体の革新と婦人労働者の意識の高さに支えられて来た」との分析は、保守県政が、大学進学率などを口実にして、幼稚園づくりに狂奔し、二階と一階に保育所と幼稚園が混在するなどの手段をも講じて、過疎保守自治体から保育所つぶしが進められて来たこと、ゆがんだ保育観、教育観が、現場に土足で持ち込まれていることを鋭く批判した。これら行政の「一元化」は、子どもの発達を保障する「一元化」ではない。子どもの遊びを奪い、婦人の労働をも奪う保育所つぶしの「一元化」である。北海道は、産休あけから集団保育されている子どもの方が、発達のゆがみが少ないこと、とくに土踏まずの形成、虫歯が少ない、足腰の力、咀嚼力、言動が主体的で、意欲的なことなどを挙げ、年齢と在園年数を記した具体的な資料を提起した。埼玉もゼロ歳からの保育の必要を説いた。京都は、保守府政への転化後、子どもたちを、社会教育と称して組織する活動が盛んになった例を報告した。ボーイスカウト、カブスカウトなどが典型である。

学校でダラダラしている子どもが、「ピッ」という笛ひとつで動かされている姿に恐ろしさを感じるというのである。母親の一部に、すでに現金収入につながる夜の勤めが増えたこと、「子どもには塾を」という傾向があると付け加えた。千葉は、大企業の進出による地域破壊、人口の集中、そして失業、新興住宅の購入による家庭破壊の実態などを報告した。ここでも親の蒸発や、母親の夜の仕事のことが出された。「お母さん、ごはんを食べさせて下さい」という子どもの声は、社会や家庭のひずみを反映している。

①親の手の掛けすぎが自立を妨げ、与えすぎのおやつと、食生活や生活リズムのくずれが、幼児のからだを蝕んでいる。ハイハイなしで歩いた子に、足腰の未発達がみられ、遊べない、何ごとも受身の子どもがふえている。群れてはいてもバラバラで、心とからだが働かない子どもを生んでいる（山形・岐阜・滋賀・兵庫・三重・福岡）。

しかも、そのことは思春期になって下宿をする頃になっても、週に一度の親の訪問がなければ生活がシャンとしない（北海道）など、自立がいつまでもできない子どもを生む原因となっている。一方、②生活が立ちゆかないなど、による、家庭生活の乱れや破壊は、高物価のもとでの不況という社会のひずみを主要な原因として、子どもの放任状況を生んだ。また、せめて「学力だけでも」と、子どもの生活のなかの、学習にのみ過剰な期待を寄せる親を生んでいる。来賓の朝鮮の代表は、子どもを真に大切にするとは、「朝鮮民族を誇りに思える子どもにすることだ」と自らの経験を交えて、子どもの教育を受ける権利を語った。

東京の小学校の教師は、「子どもの心やからだが疲れている」と、早朝テレビを見て登校する子どもの特徴を、汗をかかない、ぐずぐずする、目がトロン、あくびをすると挙げ、家庭と協力して、早く寝かせて、早く起こすなどの生活の立て直しを図るなかで学習をシャンとするのだ、と主張した。山形や新潟は親や地域が子どもから仕事を取り上げている状況、つまり親の労働を見せない、手伝わせないなかで、子どもの仕事が、せいぜいコタツのスイッチを消すことなどに止まっていて、口先だけのしつけ、きれいごとの返事に終わってしまうことの問題点を指摘した。広島は、学校における小学一年生の赤ちゃん扱い、仕事の取り上げを、岡山・京都は、飼育活動や学級での仕事活動、宮崎は、学童保育のなかでの集団あそび、仕事活動の意義を強調した。

深谷助言者は、「同じように母親不在の家庭であっても、一人の子どもは生活が乱れ、忘れものをするが、他方は規律ある生活が、送れていた」という具体的な例を挙げて、親と子、子どもたち同志、仕事や遊びのつながりやぶつかり合いのなかで、育ち合うことが大切であること、また、社会参加と勤労については、権利を抜いた参加や勤労ではダメであって、権利を持った参加や勤労でありたい、つまり、働くことで自分の生活を豊かにし、集団を高める、そんな仕事、遊び、学習、休息の配分を、家庭や園でしっかりさせたいと述べた。

穴戸助言者は、六〇年代から八〇年代への保育の流れに着目すると、①六〇年代の高度成長がさまざまな問題を生んだ。一方共働きがふえ、保育所作りが前進したり、産休明けからの集団保育の成果も確かめられて来た。②八〇年代になって「婦人よ家庭へ帰れ」「学力低下は保育所の責任」などと主張されたりしているが、発達のゆがみは、「子どもの自然な当たり前の発達」が少なくされており、「育ち急がされ」たり「放任され」たりしていることが大きな原因である。生活とは何かを、全体的、科学的にとらえなくてはならない。基本的生活習慣、遊び、労働、学習、休息が相関係し合うものにし、園のみでなく、家庭、地域と手を取り合って、まるごとの生活をしっかり立て直さなくてはならない、と結ばれた。

三　遊び、労働、集団づくりをめぐって

小分科会討議に入る前の休憩時間に、岐阜の「川遊び、合宿保育」を見た。小分科会では乳児、幼児、小低と年齢別に時間を切って報告と討議を進める方法を採った。

第二日目午後から、乳児期の課題と三歳児を含む集団づくりを新潟・埼玉に、幼児期における〝運動会〟〝鬼遊び〟を中心とした実践を、それぞれ大阪・大分に報告してもらった。続いて福井が〝さつまいもづくり〟の実践を、群馬は〝障害児を含んだ集団づくり〟を報告した。

素朴な疑問として「ゼロ歳からの集団保育が本当に必要なのだろうか」「母親の愛情不足はないだろうか」が出された。ゼロ歳保育は増えたとは言っても、まだ地域としては片よりが多く、経験の交流も限られていることを反映している。討論のなかでゼロ歳保育における仲間意識の芽ばえの実感があること、きめ細かな保育を進めるなかで、母親と十分連絡を取り合い、母親の愛情と集団保育とがともに子どもを育てていくことが大切であることなどが導びかれた。

遊びには見通しが必要である、ウサギとオオカミの鬼ごっこであれば、ウサギはウサギらしくなり切ること、つまり見立てる活動を通して、イメージや集団を豊かに発展させてゆく。楽しさのなかに、「どうしたらより楽しくなるか」を考えたり、ルールを守って助け合ったり、協力し合うなど、遊びのなかに仕事や学習を準備するものすべてが含まれていると言える。岐阜の実践は、自然のなかで遊びを発見すること、異年齢集団での遊びのあり方など多くの示唆を与えた。

しかしながら、例年激しく討論されて来た遊びにおける指導のあり方に関わっての討議はほとんどなされなかったし、遊びと労働や学習との関連について、幼児期のありようを明らかにすることができなくて、課題を残した。

第三日目午前は、小学校の実践が報告された。長野は〝自然とともに遊びながら学習する総合学習〟、和歌山は低学年における集団づくりの実践であった。その他、山口・愛知も班づくりの取り組みを発表した。

まとめとして、①小学校ではもっと遊びをしっかりと位置づける必要があること、②班活動においては形式主義に陥りやすい傾向があるので、一人ひとりの子どもの声を大切にした自治的な班づくりが大切であること、③幼年期の班やグループ活動の評価は否定面より肯定面をこそ取り上げ、がんばりを集団のなかでほめたたえて、積極的な前むきの班競争が大切であること、などが確認された。遊びと課業、教科との関りについては、参加者が多くて報告も八本を設定したため

に、時間が足りずに討議できなかった。

四　生きることにつながる課業・教科活動

第二日目午後から、この小分科会は参加人数も程良く、暖かで活発な討議が深められた。まず、レポート提出者の自己紹介と、小分科会で何をこそ話し合いたいかを発表してもらった。

その上で内容を基に①〝文字やことば〟について茨城・香川・秋田の順に報告し、②〝絵本について〟は鹿児島・岡山・長崎に、③〝歌は生活のなかから〟は高知が報告した。各々の報告の後、質問を受け、領域別に一定時間の討論を進めた。

文字に関しての報告はすべて小学校からのものとなったが、保育所や幼稚園との結びつきの弱さは共通した問題として出された。茨城や秋田は文字に興味のない子の問題や、まちがって憶えている字を直すのに時間がかかること、筆順、文字の成立、字形、大きさの変化などひとつひとつていねいに教えることなどを、香川は家庭環境や遊びの不足から話しことばが貧しいこと、文字を支える生活の充実が大切であることを述べ、五月には五〇音と漢字二〇字を習得させねばならないことが決められている現場の状況や、鉛筆の握れない子のことにふれた。福岡は香川に対して、「誰が五月までに五〇音を打ち上げることを決めたのか」という点と、「新入生が鉛筆の握り方を知らなくて当然ではないか」と質問した。それは香川の教師が若く、福岡の教師がベテランであることからくる違いではなかった。地域における教育運動の拡がりと深まりの差なのだ。文字の体系的学習の責任は小学校にある。

絵本については、どの報告者も、良い絵本との出会いの大切さを強調した。鹿児島は「絵本の実践は知・徳・美の教育だ」と主張し、「良い絵本、良い読み聞かせは必ず子どもの心をゆり動かす」と、絵本の読み聞かせを実演しながら参加者を楽しませた。

これに対して深谷助言者や新潟から、子どもの状況はすばらしい教材や教師の実践をさえ受けつけない所まで進んでいる例がある。そのことにも眼を向ける必要があると主張された。都会における子どもの生活総体の危機の深刻さがそこにある。

音楽について、高知は生活の豊かさ、他の学習に対する自信などと結んで歌があること、リズムなどをして心やからだが解放されている時、高く澄んだいい声が出ることなどを述べた。参加者全員で、彼女の指導による歌を歌って楽しい会のしめくくりができた。

第三日午前は、前日の討議が領域別に近いものであったのに対して、課業・教科そのものを問う話し合いであることをまず確め合い、前年の柱だてと同じ①学習と遊びの分裂、②学習観をつくりかえる指導、③具体的な行動、ものやことに即して学ぶ、④生活の復興と表現、を確認し、一般参加者の発言も対等に認めることとして討論に入った。

東京の一般参加者（私立幼稚園）から、就学前の文字指導の必要性が主張された。「子どもの状況を見て、知りたがる時期こそが教育の適切な時なのではないか、文字を知ることで子どもは生き生きして来た」というのである。

確かに子どもをめぐる状況は変化しており、入学時多くの子どもが読めて書けると言われている地域もある。しかし、多くの参加者から意見が集中したのは「人とのかかわりのなかでこそ」（新潟）、「ことばが事実と結んでいなくて二年生になっても解消しない」（岐阜）、「子どもに連帯がなく話し伝える内容が乏しい」（京都）などの状況が第一日の討議でも明らかな上、文字にかかわる混乱の主要な原因は「小学校の責任が放棄されていることや教科書にあり」（東京）

〝文字の本〟など一学期かけてみっちり教えることが大切だというのがこれまでの一致点であったことによるものだろう。

深谷助言者は文字への興味は子どもへ返してやることが必要だ、それは、子どもや親、教師の学習観に関わってくることであり、子どもの生活を豊かにするためにこそ課業や教科が必要になる、と指摘した。

香川は畑づくりの実践のなかで四歳児は遊びそのものの活動しかできないが、五歳児は遊びから発展して役割の分担など、見とおしのある活動ができると述べ、高知は遊びのなかで遊びをもっとおもしろくするために文字や数字を活用する、お店屋さんごっこも、今ではスーパー値段で一〇一円とかハンパな数であること、福岡や鹿児島は口頭詩で、子どもの話しことばを子どもに返すことの重要性を述べた。

埼玉のカルタ遊び、京都のどんぐりによる数遊びも、高知のタイル学習も、新潟の「数え主義」批判も、「具体物に即して学ぶ」という柱に応えるものであったが、十分討論を深めるに至らなかった。橋本助言者は、①発達を保障するために子どもや親をどう組織するかが重要である、②子どもの現実を広い視野で、多様な見方を交流し合うなかで一致点を探るべきである、とまとめられた。

五　地域ぐるみの保育、教育運動

まず学童保育の報告、討論に入った。宮崎はづくり運動が、自分の子どものしあわせを願う気持ちから始まったこと、異年齢の子どもが集団としての働きを持つことの意義を、神奈川も自分の子どもの入学を前に、婦人の働く権利の課題として学童保育運動を進めている。づくりの運動が、子どもの発達保障と労働者の権利の両面をしっかりとおさえていることが、できた学童保育の内容を高め前進させているということは教訓的であった。

どこでもまず窓口を確かめる所から始まるのだが、共通して、①教師の無関心、②行政の無知や圧力、③保育料の高さ、④児童館とのかかわりが問題点として挙げられた。

学童保育の保母を老人にまかせたり減らして来ており、新設はしないで児童館に吸収（東京）する傾向がある。児童館との共存が進められた新潟は保育料が安くなるのと引きかえに、子ども集団のくずれという高い代償をはらうはめになった経験を語った。婦人が働く限り学童保育は必要（神奈川）だが、学童保育が狭い部屋で少ない保母数のなかに、閉じこめられる（北海道）ものであれば、「行きたくない」対象になる。

学校との学級通信の交流をはじめとする連携が強められたり、地域の子どもをさえまき込む運動（東京）。共同保育所づくりが発展して、学童づくりへ、そのなかで母親が自分たちの保育所を守り育てる喜びを持ち、児童館の設立も積極的な運動に位置づける（北海道）ことが求められている。二〇年の歴史をもつこの運動は、東京などは制度化されて来たが、福祉切り捨てのなかで、運動としても厳しい状況に直面している（橋本助言者）。子どもの放課後がテレビとおやつに代表される状況を見る時、子どもが遊べる広場があるかどうか、地域の子どもみんなが集まって遊べる場を、学童保育をはじめ地域ぐるみで考えねばならない（深谷助言者）。

保育、教育運動全般へと討議を進めるに当たって鷲谷助言者は、学童保育をめぐる討議で明らかになった①子どもや親の状況、②行政の側の姿勢、③園や学校、家庭や地域を見すえ、運動をどう守り発展さすかが課題である、と述べ、運動に関係するレポートが減少していることを指摘した。

保育所づくりの運動の状況は、学童保育づくりの問題と重なっているが、組合対策（私学）とのたたかいや、保育内容の切り下げとのたたかいなしに、づくりの運動は発展しない。営利中心の乳児保育ほど、子どもの人権を無視したやり方はない（新潟）と言える。

「保育、教育を語る会」の運動は、『小さいなかま』読書会（大阪）のようなものから、PTAぐるみの学習会（宮崎）、組合組織あげての地域運動（高知）と網の目のように拡げて行かねばならない。

また、移動図書館（長野）や児童詩、絵の展示（高知）などの文化運動が重要であるし、算数、水泳、文字など教育内容を自主編成して行く運動（兵庫）を地域に拡げて行きたい。保幼小の連携はまず、こういった運動のなかから生まれてくるものであろう。

京都・高知・広島などは、そのなかから連携の組織が定着しつつある。形式的な組織化や、大集会に止まるのでなく、内容でこそ統一を図ることの大切さが確かめられた。

六　まとめにかえて

すべての参加者が積極的に討議に参加するなかで討議を終え、ひとこと感想発表を行なった。

初参加者が多かったにもかかわらず、参加者や助言者の感想のなかに、暖かい教研であったこと、集団学習の値うちを感じ、確信を持てたと述べられたことを喜びとしたい。

なお次年度に向けて次の点を問題提起しておく。

第一は、昨年教研での「事実を調査する」ことの重要性を受けて、地域や子どもの実態を共通認識に高めるとともに「現状」「教育内容」「運動」を「子どもの発達を保障する」視点で貫くことである。レポート部分でのみ発言するという傾向を克服してほしい。

第二は、その点と関わって運動の継続発展ということである。代表が変わると全く異質な発言をする県も多い。ぜひ当分科会の成果をまず地域へ拡げてほしい。

今次までの教研の成果や到達点についても、『日本の教育』などで真摯に学ぶことが望まれる。

第三に討論を結び発展させて行くことの大切さである。珠玉のレポートや要項は、十分に読みくだしたうえで集会では討論を深めたい。

前の発言者の主張を支持しふくらますことや、相違点を明らかにするなど、レポートの値うちとは別に、討議の民主的規律をさらに確立したい。

最後に限られた時間と紙数に十分分科会の豊かな内容を反映できないことをおわびする。

（門田雅人）

7

生活する子ども、親、教師を結ぶ

―ぼくの学級通信のとりくみ―

1980年9月
『月刊どの子も伸びる』(部落問題研究所)9月号

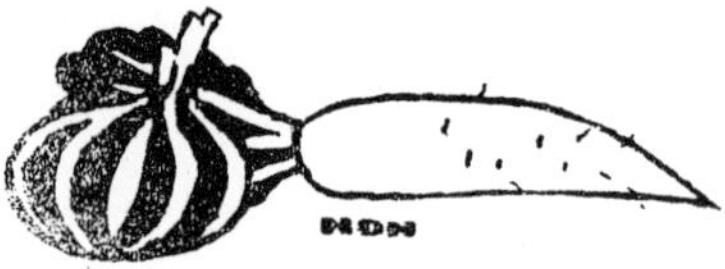

生活する子ども、親、教師を結ぶ

——ぼくの学級通信のとりくみ——

高知県幡多郡川崎小学校　門田雅人

はじめに

五二年の四月、ぼくは、幡多郡の南端、黒潮洗う古満目港を前にした大月町立中央小から、北端の四万十川沿いの山狭の村、西土佐村立川崎小へ転勤した。

二人目の子どもが六月に産まれたから、産前の不当な異動である。（前回も産後すぐの異動だった。）香川県ほどもあろうと思われる幡多郡を長方形に例えれば、その頂点を点々と異動しているかっこうだ。

せめて、五年はひとつところで実践をやりたいと思う。学級通信をひとつの手がかりにしながら、学校や地域をこそ大切にしたいと努力してきたが、教師歴八年で三校を経験するという異動は、これまでの子どもや地域との関係をいびつなものにしている。

あれほど情熱をかたむけた子どもたちなのに（だからこそ）、前任地の子どもたちのことを思うと、くやしさに涙が出てしまうし、眼の前の子どもたちと真剣にとりくめなくなるほどつらいのだ。それで後ろをふり返ることができなかった。子どもたちから来る便りへの返事さえ滞っていた。

まだ百人を越えてはいない教え子たちは、ぐんぐん伸びているだろうか。

㈠　子どもと親が受け止めてくれる

学級通信を、子どもや親はどんな気持ちで読むのだろう。通信に誰が載っているかは一大関心事であるらしくまず、そのことが教室では話題になる。ぼくは連絡とか、御説教の材料にだけはしたくないと思っている。

〃ひとつぶ〃のよく出ること

（ひとつぶNo.33）　克徳―五・二六―

先生、今年は学級通信〃ひとつぶ〃が調子良く出るのう―中略―これだったら大分行くぞ。二ヵ月で六十日、休みが八日で五十二日。二ヵ月で四十五号出したとすると40×5＝220。一年に二百二十号も出ることになる。もっとがんばれば二百五十号も夢じゃない。

ぼくは、いろいろな文よりも、日記や作文などをのせて、それについて色々言っている方がおもしろいと思う。これからもがんばって出して下さい。

今年は初めての持ち上がりであり、教師としての力量が問われるわけだし、また、自分も三人の子の親として、自分の子育てとの統一を目ざして張り切っていることを、克徳君は見抜いてくれた。「自分の考えを押しつけないで、子どもや親の声を編集する」という書き手の工夫についても、その方がいいと評価し、はげましてくれている。しかし、一方、

今日は〃ひとつぶ〃なかった

（ひとつぶNo.50）　朋子―六・一八―

今日は〃ひとつぶ〃はどうしてなかったのですかね。これで二回抜けたことになりますね。一回目の理由は、今でも憶えている。

「夜遅くまでお酒を飲んでいた。」というのでしたが憶えていますか。続いていたのに残念です。持って帰る時にもの足りないと思う。

と厳しく監視されている。そして期待もされていると言えそうだ。

ぼくは朋子さんがこう書いてくれた号で、親に対して「返信や感想が欲しい」ということ、「生活点検表に眼を通し、子どもの生活を立て直してほしい」と書き、一方通行でない通信活動を訴えた。だが、親の反応が眼に見えない時も、決して読んでないのではないことを知っている。五三年度〃もんたろう〃五十号に次のような文章を寄せてくれた。

文章を書くのが苦手な者には、毎日便りを出すことが苦痛ですが、先生には御苦労なことと感心しています。子どもたちの日記は仲々子どもなりに先生を厳しく見ていることが伺われ、驚かされることしばしばです。

自分の意見を素直に文に書くことは、大人でもむつかしいことですが、子どもはスパッとそのままずばり書いてしまいます。

読んでいて苦笑したり「フンフン、その気持ち、わかる、わかる」等と思いながら楽しみに読ませてもらっています。

神野茂子

学級通信を通して、子どものことを知っているつもりでも、親馬鹿というか良い面（一面）しか見ていないということが分かりました。

これからも大変でしょうが続けて欲しいです。書くことに弱い私ですが〝もんたろう〟楽しみにしています。

竹崎伊津子

ぼくは、親が文章を綴るということをとても大切なことと考えてきた。そこで、親と親とが対話をし、ひとつひとつの問題を学級のみんなで考え合うきっかけとして、親の回覧ノートを〝親々通信〟と銘打って回覧した。二冊の回覧ノートは今、各々一冊目を終え新しいノートが回っている。

(二) 伸びてゆく芽を親と共に育てる

回覧し始めた最初、康浩君のお母さんは、「漢字大作戦（学校ぐるみで一年全部、二年全部というように読み書き百点を目ざす取り組み）の学習をしている自分の子が、二、三年の漢字のほとんどが使えないことに驚き、家庭でも協力してやらせる」と書いてきた。

もう一冊には博道君のお母さんが次のような話題を書いて来てくれた。

子どもに畑を貸した

（もんたろうNo.6） 佐々木千鶴子

ー略ー今日は、二人で野菜畑の手入れをしていると、「お母さん…」と優しく声をかけてくるので「あ、暖かくなったので、アイスクリームのおねだりかな?」と思って笑っていると、「ぼくも畑を少し欲しい」とのこと、日当りの良い所を貸すことにしました。石や竹で区切りを作り、夕方には種まきも終った様子です。一日も早く芽が出ることを祈る私です。

こうして始まった親々通信は色々な反響を呼んだ。正博君のお母さんは

「仕事の都合で、すぐ近くにいながら参観日にも行けないし、お母さんたちと話す機会もなく、何か取り残されたように思っていたがこれで話し合って行ける」と書いている。

できた　できた

（もんたろうNo.14） 佐々木

お母さんは蚕で忙しいのでぼく（博道）が代筆します。今日はぼくの畑に行くと二十日大根が大きくなっていました。

一本引いて見ると、赤くて丸いきれいな大根でした。お母さんが居る蚕の家に持って行って見せると、お父さん、お母さん、おばあちゃんが

「まあ、きれいなねえ！」とびっくりしていました。
お母さんが
「博道の野菜をごちそうになろうかね。」と言ったので大きいのをいっぱい引いて、サラダを作ってもらいました。

この文章を書いたノートと共に、博道君がニコニコして、赤い大根をぼくにくれた時、これだと思った。「畑を貸して」と子どもが言った時に、「何を植える気？　できりゃあせん」とか「畑が荒れるだけじゃ」とか母親が答えていたら、これ程おいしいサラダは食べられなかっただろう。家庭での躾、学校での教育も、本当は〝子どもの発展的な芽、前むきな姿勢をはげまし育てる〟ことを大切にしていく必要があるのだと思う。

学級通信もそのことをこそ見つけ出し、伝えて行く役割を持つのだ。

㈢　授業のなかみを拡げる

教科書を離れて自主教材を使う時、授業の組み替え、教材の精選、市販テストを使わないことなど、どれ一つを取っても、教師がその意義を明らかにしなければ、親は不安になる。現に前任校で、五年生に対して掛け算九九や二年生の漢字のテストをして、零点しか取れないこどもがいることを明らかにして努力の不足を追求し、練習を要求した時「私の子どもを馬鹿にしている」と強く迫られたことがある。

しかし、発展的なことであれ、問題点であれ、学級の子ども、父母みんなの問題にしなくては真の意義や解決にはならないし、親も教師も〝子どものすこやかで、賢い成長〟を願うという共通の一致した願いがある以上、親を信頼し、とことん学習や生活の事実を示して行くべきだと考える。

とりわけ授業は、わかること、できることに値うちがあり、学習のつまづきや成長を伝えることは通信活動の主要な課題だと思う。

今年度は家庭学習ノートの実例や計算力の基礎のこと、テストは90点になるまで再テストに取り組むことなどを載せたが、一昨年から校内研究として全職員で進めてきた詩教材の研究実践による、「夕焼け」（吉野弘）を〝ひとつぶ〟36号に示して親の感想を問いかけることをした。子どもたちが授業で何を感じ、どう考えたかを一緒に考えてほしかったからである。

37号には、正弘君が「手を上げようとしたけどアガッて言えなかった」こと、知代さんが「娘がやさしいと知って老人が来たのかとかわいそうに思ったけど、三人目席をゆずらずガッカリ」したと書いたこと、克徳君は「授業がよくつかめた。最後の『美しい夕焼けも見ないで』で文がしまっている」と感じたことなどを載せた。

38号には、洋輝君の「初めて手を挙げた三代さんに先生はあわてるように当てた」、39号には朋子さんの「二連は先生ばっかり読んだ。みんなにも読ましてほしい」と、幸弘君の「一番目のおじいさんは礼儀知らずだ」などを載せた。

ぼくは「〝いつものことだが〟、〝うつむいていた〟、〝うつむいた〟などから、どんな状況か、どんな娘かを追求させ、やさしい娘の当然の行動さえ恥しい思いをしなければできない、という状況に目を向けさせたかった」と親に提起した。すると、六月十四日、〝親々回覧ノート〟に康浩君のお母さん、続いて知代さんのお母さんからも、「あいさつが受身的であり、声を掛けないとしないし返事さえしない子がいる」「笑顔で声を掛けたら『馬鹿、豚』と言われた」と指摘があり「親の方から家で子に声をかけよう」の提案もあった。

〝ひとつぶ〟36号の『夕焼け』の詩を意識した反応だと感じた。だから提案も積極性を持っていたように思う。

すぐに子どもの反応が日記に現れた。

あいさつのこと

（ひとつぶNo.54）　知代―六・二二―

今日の〝ひとつぶ〟には「近頃の子どもはあいさつせん」と書いてあったので試してみた。真江ちゃんたちと別れて行った。そしたら八人の人に会った。まず一人目。「さいなら」と大きな声で言ったら、返事が返って来たので、気持ち良くなって歩いた。二人目、「さいなら」と言ったら、てれくさそうに走って行った。気持ちがくずれてしまった。三人目、この人は黒いビニルのジャンパーを着て、サングラスをかけ髪をちぢらしていた。ちょっと恐いけど「さいなら」と言うと、立ち止まってサングラスの中からにらんだ。そして、そのとたん逃げだした。後はみんな言わなかった。

これで、子どもがあいさつをしないのは大人がしないからだと思った。

ぼくは〝自分の気持ちをこそ大切にしよう〟と書いたが、授業でしくんだことが、こうして、親と子の話題になって拡がったことがとてもうれしかった。

(四)　本気でぶつかり合える学級に

康浩君の日記には「今日はつまらなかった」とか「今日もお母さんに怒られた」などの文が二、三行ひらがなばかりで書かれるのが常だったが十二月のある日、自分の頭の毛についての思いを綴った。

ぼくの頭

’78・12・5　康浩

ぼくの頭はハゲだ。

みんなが　タコちゅうと言う。
ぼくは　はらが立つ。
ぼくは　すきでハゲになったんじゃないのに言う。
ぼくは大人になってもハゲなのか
見当もつかない
早くかみの毛が生えるように

心の底からの叫び声、彼の本音を初めて聞いた思いがした。いつでも洋輝、正弘、博道君たちを代表とする級友や下級生と言い争いをして「なんでよう」そして「ウギャー」とか「ビー」とか泣き声をあげるというのが決まりだった。教師の眼がとどかない所で……。

情けない康浩、情けないいじめっ子、情けない級友たち、そんな事件が起きるたびに、ぶんなぐりたい衝動をおさえつけてきたのだった。

彼が本当の苦しい胸の内を綴った今こそ、学級を変えるチャンスだと思って、学級通信に自分の想いを書きつけた。

良いことにつけ悪いことにつけ十四人の子どもの名前はそのままなので決心がいる。子どもと親の反響は早かった。

太郎君は「康君がまだ希望をすててないように思う」と洋輝君は「ぼくもいじわるをすることがあった。でもちょっとのことで泣くな」などと書いて来たし、親からは「私たち母子だったら、と子育てのむつかしさを知らされた」とか「自分の子に腹が立つ」などである。

一月になって、康浩君の母親から手紙が寄せられた。

本気で接してほしい

'79・1・12　竹崎　伊津子

康浩の詩を読んでドキッとしました。身のしまる思いがしました。—中略—

精一ぱいの治療はしたのだからしんぼうしてと話すのです。しかしその事をてがわれるのは本人としてもつらいと思う。まず、毎日の家庭学習、忘れもの、これを何とかしたい。本人になんとしてもやる気を起こさせるようにせんと、と私も少々あせって……

同級生の足を引っぱっているのは確かですがしばらくはげましたり助け合って下さい。別にかばってくれとは言わない。本気で接してほしいのです。

康浩君のことは康浩君のことだけに終わらなかった。康浩君のことで学級として下級生に申し入れをするなど、親たちに子育ての意味や、我が子のいやらしい面を認識させたし、子どもたちに自分を見直す、見つめ直すことをさせた。それは決して一直線の前進ではないが、しかし、大きな曲り角をみんなが一緒に回って来たように思う。

(五) 学校や地域の中に生きてこそ

〃子ども、親、教師がぶつかり合いながら、学級を成長させて行く〃ということを強く意識して、学級通信の取り組みをしていることを述べてきた。しかし、それは学級の内へ内へと一方的に収縮して行くべきものではないと思う。康浩君の訴えは、児童集会という全校の自治的な活動の場へ提起されていった。

生活点検運動、漢字大作戦などは全校的な取り組みとして実践されてきたし、五三年度に学級通信で紹介した「就学援助制度」の内容と手続きは、五四年学校通信として全校に配付され、私たち教師ではつかみ切れなかった家庭からの申し出があった。

つまり学級を基礎単位として、学校全体へ、地域へ、と取り組みを拡げること、また、学校や地域から問題を引き出すことが大切なのだと思う。

五三年度末、親に対してアンケートを求め、躾と学習について家庭と学校のはたす役割を問うた。そこで親は学校に対しては、

○学力の基礎をしっかり教えてほしい。
○今まで通り厳しく教えてほしい。
○戸外で遊ぶ指導をしてほしい。
○先生と親の学習会をしてほしい。
○運動クラブを充実してほしい。
○漢字大作戦を続けてほしい。
○本音で教えてほしい。
○生活点検表を続けてほしい。

などである。〃すこやかでかしこい子どもを〃と願う親の気持ちが伝わってくる。ところで、漢字大作戦や生活点検表などは、学校ぐるみで成果を収めつつあり、それは〃基礎をしっかり〃という親の願いとかみ合うものであった。

しかし、これまで多くの場合、地区懇談などでの親の要望や話題は「散髪するように言ってほしい」「自転車の乗り方を教えてほしい」「テレビの見方を教えてほしい」などなど、どちらかと言うと家庭の躾にかかわることが多く出されてきた。ぼくらは、そのことにあきれてもいたのだ。

では、ここの親は、教師の教え方、学習について意見がなかったのだろうか。そうではなくて、親が一番聞きたいこと、言いたいことの部分で、本音が言い合えるだけの、親と教師の信頼関係が打ち立てられてなかったのではないだろうか。ぼくらはまず、親の願いを丸ごと受け止めるところから出発しなくてはならないと思う。

「先生と親の学習会をしたい」という親の声は『母と子』学習会として、二人の母親の呼びかけをもとに、五十そこそこの家庭数のこの学校で三十人以上の人が読者となって歩みはじめた。

8

自分を自分でさしずできる子を

―書くことの指導を軸にすえて―

1983年１月
季刊『教育実践』(民衆社)冬季刊＝第37号

自分を自分でさしずできる子を

——書くことの指導を軸にすえて——

門田　雅人

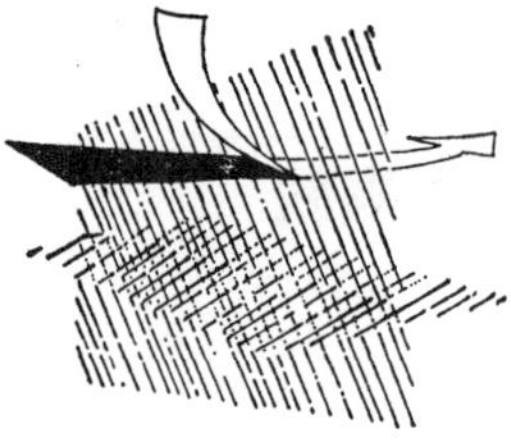

はじめに

朝教室に入ると、教師の机の横、にある二つのカゴの中に日記帳と家庭学習帳が提出されています。

「ああ、今日もがんばっているな」と心が和みます。しかしこのような気分で、子どもと朝の出会いができ始めたのは、ほんのこの頃、六年生の二学期も半ばを過ぎた頃でした。

教師が教室に現れるまでは、男子は追っかけっこ、女子は気ままにおしゃべりをしている。まず、雷を落としてから、「日記や家庭学習を提出しなさい」と言うまで、ほとんど誰ひとりとして提出物を前もって提出することはなかったのです。前任校で、担当していた小学校二年生の経験と比べてみてさえ、自立できない子どもたちに愕然としていました。

「先生、この頃十八番の『狂うちょるぞ』が出んねえ」と子どもたちは笑いますが、教師十一年目の私にとって、半泣きの半年であったのです。

(1) 機関車学級のたて直しを

本校は、小学校児童数一四五名と中学校生徒数八三名が併設された学校であり、三階建て校舎の三階が中学校用、二階に合同職員室と、五、六年生の教室などがある。そんな配置です。合同の職員朝礼では、船長さん（市職員）を交えて、島の子どもたちの下校時間を調整するのが日課で、その後、小・中別の打ち合わせに入ります。

漁業を営む家庭がほとんどですが、鯛やハマチの養殖が、ここ数年不振です。見かけの生活のハデさの裏で、給食費の滞納が数多くあるなど、親は必死でくらしをやりくりしています。

ところで現在本校の中学生は、ほとんどのこどもが、「おはようございます」と声をかけて来ます。陸上部の練習で校庭の端に居る子でさえ、「先生、さようなら」と挨拶するのです。分厚い、「家庭学習日記」に取り組んでいますし、漢字と計算の全校テストを定期的に行い、再試験をして定着を計っています。そのため一般的傾向と異なって、本校の中学生は、上級になるほど生活、学習両面で飛躍・成長しているのが感じ取れるのです。中学校教師集団のねばり強い取り組みの成果以外の何ものでもありません。

しかし、一方で小学校の上級生は、合同運動会にしても、中学生まかせになり勝ちでした。発達の節を越え切れないでいる、学校の機関車になり得ない状況がありました。

その延長線上で、一学期から、今年の中学一年生は「授業にならない」「教科書を学校に置いて帰る」「漢字や計算の力がついてない」「努力しようとしない」などという実態と悩みが、中学側から語られていました。また、五年生についても、「騒がしくて休み時間と区別がつかない」「授業中、子どもが他のことを平気でやる」など学級が荒れ、年輩の同僚は病気になってしまわれました。（当時私は転任早々でなすすべもなかったことを今悔んでいます）

「六年生が、最上級生としての学級建て直しをやり切り、小学校全体を前進させる役割を担わせなくてはいけない。そうでなければ、中学校はここ数年で荒れてしまう」

その想いは私だけではなくて、小学校低・中学年の教師、中学校の教師の想いでもあったのです。

(2)　感じる心と表現をゆたかに

感じる心の発達と、知的な発達は相ともなって発見すべきものだと思います。その観点に立つ時、前者が教えこむことのできない、長い見通しの教育であるために、ついおろそかにされているのではないでしょうか。

競争原理を基調とする受験教育は、「落ちこぼれ」を必然としており私たちの民主的な教育運動は基礎学力「読み・書き・計算」の重要性を強調しながら、子どもに力をつけ、父母と手を結ぶことを大切にしています。そのことはそれで非常に重要なことなのですが、㋐基本的生活　㋑遊び　㋒学習　㋓仕事　という子どもの生活総体がゆがめられている今、「文字は書けるが、書きたいことがない」子どもや「何をするのもしんどい」「ひとりでテレビを見て寝る」子どもを根っ子から変革することが必要だと思うのです。私はその根っ子を〝見たり、聞いたり、話したり、書いたり、描いたり〃することで育つ、感じる心（感性）だと考えているのです。

①遊びを、くらしを、勉強を、書き綴る

「今日、集会のとき、たかお君にたたかれて少しないた」これは進君の四月十一日の日記、一行です。

「テレビを見ました」

　これはゆかりさんの四月十四日の日記です。ただのこれだけでした。様々な要求や願いを持ってるはずなのに、しっかりと自分の生活が見つめられないために四月当初は、多くの子の日記が数行であり、赤ペンの方が長い状況だったのです。

　十二月の今、学習面では遅れが目立つひとりである祐仁君の文章を紹介します。

〈六年生になって〉

　ぼくは六年になったらしゅくだいがまいにち日記と家庭学習帳と二つでっ《ママ》るのでぼくは一がっきは日記ばっかししてかつ《ママ》ていがくしゅうちょうはそんなにしなかったそして二がっきになったら先生がしょしゃと十回だしをやりとしゅくだいをだしたときぼくははじめやるきはなっ《ママ》かた。そしてのこりべんきょうでやったそしておもしろくなってやりだした。そして200までやってからしょしゃやってかっていがくしゅうは一さつおわった。ぼくはそのとき日記がそのとき二冊をおわっていました。くらすでかっていがくしゅうお《ママ》いちばんいっちゅう人は十四冊おわっている人がいます。ぼくはびっくりしました。そしてちょびちょびがんばることにきめました。そしてちかごろは本よみもよめだして手をあげっ《ママ》てはっぴょうもできだしました。

　ほんとうにうれしいです。

話をしかけるとプイと横をむく祐仁君、下級生をすぐいじめる祐仁君でした。しかし、日記だけは毎日続けて、赤ペンとの交流があったのです。歌うのが好きでマイクを持つと放しません。一学期グジャグジャだった絵が、二学期にはじっくり描きこんだ絵に変わりました。力の無い私は、必死で日記の文章を解読することと、赤ペンで返事や励ましを書くことしかできませんでした。ただ、彼が日記を書くことで、自分を高めていることだけは確信が持てます。

　初めはほとんど二、三行しか書かなかった日記でしたが、「長い題をつけよう」とか「十行作文」など手だては加えながらも、誤字脱字などに注文はつけず、書くことを励ましました。とにかく赤ペンを入れたのです。楽しいものや、値うちの芽ばえがあるものを選んで、学級通信に載せました。日記での子どもとの結びつきは得がたいものがあります、それにもまして、書きなれて来て、書くことの抵抗がなくなったことを大切に思っています。最近増えているのは自己評価です。「今までがんばって描いたから最後までやりとおしたい。あの絵はぼくも感心している」恭男とか「九〇点でまあまあやったけど、くやしい、家庭学習は『努力』しかない」(さおり) などと、今の自分を客観的にとらえて、見通しを持とうとして来ています。

生活を書くことが生活を変革するきっかけになるのだと思います。

子どもたち、ひとりひとりの建て直しの柱として、㋐生活リズム、㋑テレビの見方、㋒仕事の手伝い、㋓家庭学習、㋔遊び、㋕読書などを立てていたのでしたが、最も困難だったのが仕事の手伝いです。「金食い虫の下宿人」でなくなることを折にふれて訴えて行きました。「ハマチへのえさやり」「炊事の手伝い」「弟のせわ」などは天までほめたのです。澄夫君の日記は典型的な例のひとつです。

〈うまくできたごはん〉

ぼくは、このごろ、ごはんをたいている。

お父さんがタチをつりに行く時に手紙をおいてくれている。

『ごはんを八合たいて』とか書いてくれている。

お母さんも残業でおそいから、ぼくがたくのだ。

ぼくが帰ったら、流しをきれいにしてから、ごはんをあらう。前はきれいになるまでやっていたけど、家庭科でならったから、三回ぐらいあらう。

風呂もやるので、いそがしい。

まし水は八合十三だから、十一の目もりのところまで入れる。しかけるのがたいへんだ。とても重いので、落としたらいかんき……。できたら見て

「今日は、じょうでき」とか言います。

自分でつくったごはんはとてもおいしいです。

みんな、おかわりをしてくれる。

②口や手、体をつかい切って

祐仁君の猿のようなケンカ相手は正成君と、純士君でした。(かきむしりのケンカなのです)

正成君は指名されても黙って立つ子どもでした。「はい」とも「いいえ」とも「わかりません」とも言わないでいつまでも立ちつくすのです。

純士君は、授業中に何度も小便に行く子どもでした。いわゆる「いじめられっ子」でした。

そんな二人が、授業中ニコニコして手を挙げて発表をしてくれることが増え、オシッコもなしになったのですから、私も授業が楽しくなるはずです。ところで、日記以外で大切にしたことは、㋐「体で遊びきること」㋑「話し合うこと」㋒

「絵を描き、ものを作る」ことです。

授業中に発問をしても、ダンマリを決めこむ学級でした。私語を大声で言ったり、答えを口の中でブツブツ言うことはやるのです。

指名されて答えた友だちの答えが間違っていると、小さな笑いが聞こえたりしました。また、全校集会の歌ごえで声が出ないのも六年生でした。互いに牽制し合い足を引っぱっていたのです。

小規模校では低学年から固定した人間関係で進級します。彼らが三年生の時の荒れ方が最もひどく、（一年間に三回担任が変わっているのです）四年・五年の担任の苦労も並大低でなかったに違いありません。教え合い学習にしても、「教える側」と「教えられる側」は固定化しやすく「これさえできんがか」と馬鹿にした気持ちを持ちやすいのです。

一学期間苦しんだあげく私は、最も基本的な交流関係を作り出すために、「基礎学力」の習熟、訓練からではなしに、学級全体思いっきり「遊ぶ」ことから始めました。陰湿な仲間はずしがあったり、男女一緒に遊ぶことがない子どもたちでした。体育の授業の始まりが異常に遅れるのは、着がえを別々にやって、「のぞいた」のどうのと毎回やっていたせいです。

男女対抗の変形「ドッジボール」、神社まで出かけての「陣取り」ジャンケンで勝ち上がる「王様と乞食」、体ごとぶつかる「四つこぶ陣取り」など週一時間をレクの時間に取りました。正直のところ自分の思い通りにならないとすぐすねる。あの子たちが、必死になって遊びこけるとは思っていませんでした。

「先生、もう一回、ね、もう一回」ほとんどの場合、熱中の余り二時間以上つまり放課後に及ぶのです。教師を含む学級全員が、ひとつのことに燃えることの楽しさを知りました。

必然的に子ども同志の話し合いが成立しはじめました。現在、レクの計画は子どもの手に移っています。また、日直が責任を持つ「朝の会」「帰りの会」での話し合いの点検、班を単位にした当番や係活動、第三十回を迎える学級会などが活発になったことは、不思議なくらいでした。

私が「遊び」を学級で、と考えたきっかけは運動会でした。運動会は、今年初めて、小・中合同の実行委員会の手で運営されました。小六と中三の全員に役員を集中し、応援団や応援旗、スローガンや歓迎門などの準備その他を、学校全体に提起しながら成功をさせたのです。（六年生も縦横五メートルもある紅白の応援の絵を完成しました。また四・五・六年は中学校と合同の組体操に取り組みました）

そこでは、行進についても、準備にしても、教師は怒鳴ったりする必要はありませんでした「この成功を学級の活動へつなぎたい」と通信でも訴えました。

私は今まで以上に、㋐自分で自分を指図する自治活動の重要性と㋑体を動かすことはわかりやすくて見通しが持ちやすい。（マスト登りが全員登れるようになったのは努力と援助）という確信を持ったのです。

この頃に前後して、全校集会が週一回に定例化されました。（それまでは二週間に一回）また、掃除も全校縦割り班掃除に変更したのです。低学年の先生方の積極的な意見に支えられて、決断されたのでしたが、六年生はここでも、リーダーとして話しかけ、活動をまとめて発表する場を得るとともに重い責任を負いました。

夏休み中に、絵を一枚と、工作をひとつ作る。

それが課題になっていました。しかし九月一日に作品を提出した者は六人でした。一週間の期限を切って延長した結果も、両方やれているのは三人しか居なかったのです。夏休みに完全に「けじめ」や「めりはり」が抜けていました。参観日を持った十三日にやっと揃うありさまでした。〆切にむけて努力するという感覚がないのです。したがって提出された絵も、単色で描かれたおざなりなものでした。

その悪さは授業にも引き継がれました。十月に入ってから校内写生会が持たれ、六年生も通算十時間の見通しで完成する取り組みをしたのです。

海には船があり、それを取り巻くくらしがあって、絵を描くのには最適の環境です。それが二十時間かかっても完成しないどころか、子どもによっては下絵ができないのでした。

絵を描く活動などというものは本来、最も強制されたりすべきものではありません。自分で納得がいく作品を作ることを要求して、「下手でもいい、誠実に取り組め」ということを追求したのです。描き直しを求めることもありました。絵ができあがると、学級の仲間にも見てもらいます。

「できる子」「できない子」の対比や「上手」「下手」の対比ではない評価は、ほとんど一致した結論を生みました。

その結果、やっと子どもたちは、眼の色を変えて描き始めたのでした。

それからは、描いたり、ものを作ったりする態度が後退することはありませんでした。竹を素材にした「ブンブンゴマ」づくり、土を素材にした「土鈴」づくりでも眼を輝かして取り組みましたし、何よりも、協力共同して教え合うことが自然にでき始めたのです。

以上述べて来たように、教育状況が悪化した時、常に片隅に追いやられることが多い教科、（図工、音楽、体育など）の本質の中に、子どもの意欲を呼びさまし、力を合わせ教え合って行ける内容を見るのです。口を動かし、手を動かすこれらの活動が、最も人間そのものを象徴しているからではないでしょうか。

(3) 書くことで確かな学力を

遊びやくらし、勉強のことを書き綴ること、そのものに値うちを感じていることを先に述べました。自己を変革する原動力になると思うからです。

学習においても、書くことなしには学力に定着しないと思います。板書を写すこと、教科書や調べたこと、など授業中も大切な活動なのです、いつも注意をしていないと、全くノートを書かない子どもが数人いました。意欲に問題のある子と、能力に問題のある子の両方です。時間はかかるけれど、授業中の書く時間を保障し（待って）、早く書ける子にはその間、読み深めることや、応用練習をさせました。

一学期の間に微々たる前進と、教科によってはかなりの進度の遅れが残りました。ただ、どうにか書き写すことはやり切れだしたこと、家庭学習帳での復習が定着したことはよりどころでした。

家庭学習は、どの教科にも使えるために、大阪ノート五ミリの方眼に十ミリの実線が入ったものを使っています。各教科で、その日に学習し記録したものの中で重要なことを、家庭学習帳にまとめる。あるいは漢字や計算の練習、書写、自分で調べたことなどです。

低学年では「見つけ勉強帳」として、積極的な学習を目ざしたものですが、学習のおくれや困難が目立ち、プリントの宿題が家庭学習と思っている子どもが多い高学年では、「復習中心」の指導になりました。――家庭学習や宿題のありようについては教職員集団での共通理解が必要です。

運動会が終わった段階で、学級通信を通じて「学級の建直しのために」という連載をしました。そこでの主張の中心は「基礎学力の重要性」、自分が山奥の小さな複式の学校で学んだこと、遊びこけた楽しさがある一方で、かけ算九九につまずいたことなど、自分の経験を書きながら、今だに七×八の答えが出にくくて、八×七でやってること、中学では英語でつまずき、受験には最後まで苦しんだこと、そしてその原因が、家庭学習の習慣がなかったことにある。と数回に分けて載せたのです。

子どもたちにも、正面からその経験をぶつけ、漢字と計算の総復習を呼びかけました。約二週間を準備期間として「二年生総漢字テスト文章題」とか「十回たし二百までやり切る」など、家庭学習を使って、自分が計画的に取り組める課題を投げ入れ始めたのです。次は九一号学級通信の記事です。

〈十回たしが二百まで終わった〉

昨日、やっと十回たしが終わった。最初はあんまりやらんつもりだった。

けど、そのうちどんどんやった。そして、五十も百も二百もすんだ。やってあんまりむづかしいという問題はなかった。特にしよかったのは、五十と百と百五十、二百がしよかった。もっともっとやりたい。少なくとも二千五十はやりたい。

何としてもやるぞ。

純士君も、二百までいっているから負けないようにやる。

〈おとなしい就功君ですが、すごくスッキリしているでしょう。ちょうどこの日、一冊目の日記も終了！　最初と比べると、文章のすばらしさや考え方がぐんと成功して頼もしい限り〝書くことは証拠が残る〟それでよりはっきりわかります。ちなみになほみさんも「ゴム飛び」のことを書いて一冊終了〉

家庭学習帳に何からやって良いか手のつかなかった数人の子どもたちが燃えました。その経験から今は、書写にしろ朗読にしろ計算にしろ、漢字にしろ、机に向かってすぐに家庭学習帳に書き始められる課題を若干出して、学習のきっかけを作っています。

先の就功君は「十回引き二百まで計算」は二日でやって来ました。

「今日は、社会科歴史のまとめテストの勉強だけでヨシ。家庭学習帳は返しません。くわしく見せてもらう」

と言った日には、女子を中心に反撃を食いました。

「先生、書かんとやった気がせんぜ」「返してヨ」「見ただけで憶えれるもんか」と言うのです。始めは五冊、六冊とノートが終わることを競っていた子どもたちが、今は内容を濃くすること、効果的に使うことへと向かっています。

(4)　父母、地域と手を結んで

十二月に入ってすぐ、前から頼んであった中学二年生が、自分たちの体験を話してくれました。

子どもたちは、いつも担任から聞くのとは違う感じで、「将来の見通し」「今何をすべきか」を感じたようです。

私自身が話をしてくれた泰君や量之君の努力や態度には、敬意を持っていました。

余りスラスラという話ではありませんが。最低の評価だった成績が伸びたのは毎日の努力であること　。漢字には今も苦労していること　。陸上練習の努力で、六年時一メートル飛べなかったものが今一メートル七十を越えること　。将来や陸上の目標を決めてからやる気になったこと　。今からやっておくと中二、中三が楽なこと　。自分たちのクラスも六年になるまでメチャクチャだったのがたち直ったことなど、トツトツと話してくれました。

他学年や校長の諒解を得て、『父母の夜間話し合い』を持ったのも十二月のことです。〃小学校最上級生として今、何をがんばればぐんと伸びるか〃という話題にして、学習や生活でうれしく思っていることや困っていることを交流したのです。前もってのアンケートでは㋐本読みをしていること㋑進んで家庭学習をしていること㋒手伝いをしていることなどが積極面としてあり、消極面では、㋐朝、起きるのが遅い、㋑テレビを決めて見られないなどが出されていました。

初めての試みでもあり、忙しい時期なので参加を心配していましたが、初めて会う父親を含めて、ある時はドッと笑い、ある時は涙声になったりうなずき合ったりの二時間でした。

「ひとりひとりのがんばりが見えて来た、学級もまとまりができて前進している。しかし、学校全体の機関車の役割はまだ不十分である。後もどりさせないで父母・教師・子どもたちの努力で前進させよう」

と確かめ合いました。

。冬休みにも最低の生活リズムや家庭学習はくずさずやり切ること、。三学期に親子の楽しい会をやろう。ということを決めました。

現在進行形、一進一退の取り組みですが、三学期、そして中学校でこの子たちの花が開くことを強く望んでいます。

（高知県須崎市立南小学校・美術教育を進める会）

9 いのちの大切さを描いた絵本

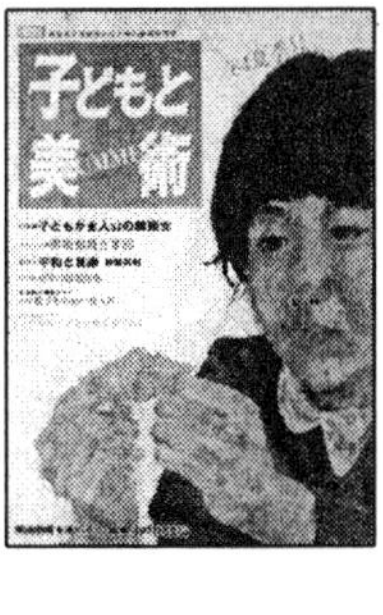

1984年夏
季刊『子どもと美術』(あゆみ出版)夏季号

いのちの大切さを描いた絵本

門田雅人
高知県須崎市立南小学校

一

自分の問題として受けとめる

梅雨に入った六月のある日、四年生の娘が「学校で『対馬丸』という映画を観るので、お金ちょうだい」、と話しかけてきました。「それは良かったね。とてもいい映画だよ」と返事をしながら、私はお金の他に、『対馬丸』、**「アニメ絵本対馬丸」**[1]の二冊を渡して持たせました。

その晩、娘と一年生の息子は、風呂の中で次から次へと感想を話してくれました。

事前指導の段階で、娘は「また戦争の映画か」という想いや「こわいし、かわいそうだからイヤだな」と感じていたと言います。しかし、美しいアニメで描かれ、子どもの視点で展開する画面にひきこまれてしまったらしいのです。

この映画に登場するのは、軍の命令で九州へ疎開させられる沖縄の子どもたちです。修学旅行気分で、大きな軍艦に乗れることを楽しみにさえしていたのです。八百数十名のうち七八九名が、魚雷攻撃を受けた対馬丸とともに海に呑まれ、戦争の犠牲になりました。

事後指導で担任の先生が、『対馬丸』の本の付録資料から遭難児童の名簿を読んでくれたそうです。自分たちと同じ年代、いや、それより小さな年齢さえあって、作中の清君や陽子さんたちに、自分のことが実感として重なったらしくてショックを受けていました。

1

大城立裕
理論社
八八〇円

2

やしまたろう 文・絵
偕成社
一四〇〇円

3

斎藤隆介・作
滝平二郎・絵
岩崎書店
一一〇〇円

4

童心社
三二〇〇円

5

いぬいとみこ・作
津田櫓冬・絵
金の星社
九八〇円

6

長崎源之助・作
長谷川知子・絵
金の星社
九八〇円

7

文・今西祐行
絵・鈴木義治
ポプラ社
七五〇円

8

文・松谷みよ子
絵・遠藤てるよ
ポプラ社
七五〇円

9

神沢利子　詩
大島哲以　画
童心社
一五〇〇円

10

レイモンド・ブリッグズ　作
小林忠夫　訳
篠崎書林
一四〇〇円

私は、娘の『対馬丸』に対する感想の変化の中に平和教育の大切な課題を見たように思います。つまり、遠い過去の悲惨さを第三者として眺めるのではなくて、自分の問題として自分にひきよせて受けとめることの大切さです。

これまで、私たちの地域でとりくまれた平和教育や平和教材の多くは、〝戦争の悲惨さや非人間性〟を鋭く追及するものでした。しかも、それらが八月を中心にして特設授業としてのみ実践されたとしたら、子どもたちの反応と理解は「戦争はこわい」「原爆はイヤだ」「かわいそう」「今は平和で良かった」などという次元に止まってきたはずです。

日本列島の不沈空母化が言われ、核ミサイル・トマホーク配備が広言される状況の今日、今まで以上に、今に生きる子どもたちの、子ども心をゆさぶる平和教育の作品や、教材、教育実践が強く求められています。

いのちの尊さ、仲間を愛する心

「低学力・非行」克服の課題は、父母・教職員にとって切実なものとなっています。とりわけ、子どもの疎外状況を象徴する「いじめ」や「暴力」の問題は、いのちや人権にかかわる大きな問題です。

『からすたろう』[2] は戦争前の学校を舞台にしています。「ちび」と呼ばれ、下級生からも「うすのろ」「とんま」とはやされる太郎ですが、いじめられ、のけものにされる学校へ六年間休まず通うのです。太郎の家は学校から遠く離れてさみしい所にありました。

太郎のねうちをひき出してみんなに広げたのは、六年になって担任になった教師でした。彼のねうちがみんなに認められるきっかけとなったのは、学芸会でした。太郎の演ずる「烏のなきごえ」は、時には楽しく、時にかなしく会場に響きました。太郎は、ひとりぼっちのからすの鳴き声を時別の声でまねました。

「カアウ　ワァッ！　カワウ　ワァ！」

おとなたちも、それから、毎日、太郎をばかにしていた子どもたちも、太郎の六年間をふりかえって涙を流しました。

その画面の情景は強い印象となって胸に迫

――「女学校の生徒は、みな目の玉がとびだして、頬骨の上にかかっていた。教え子を水槽にいれ、その上におおいとなりて死んでおられる女先生。」（「原爆の絵」より）

ります。鳴き声はずっと耳に残ります。

八島太郎は、戦争前に軍事教練を拒否して東京美術学校（現芸大）を退学しました。ゆえあって戦時中の日本を逃れ、アメリカに渡ったのです。絵本『からすたろう』のイメージは、彼の胸の内に深く刻まれた教師であり、鮮烈な学校での想い出でもあるのでしょう。

『はせがわくんきらいや』（長谷川集平・すばる書房）、『島ひきおに』（山下明生／梶山俊夫・偕成社）も、人と人との結びつきや「やさしさ」のあり方を示してくれています。

＊　＊　＊

子どものねうちをはかるものさしが「勉強」しかない所に、今日の子どもの不幸があります。

『モチモチの木』の豆太は、夜になるとションベンにさえ一人で行けない弱虫です。その豆太が、大好きなおじいさんの命を助けたい一心で、冬の夜道を泣き泣き駆け降りてお医者様を呼びに行くのです。

「にんげん、やさしささえあれば、やらなきゃならないことはきっとやるもんだ」というじさまの言葉に、私たちはうなずき、誇らしい気持ちにさせられてしまいます。一層うれしくなるのは、豆太が急にりっぱになったりしないで、「ジサマア」とその晩からじさまをションベンに起こしてしまうという結末です。

欠点や弱点をいっぱい持っていても、いざという時には力を発揮できる、そんな子どもを育てたいものです。彼等は、平和の危機にもきっと立ち上がるはずだからです。

＊　＊　＊

一枚の絵から始まった絵本（画集）があります。

『原爆の絵』。私は、今でもこの本を初めて手にした時の驚きを忘れることができません。

昭和49年、当時、NHKで放映されていたテレビ小説『鳩子の海』を見ていた一人の老人が、「どうしても、あの時見たことを描き残さなくては、と描きました」と、一枚の絵を持ってNHK広島を訪れたのです。

その絵をもとにして構成された『届けられた一枚の絵』というローカル番組に対して、二ヶ月の間に一〇〇〇枚近い数の絵が届けられました。

届けられた絵のほとんどは、学校を卒業以来絵筆など持ったことのない素人の手になるものです。集められた絵は幾度か番組で紹介され、また反響が広がるという具合で、二年間で二二二五枚という厖大《ぼうだい》な数の絵が集まりました。それらの中から百点余りを編集したのが、この『原爆の絵』なのです。

絵が集まって来た経過からもわかるように、戦後三十年、自分の胸に秘めていた想いや悲しみを叩きつけるように描いた無名の市民の絵です。

「あのね、私の見たヒロシマはね」

と語りかけてくる絵なのです。

絵で描ききれないもどかしさは文字で補ないながら、言葉で表わせない情景はフェルトペンやクレパスで絵にする。現在、平均年齢六五歳を越えた被爆者の、やむにやまれぬ証言を胸に刻みたいものです。

戦争と平和をともに考える

私たちは、すぐれた戦争児童文学の財産を数多く持っています。ここでは、その中から視覚的要素の大きい絵本をいくつか紹介します。

『トビウオのぼうやはびょうきです』[5]は、ビキニ水爆実験の死の灰を題材に、これを告発する姿勢で描かれています。文章が、独立して先に存在をし、教育現場でも評価が定まったうえで絵本化がされているので、絵が文を説明する傾向になっていることは否めませんが、のびやかな線と淡いブルーの画面が美しく、幼児を対象として書かれた文章とマッチしています。

戦争や原爆を直接描いたものとしては、『はだしのゲン』（汐文社）や『ピカドン』（ダイナミックセラーズ）『猫はいきている』（理論社）などが眼をひきます。

＊　＊　＊

戦争時代の国民生活、とりわけ子どものくらしを描いたものは、直接、戦争を描いたもの以上に現代の子どもたちの胸にしみこむのではないでしょうか。

『えんぴつびな』[6]では、空襲で田舎へ疎開してきた「わたし」と田舎のわんぱく坊主シンペイとの心の通い合いを描いています。

えんぴつで作ったおひなさま、現代の子どもたちなら見向きもしないようなチビ鉛筆で作ったものです。実に子どもらしい表情のシンペイの手の中にあるおひなさまが美しく輝いています。

空襲で死んでしまったシンペイが残してくれたえんぴつびなは、「わたし」の宝物になりましたが、子どもたちみんなにも大切な宝物（平和）を呼びかけて画面からほほえんでいます。

――若者は　海を越え／大陸の戦場へ　いで立ち／むすめは／枝折れた林檎の木とともに／のこされた（「林檎の木のうた」より）

疎開した子どもを登場させたものとしては、太郎と「あの子」の淡い感情を幻想的に描いた『あのこ』（今江祥智／宇野亜喜良・理論社）があります。戦争という非人間的な殺戮《さつりく》の時代に「あのこ」と馬と太郎と、美しい絵にも触発されて、甘ずっぱいような想いが拡がります。

『村いちばんのさくらの木』（岩崎書店）では年老いた母親が、死んだ息子の身代りの桜の木を切らせません。

『おかあさんの木』（ポプラ社）の母親も七人の息子の身代りのきりの木を育てながら「戦争で死なせるためにおまえたちを産んだのではないぞえ」と述懐します。

命を生みだす母親は、理屈ではなく実感として、命を奪うもの＝戦争を拒むのではないかと思えてなりません。

『一つの花』[7]は、これまで文学読本『はぐるま』（部落問題研究所）などを通して、教材として数多くの実践につかわれた作品です。

絵本としても、「ひとつだけちょうだい」とくり返すゆみ子の言葉をたて糸にして、コスモスの花が眼に残る美しい仕上がりになっています。また、本文には書かれていない、国家の象徴「日の丸」の描き方が効果的です。

戦争中の北海道千島を舞台にして、暖い色調で描かれた『チロヌップのきつね』（金の星社）や、戦争のさなかに一人の女教師が青い眼の人形を愛しつづけた『白鳥になった人形』

(ポプラ社)なども心に残ります。

今に生きる私たちと平和

太平洋戦争が終わって三十年が経過しました。戦争・平和の問題を「今は平和でいい」と捉えかねない状況があります。そして、日本列島全体が核の不沈空母にされようとしている状況でもあるのです。今を生きる私たちにとって、平和を切実な課題として捉えたいものです。

『黒いちょう』[8]は、一九五〇年に文が書かれ、影絵として上演されたものだそうです。一九七五年に絵本として出版されました。

人々に光と労働を与えるお日さまと、休息とねむりを与えるお月さまが、時たま出会い、たがいに見てきた出来事を話し合うのです。

前半では、貧しくても健康でかわいい二人の子どもについて、後半では、安保体制の下、基地に取られた実弾演習場で殺された少年の死を話し合うのです。

明るい太陽の下でウサギを持つ少年、月夜の下での母と子のふれあい、それらが立入禁止の有刺鉄線へ移り、黒いちょうを追う少年の死へと描写されています。実に悲しく、美しい絵本になっています。

日本の軍備拡張や米軍基地の危険は増えこそすれ、残ってはいません。

『パパママバイバイ』(早乙女勝元・草土文化)は、平凡な市民生活の上に突然火のかたまりのジェット機が落ち、二人の子どもの命と母親を焼きこがした事件をもとにして、けっして平和ではないこの国の現実を告発しています。

* * *

大人の私たちが自分の感性で受け止めてほしい絵本を二つ挙げておきます。

『林檎の木のうた』[9]は戦争とむき合ってきた一人の女性と、林檎の木を重ねて表現することで、神沢利子の詩と画家大島哲以の絵が緊張関係をもって、完成度の高い作品になっています。

『風が吹くとき』[10]は『さむがりやのサンタ』(福音館)など愉快な絵本で親しまれた作者が、核戦争の恐怖を描いたものです。年金生活を送る平凡な老夫婦が、被爆後、急速に萎《な》えていく様子が、多くのコマ数によって描きこまれています。

子どもに与えるとか、教えるという観点のその前に、自分が自分の問題として平和を考えてみたいものです。

* * *

私の住む須崎市など高岡郡下一〇〇余りの小・中学校では、昨年は映画『せんせい』の上映運動にとりくみ、九割を越す生徒鑑賞の成功を得ました(辺地複式の小規模校でも)。そのうねりは、県下全域から高知市の商店街アーケードに集められた〝平和七夕〟、そして〝平和美術展〟〝平和行進〟等へと発展させられたのです。

本年度もまた、創造的なとりくみが展開されています。『おこりじぞう』『この子を残して』などが、教職員や父母の合意と決定で上映されているのです。しかし、原発で揺れる窪川町では、右翼と目される人物から「原発に反対する映画の上映はけしからん」などと攻撃もかけられてきています。平和を望み、平和を目ざす努力を重ねる仲間の対極に、歴史の歯車を逆転させようとする勢力があり、結果的には同調する層もあるのです。

だからこそ、「低学力・非行」がとりざたされ、「核戦争四分前」と言われる今日の状況の中で、「教え子を再び戦場に送らない」という大人、教師の想いと、「青年は再び銃をとらない」という、子ども、生徒との連帯を強めひろげたいものです。

そのために、絵本の果す役割も決して小さくはありません。

10 みんなの力で地域に根ざした高岡の教育を

1984年12月
『父母とともに創る教育』（あゆみ出版）1984年12月5日

みんなの力で地域に根ざした高岡の教育を

はじめに

高知県教組高岡支部は二市五町五村からなり、その広さは香川県全体に匹敵するほどです。土佐のチベットと呼ばれる広大な山間部と太平洋に接する海岸地帯を含み、交通の不便さも手伝っていかにも広いというのが実感です。

戦後の高知の教育運動のなかでも、いくつかの典型がこれらの地域で組織されました。勤評闘争のなかでは、仁淀村における日教組小林委員長をはじめとする、教職員に対する地元住民の殺意をこめた襲撃事件、檮原村での教員住宅釘づけ事件、須崎市でのハンスト中の組合員に対する地元民のすきやき事件など、枚挙にいとまないほどの保守派による激烈な教組攻撃がくり広げられました。

しかし反面で、全国的にも紹介された窪川町興津における「砂闘争」をはじめとする、住民の生活と教育を守るいくたの地域闘争がねばり強くたたかわれてきました。勤評闘争以来のこうした地域民

私たちの高岡郡（太線内）

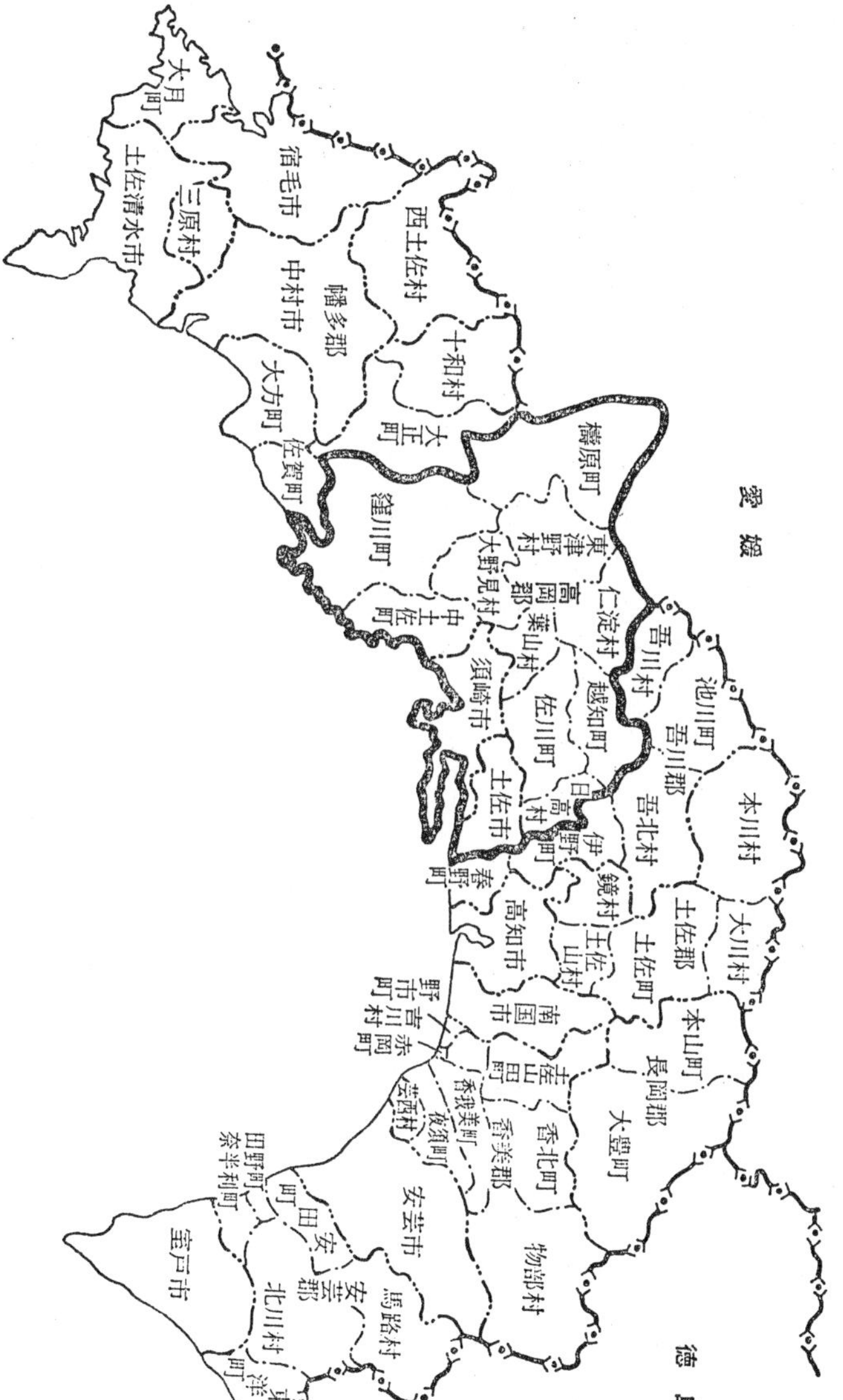

愛媛
徳島
大月町
土佐清水市
宿毛市
三原村
西土佐村
中村市
幡多郡
十和村
大方町
大正町
佐賀町
檮原町
窪川町
東津野村
大野見村
高岡郡
中土佐町
仁淀村
葉山村
須崎市
吾川村
越知町
佐川町
池川町
吾川郡
本川村
日高村
土佐市
吾北村
伊野町
春野町
鏡村
土佐山村
高知市
土佐郡
大川村
土佐町
南国市
本山町
野市町
吉川村
赤岡町
土佐山田町
長岡郡
香我美町
夜須町
芸西村
香美郡
香北町
大豊町
田野町
奈半利町
安田町
安芸市
物部村
室戸市
安芸郡
馬路村
北川村
東洋町

主化闘争の蓄積が、全国の耳目をあつめた、窪川町での典型的な統一戦線組織「ふるさと会」による「原発反対闘争」にも受けつがれています。こうした草の根の地域闘争や教育運動では、伝統的に常に教職員と教職員組合がその中核に位置づいてきました。

以下、私の報告は、これらの歴史的な伝統を背景にして、八〇年代後半における新たな前進と展望をきりひらく模索の姿だともいえます。

一　地域における教育合意を

1　地域・父母とともにもたれた教育講演会

一九八四年九月二二日、日高村では「すべての子どもに確かな学力を！」と題した教育講演会を二五〇名の参加で成功させました。これは日高村PTA連合会、日下小学校PTAが主催、教育委員会と教職員組合が後援をし、さらに母親運動連絡会や連合青年団、少年サッカースクールなど、村内の教育にかかわる八団体が共賛して地域ぐるみ、村をあげての取組みが実ったものです。

教職員はもとより、「教育審議会」設置直接請求運動の際に受任者になって活動した父母が中心になって呼びかけ合い、チラシも一万枚を配りきりました。岸本裕史氏を講師とする同名の教育講演会は、二三日は須崎市、二四日窪川町と連続して取り組まれています。

窪川町では窪川小学校PTA主催、窪川町PTA連絡協議会、窪川町教職員組合後援で開催されました。他の二カ所とは約一カ月遅れて取り組まれたにもかかわらず、父母の行動が最も活発でした。

窓口になった女教師が、時期が迫っていることもあって、学年ＰＴＡでおそるおそる話を持ち出したところ、「そんな話なら学校全体で開きたい」とお母さんたちが全校ＰＴＡの役員会にはかり、異論のあった教職員組合の後援についても、「できるだけ多くの先生方にも聞いてもらうべきだ」と父母たちのなかで合意をつくりあげました。

役員会では、参加していた校長先生に講演の演題を書いてもらうことを依頼し、役員を務める町職のお父さんに案内チラシづくりを分担するなど、自分たちの手づくりで講演会を準備しました。

学年ＰＴＡの親たちが電話をかけあい、チラシを配ったり街角に貼りました。これまでの教育運動が教師主導であったのと比べて、父母が積極的に参加してじつに生き生きと楽しそうに取り組まれました。「すこやかでかしこく育てたい」と願う親たちの行動力に依拠することの大切さを、教えられました。

須崎市は教組単独の主催でしたが一七〇名の参加者があり、好評でした。「須崎市でもＰＴＡで取り組みたかった」とのＰＴＡ役員の父母の声が印象的です。

これらの教職員組合とＰＴＡを中心とする地域父母との協力・共同の取組みは、八三年八月の中土佐町での教育講演会を契機にしています。中土佐町で「親が子に何を教えたらよいか」と題したこの坂本光男氏の教育教職会がもたれたきっかけは、教職員が中学校における子どもたちの非行と指導の困難に直面したからでした。

幾度にもわたる教職員相互の学習と意思統一を大切にしたうえで、教職員組合は町ＰＴＡ連絡会とともに教育講演会に取り組みました。「漁師町だから、教育問題で人は集まらない」と言われた地域で、三〇〇名を越える父母と教職員を結集したのでした。

高岡郡下でこのような父母と教職員組合が手を結んだ教育講演会は、かつて教研集会を十数年前にもって以来のことです。子どもたちの非行、指導の困難をいかに克服すべきかの一点で合意が進み、典型的な取組みとしてよみがえったのでした。この中土佐町での経験に学んで、以後、各地域での提携が大きく進みました。

中土佐町教職員組合と町ＰＴＡ連絡会は、八四年八月にも「思春危機の子育て」の演題で、能重真作氏の教育講演会を二〇〇名の参加で成功させ、運動をさらに発展させています。

2　教育懇談会の取組み

教育懇談会は、県教組ならびに高岡教組の教育大運動の大きな柱です。高岡教組は教育臨調攻撃が強められた八二年一二月には、学習資料として「教育大臨調から子どもを守れ」という四つ折りのジャンボパンフを独自に作成し、①子どもの非行の現状と展望、②教科書攻撃の内容と展望、③教員免許法の内容と展望、④教育臨調攻撃の全貌と闘いの展望を示して全教職員に配付したり、都教組作成のスライド「教育大臨調を斬る」を購入して活用するなど学習を強めました。低学力・非行克服の取組みと教育臨調粉砕の闘いをきっちりと結合することを基調にすえたのです。したがって、具体的で子どもたちの顔が目に浮かぶような教育懇談会を前進させていくことが、今まで以上に重視されました。

越知町は、一九八一年度の教育大運動として取り組まれた「ゆきとどいた教育と高等学校増設、入試制度改善などを願いとした「教育審議会設置の直接請求運動」で、住民の五割以上の署名を集めた実績をもっています。中学校は全校合唱など子どもの自治活動が活発で、全国教研（第二九次）でも高い評価を受けた取組みをしていました。しかし、小学校の段階から学年として問題をもち、中学入学後に非行が目立ちはじめた学年を中心にして、非行克服が学校全体の課題になったのでした。

一九八三年三月、学年末のあわただしい時期に、教職員の集団討議を重ねました。そして、特に問題の多い学年の教職員を中核にして、教育懇談会が計画されたのです。教育懇談会は、校区を部落単位四ヵ所に分け、夜間に連続してもたれました。

子どもたちの現実から出発した、やむにやまれぬ行動であったということです。「年度末の忙しいとき、できればやりたくなかったねえ。でも、あのまま進級させたらよりいっそう指導が困難になっただろうからね」というのが教職員の本音でした。

教職員の一致した姿勢と熱意、そして「子どもたちの荒れを何とかしたい」という親のおもいがひとつになりました。一学年約九〇名の生徒数のうち四ヵ所、合計すると三分の二近い親の参加で、膝をまじえた話合いが夜おそくまで続けられました。

越知町では、教職員の学習や父母との懇談会にオートスライドがおおいに活用されました。とりわけ「すこやかに育て子どもたち」、「教育大臨調を斬る」と性教育スライド「中学生の君に——若者たちの愛と性」は、わかりやすくて子どもたちの実態や教育の状態がつかみやすいと好評でした。

教師の側が一方的に話して終わる懇談会には魅力がありません。親が来てよかったと思える会にするために、これまでもさまざまな工夫がされてきましたが、伝えたい内容を図表などの掛図にして説明するとか、スライドを短時間いっしょに見たりすることが、共通の話題の入口をつくりました。越知町でのこの具体的な話合いで中学校の教師たちは、子どもたちの学級や学校での実態を率直に出していきました。子どもたちの非行の中心が「性の問題」と「万引き」であること、それらの指導と学校での学習や生活を改善していくために、父母・教職員が心をひとつにして子どもに当たることの必要性を熱っぽく訴えたといいます。

子どもたちが荒れる原因の中心に、家庭の問題がありました。しかし、学年ぐるみ、学校ぐるみで呼びかけ、懇談会の取組みを進めるなかで、思想・信条や考え方の違いを越えた教職員と父母、父母どうしの信頼関係が確実に強められています。一九八四年度にも、夏季休業中に再び同じ規模で教育懇談会を開き、ねばり強い取組みを続けています。

佐川町では、一九八四年八月九、一〇日の両日、佐川町教職員組合の呼びかけで教育懇談会がもたれました。夏季休業中の夜間に二カ所で開かれたのです。

一カ所は商店街のある町部でもたれました。組合員の手でチラシを対象地域へ全戸配付。参加者は一二名でした。もう一カ所は未解放部落を校区にもつ小学校区で開きました。ここは父母との結びつきも強く、PTAの家庭に呼びかけました。参加者は二〇名です。

どちらも「すこやかに育て……」のスライド上映のあとで話合いをもちました。決して多い参加者ではありません。しかし、夏休み中に教職員組合が教育問題で地域へうってでた姿勢が伝わりました。参加したお母さんたちは、子育てと教育にかかわる身近な悩みや意見が交換できたためでしょうか、「ぜひ次の回ももってほしい」の要望も多く聞かれました。

以上述べてきたように、市町村の教職員組合や学校の教職員が一致して教育懇談会を取り組むとき、大きく状況が切り拓かれることを多くの地域で経験してきました。これらの取組みによって、父母と学校や教職員の信頼が強まり、ふだん着で何でも言える関係がつくられていく足がかりができたと思っています。

二　地域に根ざした学校づくり

1　PTAが取り組む丸山教研

窪川町には、丸山小学校という児童数七〇名ほどの小さな学校があります。この学校では、PTAが自主的に取り組む研究会「丸山教研」を毎年開催し、一九八三年二月には第五回の研究会をもっています。

研究テーマは一貫して「心身共にすこやかに育つ教育を求めて」であり、その柱は、①父母も参加した手づくり教育、②テレビを消しての親子読書運動、③生活リズム、健康づくりなどです。「丸山教研」では父母が教壇に立ち、分科会を自分たちの力で運営しています。

どのようにして父母の自立的な取組みが始まったかを、『丸山小学校百年記念』誌のなかに収められている一文、「第一回丸山教研に至るまで」から要約してみましょう。

かつては、丸山小学校でもPTA活動が学校教育や行事の手伝いに終わっていたようです。予算の面でも後援会的性格が強かったといいます。それが一九七五年度を境にして、「PTAで学び研修したことを子どもたちに返そう」と意思統一。「固定遊具」の視察から帰ると、父母総出でタイヤや古電柱を使った遊具づくりに取り組んでいます。また、「親子読書」の先進校を視察して「テレビを消して親子読書を」の運動を組織していくのです。

PTAの研修活動も「食品公害」や「親子読書」などが多くとりあげられ、講師を招いての学習が重ねられていきました。「親子映画の夕」も学校ぐるみで取り組まれています。そしてこれらの取組みは、窪川町全体のPTAや母親大会へも報告、提起されました。また、中学校のPTA活動にも積極的にかかわるなかで、中学校でPTA主催の「教育シンポジウム」がもたれはじめ、回を重ねていきます。

その後の大きな取組みは「校舎改築」にかかわるものです。

一九七九年、旧校舎との惜別から校下全員による運動会が取り組まれました。この取組みのなかから青年団が新しく結成されました。

新校舎建築に対しては三年ごしに各地視察と報告を重ね、一九七八年には用地の確保を終了。七九年の設計段階では技師をまじえて町当局と交渉を重ね、一階はすべて木の床という木を多く使った校舎づくりがめざされました。

右にみたように、「一人ひとりが主体性をもって自覚的に参加するPTA活動」がめざされ、このなかで「丸山教研」が位置づけられ、回を重ねてきています。

2　矢井賀教研、窪川子どもを守り育てる会

中土佐町矢井賀小学校は一九八三年三月、国語を中心とした自主研究会を二〇〇名の参加者のもとで成功させました。学校ぐるみの研究授業や研究発表も貴重なものでしたが、地域の父母が目を細めて子どもの発表や先生方を見つめている姿、閉会後にトラックに積んできたとれたばかりのウルメを参会者に配る父母の笑顔が印象的でした。

窪川町には「窪川子どもを守り育てる会」の活動があります。保・小・中・高校の教職員や父母、退職教職員などで構成され、ほぼ月一回小学校区を単位にして懇談会を重ねています。

一九八二年度はテレビの問題とタバコの害について、八三年度は子どもの健康や子どもの自立心を育てる、などをテーマに学習を組織し、活動を展開しています。

高岡郡下には、これらいくつかの地域に根ざした学校づくりや地域づくりの実践があります。私たちは、その先進性に学びながら、より多くの草の根の取組みを郡下全域にひろげるために努力しているところです。

三　高岡の教育研究サークル活動

1　教育研究サークル組織

父母とともにすすめる地域の教育運動は、教師みずからの教育的力量の向上努力に支えられて前進します。教育研究サークルはその有効な場のひとつといえますが、高岡には一九八四年九月現在、三

四のサークルが存在しています。これらのサークルは、次の四つに分類できるかと思われます。
①教科研究サークル
児言研（国語）、音楽、社会、英語、綴方など
②問題別課題研究サークル
生研（生活）、幼年、幹（養護）、部落研、地域研など
③青年教職員を中心とした地域サークル
しらとり（全郡の青年、臨教）、アトム（窪川）、草の芽（大野見）、みみずく（檮原、人形劇）など
④総合的な研究サークル
教育実践研、三三号教研、須崎自主研など高岡のサークル活動の特徴は、教科や問題別サークル以外に、青年教職員や地域でのサークル活動が活発なことがあげられます。

教科別・問題別サークルの多くは、生活指導サークルなどが市町村単位で活動している例外を除くと、全郡単位で月一回から二回のわりで例会をもっています。つまり、同じ問題意識や共通の研究課題をもった教職員が、広く郡内の仲間に呼びかけて活動しているといえます。

2 青年教職員サークル

青年教職員を中心とした地域サークルは、高知県や高岡の地域条件にも大きく規定された独得なものといえます。高岡は土佐市、須崎市の二つの市部と、国道三三号線で愛媛につながる町村部、国道一九七号線で愛媛に抜ける山間部、そして窪川を含む高南台地の町村部の五つのブロックで交通が分

断されています。したがって転勤とともに居住地を移し、地域に居住することの多い青年を中心とした教職員サークルが生まれてくることになったのです。

大野見サークル「草の芽」は、大野見村に居住する青年教職員が結集した総合サークルです。誕生から丸二年、構成員は一〇名前後（村内青年教職員のほとんど全員）です。小中学校の学校種別や教科、教壇教諭・養護・主事といった職種を越えて結集し活動しています。

一九八三年の活動をみると、地域青年団と合同のバレーボール、生活綴り方、生活指導、健康法の学習会などなど多彩です。八四年秋にはサークル員による「音楽の夕」をもつことを決め、練習を重ねています。一方、大野見村と同じような性格をもって結成された檮原村サークル「みみずく」は、「親子映画会」や指人形による「人形劇」に取り組んでいます。

この二つのサークルで共通しているのは、自分たちの要求にもとづいたレクリエーションや学習会から出発していながら、地域の子どもや父母、教育や文化の面に目をむけた活動を展開していることです。

地域に根づくこのような活動こそ、勤評闘争以来の教職員組合運動、教育大運動の基本姿勢です。一方、反動行政は短期間で教職員を異動させることで、教職員と地域との結びつきの分断をはかってきた歴史を高岡はもっています。ですから、自然発生的な要求で結集した若い教職員のサークルが、当然のことのように教育闘争、教育大運動の足跡の上に立っていることに深い感概を覚えます。

「しらとり」は、臨時教員が悩みを語り学習するサークルとして誕生しました。臨時教員として現場に立ち、また自宅で待機しながら、採用試験問題の学習や復元運動に取り組み、力量を高めあう努力をしてきました。そして「教育に臨時はない、たまたまいま臨時教員の立場にあるのだ」の共通認識をも深めあいました。

このような臨時教員の集まりだった「しらとり」は採用になった仲間を含めて、共に学び運動を進める青年教職員サークルへと組織の発展をみせているのが現在です。

3 サークルの実践研究と研修権

「教育実践研究会」は、二〇歳代後半から三〇代の教職員有志による全郡下への呼びかけで、一九八二年度に始められたサークル運動です。「高岡郡下の先輩教職員、教科や問題別サークルのリーダーから教育実践のポイントを学び、教職員としての生き方にも学ぶ」主旨で、月一回授業研究を六時限目に設定して、広く郡内からの参加をつのりました。

社会科サークルの先輩による「火おこし」の授業、国語科サークルの先輩の「詩の授業」、美術サークルの先輩の「漁具を描く」授業などがもたれました。

研究授業と学習会には、常時五〇名を越える参加者があり、このような研究活動に対する要求と期待の大きさがうかがわれます。しかし、影響のひろがりとともに参加への干渉も強まり、研究会への参加に「校長会の申合せ」と称する年休強制も現われました。

研修権は教職員に保障されている権利です（教特法一九、二〇条）。高岡教組は八三年一二月、「研修権の確保」のため、次の四点を設定して対応を呼びかけています。

(1) 職場の合意にもとづく学校長の裁量権を大切にします。

学校・家庭・地域の力で

低学力・非行をなくし ゆきとどいた教育を！

12月13日(火)に＝父母・教職員のための低学力・非行問題を考える集い＝

子どもたちをすこやかでかしこく育てたい。そのために深刻な非行問題などのように克服していくのか――いまほど学校や地域が手を結んで、とりくむことを求められている時はありません。

どうして生活のくずれや非行が…

今、子どもたちをむしばんでいる非行の波は戦後第三のピークと言われ、最悪の状況となっています。

その特徴は「遊び型非行」などと呼ばれて授業のサボリ、タバコやぬすみ、性非行などが主流となっています。

これらが克服できない原因として

●子どもたち自身が弱くなって自立できていないこと。

●子どもたちの生活の場である家庭が地域が弱くなっていることと――テレビづけや過保護

●教育の場である学校が子どもたちの状況に充分応えきれてないこと。

などが考えられます。

非行は克服できる…

昨年の集会では、高岡郡十二市町村のほとんどの地域の教職員、父母が参加し、子どもたちの実態を学び合いました。

その後、中土佐町ではPTAと協力して三〇〇名での教育講演会を成功させ、梼原町、佐川町などいろいろな地域で、教職員、父母が協力して話し合いの場を持ってきています。

保育から高校まで、子どもの成長にともなった形で問題の実態をしっかりと見つめましょう。

いろいろな学校や家庭、地域でのすばらしいとりくみに学び合いましょう。

12月13日(火)
午前10時～午後4時
須崎市青少年センター
（ショッピングゆたか東となり）

①子どもたちの問題点を発達ごとにたしかめる。
ア保育園（佐川）
イ小学校（須崎）
ウ中学校（中土佐）
エ高校（窪川）

②どうすれば克服にむけて前進するか。
●各学校や家庭、地域のとりくみの話し合い
―郡下十二市町村―

主催 TEL (08894)2-1356
高岡教職員組合
須崎市中町1－8－12

後援
須崎市PTA連絡協議会

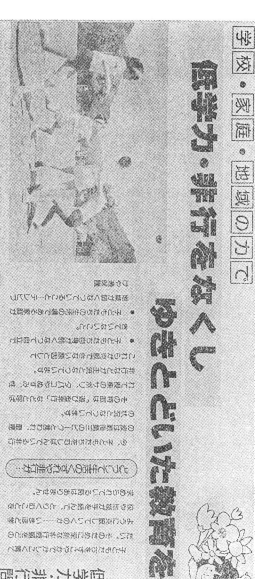

(2) 出張・職免など、多様な研修形態を活用します。
(3) 研修内容は必ず職場へ還元し、みんなのものにします。
(4) 土佐・窪川支部の行政と合意した研究組織に学び、地域での研究組織の合意をつくります。

つまり、支持される研修活動に留意し、「現場の教育実践にどうしても必要」な研修活動をつくりあげるように努めているのです。たとえば運動会に必要な「学校ダンス講習会」、チラシにみるような「非行問題特別教研」を組み、広く支持されることをよりどころとした自主教研、研修活動に取り組んでいます。

4 サークルと教職員組合の協力・協働

教育研究サークルと教職員組合は、いうまでもなく性格と任務が異なりますが、多くの組合員がサークルの中核として実践や研究を深めている現状をふまえ、子どもと教育をめぐる課題で、教職員組合とサークル活動家との協力・協働は可能であるとの考えにたち活動を強めているところです。

一九八四年四月二九日、須崎市では須崎市教職員組合と教育研究サークル三団体（社会科サークル、児言研、教育実践研究会）の共催で、教科書問題の教育講演会を開きました。教科書問題に詳しい山本典人氏による「楽しい授業と教科書」と題した講演であり、教職員組合と教科書問題にかかわりの深いサークルとの合同の取組みでした。一〇〇名近い参加者は、事実で示される実態に驚き、楽しい授業に占める教科書の意義を見つめ直しました。

四月三〇日には、同名の講演会が佐川町でも地域総合サークル「三三号教研」と佐川・日高教職員組合の共催でもたれ、一三〇名の父母・教職員が参加しました。

このように、教育研究サークルと教職員組合は、相互の立場を尊重しながら一致点で協力し合い、協働をしています。その最も総合的な形が三四次をむかえる教研集会です。

高岡教組は夏季休業中に問題別集会をもち、秋に教科別集会を開いて県教研や全国教研へと臨んでいます。そのどちらの集会も、サークルの実践家たちに協力を求めて、各分科会六名からなる推進委員に大きく依拠して取り組んでいます（分科会には各支部専門部文化部長が運営委員、県下全域から共同研究者を位置づけています）。

教研集会に先だつ教研推進委員会で、①運営上の任務分担、②分科会討議の柱だて、③分科会参加者を増やす手だてなどを話し合い、推進委員には実践研究を深める視点から働きかけてもらっています。

教研集会全体としては、一方で職場・支部を基礎とした取組みが組織的に展開されており、父母への働きかけも強めているところです。

一九八四年七月二六日、須崎市を会場にした第三四次高岡問題別教研集会は、これまでの取組みの一つの到達点でした。参加者は三〇〇名を大きく越え、郡下八九分会のうち六八分会（七六％）からの結集をみました。

夏季キャンプ、研修旅行と日程の重なるなかでは貴重な実績といえます。レポートについても、一分会一レポートを合言葉に努力した結果、四九レポート（五五％）が提起されました。

記念講演（秋葉英則氏）「育ち合いの子育て」は、独自に須崎市ＰＴＡ連絡会や須崎市保育研修部、母親運動、新婦人などに後援してもらうことができ、地域・父母の参加が初めて一〇〇名を越えました。

私たちは今、教研集会をあらゆる教育活動の集約の場とすると同時に、次の活動のバネの役割をもつ場として重視しています。

5 高岡教育研究サークル協議会

教研集会には、教育研究サークルに属する仲間が協力してくれますが、高岡研究サークル協議会が集会を共催しています。同協議会は一九八二年に郡下三十余のサークルによって結成されたものです。

今のところ、相互連絡や交流が活動の中心ですが、徐々に授業研究や実践の連携に高められるよう、努力されているところです。

四 臨時教員問題をとりあげる

高岡には、一九八四年九月現在で、教育事務所に登録されている臨時教員が二〇〇名をこえて存在します。

高知県の臨時教員運動は一九七〇年『嘆きを怒りに』(民衆社)、七七年『明日の教師たち』(民衆社)によって全国にも紹介されているように、大きな運動を展開してきました。闘いの一つの節目であった七五年には、当時の三年以上経験者のほぼすべての採用を一挙にかちとるなどの実績を残してきているのです。

1　明日を拓く連続講座

臨時教員をめぐる情勢は、軍拡・臨調路線が強められ、マスコミや議会での学力論議、教師攻撃が展開されるなかでますますきびしくなってきています。

高知県の採用試験は年々選考・審査の内容が広げられ、臨時教員に負担を強いるものになっています。小学校を例にとると、一九七九年度に水泳とピアノの実技が導入され、八二年度年齢制限（三〇歳未満）、八三年度マットと鉄棒の実技と集団面接が加えられ、八四年度には適正検査が導入されてきました。

このような状況のなかで、高岡の臨時教員は一度も着任できていない者も含めて六年目が五名、五年目が四名、四年目が一二名、三年目三一名という多くの臨時教員が、不安定な状態に置かれています。こうして「着任して教師としての経験を積むことより、採用試験の勉強をしたほうがいい」という意見も出はじめるなど、臨時教員自身の意識変化や動揺が生まれました。大学の教員養成段階から、採用試験対策的なカリキュラムが組まれる状況さえあるのです。

このような状況を切りひらき、臨時教員運動を教育運動として提起した典型的な取組みが、高岡教組主催「明日を拓く連続講座」でした。第一回講座は一九八三年六月から八月の試験前まで計九回開きました。その目的を①採用試験対策を教科研究サークルの援助でやりきる、②教師としての生き方を学び、教育的力量を高めることにおきました。講座の持ち方は午後六時から九時までの三時間の前半に、高知県下教育実践のリーダーから「教師・教育論」を語ってもらい、後半には、高岡サークル協議会に属する先輩によって各教科の傾向と対策（過去五年間の試験問題の分析）を行なう形をとりました。

「明日を拓く連続講座」の基本視点は次のとおりです。

(1) 臨時教員の要求をきちんと吸い上げる。
(2) この取組みを通じて臨時教員の組合員を拡大する。
(3) 毎回二〇名以上を確保し、一講座五〇〇円の参加費で独立採算とする。
(4) 組合員の臨時教員は無料とし、任務をもたせないで学習に専念してもらう。
(5) 青年部に司会など運営をまかせる。
(6) 講師はピカ一の魅力的な人材を確保する。
(7) 講座前半には一般の教職員の参加を呼びかける。

講座受講後、「臨時教員のうちは組合に入るつもりはなかったけど、こんな組合なら入る」と組合加入を決意した臨時教員がありました。連続九回すべてに五〇〇円の参加費を払って参加した臨時教員もいました。講師の話を聞いて「あんな先生になりたいと思った。採用試験の勉強にも目的がもてた」との声もありました。

予想を上回る成功です。サークルの仲間が全力で試験問題の分析に取り組んでくれました。郡外講師の実践家も交通費実費で協力してくださいました。

この講座の取組みは、臨時教員に「組合が見えた」「先輩たちが私たちを支えてくれている」「教育の仕事はやりがいがある」という実感を与えました。「臨時教員運動は『採用』が終点の運動ではなく、よりよい教育やゆきとどいた教育を目ざした教育運動なのだ」という共通理解が深められたと思われます。

「明日を拓く連続講座」は一九八四年度も第二回がもたれました。第二回の特徴は、①臨教審、免許法などを臨時教員問題とのかかわりでとりあげたこと、②教職教養の「同和教育」の講座をもったこと、③青年部が主体的に運営をやりきったことなどでした。

また、八三年度にあまりに反響が大きく、要求も高まったために、県教組青年部も八四年度に高知市で「明日を拓く連続講座」(名称もまったく同じ)を開催し、毎回一〇〇名を越す盛況であったと聞いています。

2 父母と取り組んだ「夏の学校」

「明日を拓く連続講座」には「しらとり」をはじめ青年教職員サークルの仲間が数多く参加しました。臨時教員は、着任期間が長くても一年未満であり、郡内を転々としています。ところが、一度でもサークルで学びあう喜びを知った仲間は、たんぽぽのように散った先々で新しい地域サークルをつくり、仲間の輪を拡げてきました。

しかし一方で、一度も着任できずに自宅待機している臨時教員がいます。彼らは家庭教師をしたり保育園で働くなど、できるだけ子どもと教育にかかわりのあるアルバイトをしながら待機しているのです。

教職員組合や仲間たちも、彼らの「どうしても一度教壇に立ちたい」というおもいをかなえたいと努力してきました。行政はここ数年、いわゆる「臨時経験者」（着任したことのある者）の枠を広げない方針を強めながら、臨時教員の着任配置を決めています。

そんな状況のもと、夏休みを前にして高岡教組にひとりの母親から電話相談がありました。「共働きの家庭の母親たち数人が、子どもの夏休みの過ごさせ方で悩んでいるが、手だてはないだろうか」と。私は、彼女たちを臨時教員を含む青年教職員サークルにひき合わせました。親たちには「子どもたちの夏休みを有意義に過ごさせたい」要求があり、他方、サークルの若者たちには「子どもの前に立って授業をしたい、させたい」要求と仲間があったのです。

この母親たちとの出会いと結びつきは、臨時教員運動に質の違いと広がりを与えました。臨時教員が中核になっているサークル「しらとり」は「夏の学校」に取り組むことを決め、すぐさま学校開設地の選択・企画・運営の話合い、父母との打合せを数回にわたってもちました。また、高岡郡下で過去取り組まれた檮原村「あめんご学校」や、日高村「つがに学級」などの経験を分析して取組みに反映しました。

サークルで鍛えられた若者たちの行動力は、目を見張らせるものでした。八三年八月一日から二八日まで、飛び石で九日間取り組まれた「夏の学校」（いなほ学級）の内容は、学校名を班で分担して描くことから始まって「算数ゲーム」「折り紙教室」「平和教育」「水鉄砲づくり」「フィールドワークと地図づくり」などです。

指導者グループごとに、社会科など教科サークルの先輩の助言を受けながら、集団で教材研究を行ない実践しました。

「いなほ通信」という学校だよりも九号まで発行されました。八月二八日の「休校式」では、教職員は二一名、親子七五名の参加でカレーをつくり、歌声やゲームで楽しいひとときを過ごして「夏の学校」(いなほ学級)のしめくくりをしました。

そして冬休みには子どもたちとの「爪上げ大会」を企画して再会し、一九八四年の夏休みには、第二回「いなほ学級」がもたれました。またこの八四年度には、他の校区からも協力要請があり、「かわうそ学級」として開校しました。

臨時教員と青年教職員による「夏の学校」の取組みは、親と地域からの信頼を広げています。

3　臨時教員問題連絡会の活動

臨時教員の仲間たちは「いなほ学級」のスライドを絵日記風にまとめ、郡教研や県教研で紹介して臨時教員運動への協力を訴えたり、「明日を拓く連続講座」に積極的に取り組むなど、①公正で民主的な採用・着任をめざす運動と、②青年教師としての教育的力量を高めながら幅の広い運動にすることを統一した取組み内容にしてきました。また、臨時教員運動を総合的に取り組む組織として、私たちは「高岡臨時教員問題連絡会」をつくり育ててきました。一九八三年度まで「臨時教員制度廃止実行委員会」と呼ばれていた組織を発展させるものです。

この組織では、臨時教員の採用・着任の運動のみを自己目的にするのではなく、「四〇人学級の実現」「教員定員増」「高校増設」「学力向上」など、子どもにゆきとどいた教育をと願う父母・教職員の要求と結びついた幅広い運動をめざしています。そのことによってこそ、教育運動として臨時教員問題を前進させ得ると考えてきたからです。

具体的には、次の四つの重点課題を方針としています。

一、よりよい教師を採用していくための制度改善をめざす。

二、公正で民主的な採用着任をかちとるために

①採用着任などの実態調査をする。

②事務所交渉をもつ。

③臨時教員からの大幅採用を実現させるための署名に取り組む。

三、臨時教員問題を地域・職場に広めるために

①会員拡大を積極的にすすめる。(他団体・父母・教員の中で五〇〇名)

②定期的に臨教ニュースを出す。

③各支部で学習会をひらく。

四、県内、全国との交流連携をすすめるために

①県内の臨時教員運動組織との連携をすすめる。

②全国臨時教員問題学習交流集会・中四国臨時教員問題学習交流集会に参加し、学習する。

五、青年教職員サークルの活動を支援する。

八三年度の主要な活動をまとめてみると、つぎの四点に集約できます。

(1) 教育的力量を高め、臨時教員の交流を深める活動

「明日を拓く連続講座」に積極的に取り組み、八月に宮城で開かれた「全国臨時教員問題学習交流集会」には六名の仲間がレポートを持って参加しました。二月にも「中四国学習交流会」に一〇名が参加しています。

参加者が高知県と他県の状況を比べてみると、保険や賃金、年休など労働条件の面や組合との協力関係、運動の進め方など高知が大きく進んでいることを知り、確信を得たといいます。

(2) 着任・採用要求実現のために

一九八三年度は通算三回の事務所交渉をもちました。一回目は五月に、採用発表とその後の着任状況をもとに臨時教員の生の声を訴え、二回目は一〇月に、一次採用発表前恒例のマンモス交渉をもちました。職場学習会を基礎に、分会一名以上の参加を呼びかけて一〇〇名規模の交渉になりました。臨時教員が現場で努力している姿を訴え、採用試験制度の矛盾や採用をめぐる黒いうわさの真偽を問う交渉でした。

三回目は三月、二次採用発表のまえ、高岡独自の署名活動を展開し、かつてない六〇〇〇名の署名を背景にして交渉をもちました。

「夏休みを有意義に過ごさせたい」という親の願いと、「教師としての力量を高めたい」という臨時教員たちの要求をひとつにした「夏の学校」(いなほ学級)の取組みは、父母に臨時教員問題をアピールしました。また、九月に実施した「教育二法と臨時教員問題」の学習では、教育運動全体のなかに臨時教員問題を位置づけ、父母に訴えていく必要性が明らかにされました。

臨教連事務局の若い教職員が、国労、市職労、全林野、高教組と労組まわりをするなかで、他の労働者への攻撃のきびしさに視野を広げられたといいます。

(4) 臨時教職員の実態をつかんで

臨時教員の実態をつかむことなしには、取組みも闘いも前進しません。経験年数順の臨時教員名簿をつくり、着任の状況を明らかにしました。その結果、年数の長い経験者が着任できないという事例は許していません。

また、市町村教組支部長の責任で、支部における産休や育休、病休の報告をしてもらっており、着任交渉の基礎資料となっています。

一九八四年九月「臨教連地域代表者会」をもちました。それぞれの地域に在住する臨時教員の名簿を整理して、地域や職場での闘いを進めるうえでの資料をみんなのものにしました。

経験年数ごとと地域ごと二種類の臨時教員名簿が完備したことによって、恣意的な着任を許さないで、公正な着任や採用を目ざす基礎資料がそろいました。

以上のような高岡の臨時教員運動は、県下的にみても中心的役割を担っています。ただ、運動の盛上りに比べて、具体的な採用、着任の問題では十分な成果をあげているとはいえません。したがって、八四年度は職場決議や要請ハガキ、そして今まで以上の運動を広げるなかで多くの署名を集中し、世論をまきおこして行政に迫っていくことを重視しています。

最終的には、特に県の行政当局が権限をもっている採用問題については、県全体の運動の構築と高まりが重要な段階になっています。

おわりに

父母と共にすすめる地域教研や教育運動、教師みずからの学習活動などを点としないで、線とし面としてつなぐためには、どうしても教職員組合の組織的取組みが必要です。

そうした考え方から、高岡教組は一九八四年秋季年末闘争の基本を次のように考えてきました。

(1) 教育臨調に反対し、父母・国民の期待にこたえる真の「教育改革」をめざす教育大運動を草の根からすすめます。

(2) 人勧完全実施をめざすたたかいを軍事費を削減し、国民生活擁護の国民的課題と結合させてすすめます。そのなかで父母・国民との連帯強化の方向を追求します。

(3) たたかいの原点を「要求の結集」におき、そのとりくみを職場・地域を基礎にしておこないます。そのため「職場づくり」を重視します。そして、つねに組織の拡大、強化を追求します。

(4) たたかいをすすめるにあたっては、職場・地域の実情にあった創造的で多様なとりくみを基本とします。また、これらのとりくみに組合員が一人のこらず参加し、たたかいのなかで展望と確信をつかみとることを重視します。

「臨教審」の国会審議がこけこんだ本年の夏休みは、その重要な節でした。この時期高知県では、市・町・村・県の社・共全議員、文化人など二三九名連名での「政党法反対」アピールが全国に先がけて出されました。

高岡においても「教育臨調」反対、ゆきとどいた教育をめざすさまざまな取組みがこの夏、大きく前進しました。
土佐……夏休み子ども教室（7／31〜8／2・3）七教室六〇〇名（うち父母二〇〇名）参加
日高……「教育臨調」学習会（8／16）
佐川……教育懇談会（8／9・10）
越知……教育懇談会、合宿学習会（7／26・27）
須崎……自主研（8／29）子どもとともにつくる学校行事……運動会のあり方についての学習・交流
中土佐……教育講習会（8／19）一五〇名参加。〃思春危期の子育て〃講師・能重真作
東津野……「教育臨調」学習会（8／28）
檮原……町民映画会（8／25）三〇〇名参加。〃はだしのゲン〃上映
窪川……二地域で親子映画会
臨教・青年部……夏の学校　多ノ郷小学校区……いなほ学級　上分小学校区……かわうそ学級
養護部……日養研報告をかねた学習会（8／16）
事務職部……定年制、退職手当、年金、給与支給および「教育臨調」をめぐる情勢学習会（8／17・18）
右にみるように全郡市的、組織ぐるみの取組みに力を注ぎました。これまでに、八一〜八二年度展開された県下での教育大運動は、教育問題で父母の過半数を結集することができる可能性を立証して

います。

「教育臨調」にみられる反動攻勢のなかで、それを許さない力は、職場・地域を核にした父母と教職員の固いきずなをつくりあげることにかかっています。そのことを、教職員みずからの自覚として広げなくてはなりません。そして、地域に学校をひらき、父母と共に学校と教育を創る仕事に積極的に足をふみださなくてはなりません。その確信を教職員一人ひとりのものとするためにこそ、具体的行動のなかで学ぶことの重要さを痛感しています。

私たちは、今、新たな前進のための土台づくりに取り組んでいるのだというささやかな誇りと確信をもっています。

12

素顔の子どもたち

第1回　四万十川あつよしの夏
第2回　書く、書き綴る、描く
第3回　別れそして出会い

1989年
「文化高知」(高知市文化振興事業団)
No.27　1989年1月1日
No.28　1989年3月1日
No.29　1989年5月1日

素顔の子どもたち♥第1回

『四万十川あつよしの夏』

門田雅人

私は一九八六年、父の病をきっかけにして、須崎市安和から西土佐村へ勤務地を変えて里帰りした。西土佐村は、決して狭くはないが小さな過疎の村だ。香川県より広い幡多郡の中で、大正町、十和村、西土佐村は北幡と呼ばれる地域で、四万十川の中流ないし下流に位置する。なぜなら、四万十川は高岡郡の東津野村や梼原町に源を持ち、窪川町を経由して河口が隣の中村市だからである。ところが、中村の人ばかりでなく、窪川の人にも「西土佐村は山奥じゃねえ」と言われてしまうのだから、四万十川も罪な流れ方をしている。

四万十川　　　大江満雄

おもうほど　おもうほどに
ふるさとは　雨と嵐
山峡の水もくるうて流れあふれる
豪雨の日
天のはげしきを
おもうほど　おもうほどに
ふるさとの雨の降る日は美し
四万十川の水のにごる日はかなし

大江満雄が想いを寄せた故郷がどこなのかは知らない。しかし、この詩の暴れ川四万十川のイメージは、北幡の村々にピッタリと重なるように思う。

私が勤める津野川小学校は「校舎にゲタをはかせて」ある。四万十川の増水対策であり、一階部分に玄関は無く、そこは共同の駐車場になっている。四万十川の水量が増して津野川集落の田や道路が冠水するのは、支流の目黒川が逆流するからだ。「この頃は、田んぼがつかるほどの大水も減ったけんど、アユもよいよおらんなった」とお年寄りが嘆く。

＊　＊

夏休みも近づいたある日、NHKのディレクター伊藤さんが学校を訪ねて来た。「ラジオドラマ『四万十川あつよしの夏』を収録したい」と言うのである。しかも、オールロケで津野川小学校の子どもを全編使うらしい。この日、私たちにとって『あつよしの夏』を巡るドラマの幕が上がった。

作者の笹山久三さんは、私とほぼ同年代。実家は、学校の目と鼻のさきに見える。出身高校は、小学校の南隣にある中村高校西土佐分校だそうだ。子どもたちにとって、とても身近な人が小説を書き、文芸賞を取って文化の送り手として活躍しているのである。

今、西土佐村の子どもたちは、ビックリマンシールの狂騒やファミコンの流行も、街の子と同じように経験している。しかし、テレビや雑誌のどれをとっても、都会から一方的に流される情報を受け入れる以外はない。『あつよしの夏』のドラマ作りに参加することは、文化の送り手になる取り組みである。

津野川の子どもたちは、書き綴ることは得意だ。しかし、人前で堂々と自分の考えを発表したりすることは苦手である。それを高めていくことが私たちの研究課題でもあった。私たち教職員は「収録は夏休み中のことになるけれども、上級生全員の参加で学校ぐるみの取り組みにすること」を決定して、父母にもその意義を知らせた。

明人君（あつよしの兄役）は、収録の様子を次のように書いている。

> ぼくの役がらは、長男の和男です。ロケの最中はいつも、本当の名前は明人なのに、和男と呼ばれていました。ぼくはそれがてれくさかったです。
>
> ロケは三日間です。でも、家族のほかは二日で終わりました。俳優は、橋爪さんと左さんの二人が来ていましたが、後は全員津野川小学校の子どもでした。
>
> まず、花いちもんめという遊びでいつもいじめられている千代子が残される場面です。千代子役は、幸子さんがやっています。千代子が泣く場面で、さっちゃんはとてもうまくできたのです。ディレクターの伊藤さんにもほめられていました。（ぼくもあんなふうにほめてもらえるかなあ）と思っていました。　ー略ー
>
> やっぱり俳優さんだなあと思ったのは、セリフでした。ぼくたちとは、全然ちがうのです。「いただきます」と言う一言でも、ぼくたちはただ「いただきます」と言っているだけなのに、俳優さんは、心をこめてとてもまねのできるもんじゃありませんでした。　ー略ー
>
> 今まで、俳優さんは別世界の人で、ぼくたちと仲良くなれるなんて夢にも思いませんでした。橋爪さんたちとソフトをしたりしてとても身近に感じました。また、テレビドラマを今までは当たり前のように見ていたけど、このラジオドラマに出て、俳優さんの苦労だけでなくスタッフの苦労を知ることができました。俳優さんが、あんなに上手に役になりきるには、スタッフの協力もあるんだと分かったのです。

『四万十川あつよしの夏』は、八月二十七日夜ＮＨＫＦＭシアターとして全国放送された。あつよし役の和幸君、千代子役の幸子さんたちの熱演は見事で、また全員の声が入る花いちもんめの場面や千代子をいじめる場面は、臨場感と迫力があった。九月の参観日には、授業参観の後、児童と父母とで録音を聞いて、この値打ちを確め合ったのである。

＊　＊

十月十六日、村の福祉大会が持たれた。津野川小学校も毎年参加しており、今年は、『あつよしの夏』を再構成して出場することを決めた。主要場面を限定して説明でつなぐのである。ラジオドラマの配役は、教職員の話し合いの結果、たまたま決まった役柄だったのだが、結果的には、華やかに注目を集めた子と引き立て役に回った子とに分かれてしまった。そこで、今回は再構成の脚本を私が書き、配役については、できるだけ主客の交代をしたのである。これは、女先生の強い要望でもあった。やはり、女の人は細やかに子どもたちを見ていると脱帽せざるをえない。

ラジオでは、出番のなかった多重さんが最初の説明をする。そして、三、四年のナレーション……。ラジオドラマの到達点を見て出発した再構成朗読劇は、はじめ様にならなかった。しかし、しだいに連帯して取り組む雰囲気が盛り上がってりっぱに上演することができた。

地元の先輩が書いた小説のセリフは、高知弁でも中村弁でもない、この西土佐村の言葉だった。自分たちの言葉で、自分たちの仲間を見つめながら取り組むことができた私たちの『あつよしの夏』はこうして幕を降ろした。

（西土佐村立津野川小学校教諭）

素顔の子どもたち♥第2回

書く、書き綴る、描く

門田雅人

「卒業式まであと〇日」と掲示係の朋彦君と典之君が毎日、背面黒板に日数を書き直してくれている。その数字は、「一月が行き、二月も逃げ、三月は去る」の言葉通りに驚くべき速さで減っていく。

今日は、卒業写真の服装について子どもたちが学級会を持った。その結果、例年中学校の制服を着て写真撮影をしていたらしいのに、あっさり「今年の私達は私服」と決めてしまった。私は少し狼狽している。「小学校の卒業なのだから」「制服は中学・高校と十分着るから」という考え方に全く異存はないのだけれど……。

同僚の研究授業に参加していた間の話し合いだったのだが、多分「例年通り」に決まると予想していたのである。子どもと親が決定すべきことなのだから私見をはさまないで任せておこうと考えていたのに、予想外の展開に親の意向を気にしている自分が少し情けない。子どもたちは、教師の思惑なんか乗り越えて、ぐんぐんと成長していくので圧倒されてしまう。

＊　＊

『私はおばさんじゃない』　柴　圭

「圭さんはおばさんやもん」
先生にとつ然言われた
なんでおばさんながよ！
そりゃあ
体は大っきいし　ませちょうかもしれんけど……
「圭さんは顔もおばさんやもん」
またまた言われた
私はそんなにふけてない！
そりゃあ
しんどいとかつかれたとか言うけんど……
ちょっと　ひどすぎるぞ
顔では笑っているけれど
先生！
私はおばさんじゃありません

圭さんは、教師の私を材料にして次々と詩を日記帳に書いて来た。詩の形はとっているが、言葉の羅列に止まっている。しかし、「詩を書くのが苦手だったが、楽しくなってきた」というのだからうれしい。それに、だんだんと詩の感じがつかめてきたように思う。

四月から一人二冊の交換日記を毎日続けてきた。今年の六年生は、感じたことをズバリと書いてくれる。私にとって、そのことが赤ペンを書き入れる大きな励みになり、「今日はどんなことを書いているかな」とワクワクする。

私は、高学年を担任した時、「書くこと、書き綴ることを日常化して空気を吸うのと同じようにさせたい」と願って実践を続けてきた。しかし多くの場合、痩せた畑を耕す農夫のような空しい努力を必要とした。少なくても一ヵ月間、大体一学期間は、「ほとんど白紙のノート」や「数行しか書かれていない日記」「長くても内容の乏しい文章」との格闘を覚悟してきた。それが、津野川小では四月当初から赤ペンを書き入れるのが楽しかった。先輩たちの努力の結晶として、〝書き綴る〟伝統が息づいている。

私は、九人の六年生を三班に分けている。三人ずつ、毎日の「帰りの会」に日記を読んでもらうためだ。子どもたちは、自分の日記を学級の仲間に公開する。そして、「先生の赤ペンを読みます」と自分の日記に付けられた教師の文章も読んでくれるのである。

家庭学習帳と名づけた方眼ノートも、二冊が教師と子どもたちの間を往復している。漢字、計算、朗読などを二十分、その日の復習や予習、教師からの課題などのほとんどをこのノートに書くことで学習をする。そして、しめくくりにどんな勉強をしたかと合計時間を書くことにしている。

家庭学習帳は、子ども自身の学習記録と言える。私は学習内容や書き方の印象を中心に、評価し励ますことが仕事だ。手書きの評定マークをつけてやるのだが、子どもはそれに一喜一憂している。勿論、やり方が分からなかったり不十分な内容には援助をするが、いちいちの点検はしない。漢字の見直しや計算ドリルの答え合わせなどは子どもが自分でやることを基本にしている。

一月中に、朋彦君が七冊、美佳・千苗・尚美さんが十一冊、多重さんが十四冊目を終了した。毎日、一時間半以上を約束の時間としている。子どもたちは、この家庭学習帳の頑張りを、それこそ盆も正月も毎日続けてきた。そして、その証拠が教室の後ろに「家庭学習帳を綴じた塊」として残っているのである。(日曜日は遊びと家の仕事の日)

＊　＊

書く、書き綴る、描くことなどを誠実に取り組んできた自信を、多恵さんが日記に書いている。

『母の言った一言』　今井多重

「ばいばい」圭ちゃんの家から母の車で帰ります。坂本を通っている時、「このごろみんながんばりよるね」と母が言いました。私もそうだと思いました。二学期はみんな一生けん命がんばっていたと思います。

典之君が高跳びで優勝したり、私が平泳ぎで郡の十傑に入ったり、図画で圭ちゃんが最優秀特選で全国の十点に入ったり、三学期には小砂丘賞に感想文、他にもたくさんの人たちが……がんばっている証拠だと思います。

近頃でいうと、小砂丘賞でさっちゃんが最優秀になったことです。みんな同じようにがんばりました。先生も言ってたように、さっちゃんだけがずばぬけて作文が上手というわけじゃないと思います。みんな上手です。その中の代表としてさっちゃんの作文が選ばれたのです。すごいことだと思います。

――中略――

母が「このごろみんながんばりよるね」と一言言っただけで、私は車の中でこんなことを考えながら帰りました。

＊　＊

子どもたちは今、卒業まで残り少なくなった中で真剣に卒業論文「成長の記録」に取り組んでいる。版画「十二歳の自画像」を刻んでいる。「成長の記録」は原稿用紙三十枚以上という約束で、自分の過去・現在・未来を書き綴る仕事、「十二歳の自画像」も自分を見つめて描ききる仕事だ。自分の幼かったころのことを取材して、新しい発見があるらしい。父母の苦労を初めて実感している様子もある。そうして、十二歳の自分を見つめている。

(西土佐村立津野川小学校教諭)

素顔の子どもたち♥第3回

別れ　そして出会い

門田雅人

卒業式を間近に控えた三月のある日、「はじめて小鳥が飛んだとき」という詩の授業に取り組んだ。

小鳥が初めて飛ぶということは、巣立ちであり、人生への旅立ちを意味する。息を潜めて見守る親鳥、そして森中の仲間たち。小鳥の小さな胸は期待と不安で高鳴る。見事に小鳥が飛んだとき、森のすべての仲間たちは惜しみなく拍手を送り、祝福した。成長や自立の喜びに溢れた詩である。

昨年度、児童数減少によって休校になった中半《なかば》小学校から転入してきた美佳さんと千苗さんは、六年生の集団に飛び込んできて新しい経験をしたことだろう。そして今度は、九人の仲間全員が揃って卒業という節目を迎える。

卒業を目前にした六年生に、自分の姿と重ね合わせて読み味わってもらいたいと考えた。自分に注がれる温かい眼を意識し、自分の成長の喜びをかみしめるきっかけになればいいなと思ったのである。

はじめて小鳥が飛んだとき　原田直友

はじめて小鳥が飛んだとき
森はしいんとしずまった
木々の小えだが手をさしのべた

うれしさと不安で小鳥の小さなむねは
どきんどきん大きく鳴っていた
「心配しないで」と　かあさん鳥が
やさしくかたをだいてやった
「さあ　おとび」と　とおさん鳥が
ぽんと一つかたをたたいた

はじめて小鳥がじょうずに飛んだとき
森は　はく手かっさいした

ひと言感想　新玉幸子

小鳥が初めて飛んだ時、すごくうれしかったと思います。この詩に出てくる森がしいんとしていたのは、きっと小鳥が落っこちるのではないだろうかと心配していたんだと思います。それも、きびしい目ではなく温かい目で見守っていたんだと思います。

今、私たちは「中学校」という大きな旅に向っています。この鳥もその瀬戸ぎわだったんだと思います。私は中学校に行けるうれしさと不安とで胸がいっぱいです。小鳥も二つのことで胸がいっぱいだったと思います。

はじめて上手に飛んだ時、森も「わー！」とかん声をあげたと思います。小鳥もうれしく不安が吹っ飛んだと思います。やっぱり私は、「森」というのは木だけじゃなくて、小鳥の友達や色々な動物たちのことも含めて言っているのではないかと思いました。

小鳥はこの時初めて、「ぼくは自由に飛べるぞ!!」と飛んだ実感がわいてきたと思います。

＊　＊

卒業式の日、九人の卒業生は在校生三十五人からの思い出の一言をしみじみ聞いた。そして、自分たちも「六年間の思い出と将来への決意」を力強く語った。「成長の記録」の三十枚を基にして、二枚の原稿用紙に決意をまとめて暗唱したのだ。

尚美さんをはじめ多くの女の子は保母か教師になる夢を持っていた。圭さんはグラフィクデザイナー、明人君は工業高校に進学して電気工事の仕事をやるという。ただ一人、明彦君は農業後継者になることを胸を張って発表した。大学の農学部に入って専門的に研究をした上で、父親のやっているハウス栽培を発展させたいというのである。

彼等の胸は希望にふくらんでいるように見えた。努力を重ねた上で獲得した自信だったろう。願わくば、彼等の故郷であるこの農山村に愛着を持って生きる子が、二人、三人と続いてほしいものだ。

春休み、卒業した女子全員の訪問を受けた。弁当持参で、私の持つビデオを鑑賞に来たのだ。狭い教員住宅に、伸ばしていた髪を肩までに切り揃えた大きな女の子が勢揃いした。中学生の準備といいながら、かえって少し幼く見える。

「火垂るの墓」「となりのトトロ」「風の谷のナウシカ」の三本を泣いたり笑ったりしながら見て帰った。直接の担任として「先生！」と呼ばれる最後だなと感傷的な気分を味わった。

＊　＊

春の異動時期には、悲しい想いをすることが多い。僻地と呼ばれ複式学級が当たり前の西土佐村では、児童数がさらに減少している。それで、昨年は休校に追い込まれる小学校ができてしまった。今年は二学級になって校長以外に男先生がいない小学校が下家地《しもいえじ》小と口屋内《くちやない》小の二校もできてしまった。教頭職が引き上げられてしまったのだ。（幡多郡だけでも十校を数えるという。一年と四年の飛び複式なんてどうやって授業を進めるのかしらん。せめて一年生は単式学級にしてやりたい）

西土佐村当局は、村内全部の小学校にプールを作り、どんな小さな学校でも自校式完全給食を実施するなどして、地域の学校を守り育てようとしてきた。しかし、過疎が進行したため、教員定数の改善がなされないという実に厳しい段階を迎えている。

本校は、加配教員の引き上げで四学級編成に逆戻りした。それで、今年私は五・六年の複式学級を担当することになった。五年生は卒業生と比べると丸々二年も差があるわけで戸惑うことが多い。一応の到達点に達した子どもたちと新しい担任の子どもたちを比べることは、子どもたちに対しても失礼だ。そして何よりも弱い自分の気持ちがくじけそうになる。

「教科書を読んで下さい」と指示すると「先生！教科書読むんですか？」とオウムのような返事が返ってきたりするのである。けれども、実に活発で気持ちが良い。

私は、今の教え子至上主義である。今、眼の前にいる「この子等を賢くしたい、健やかで優しい子どもに育てたい」と新学期に決意を新たにしている。


（西土佐村立津野川小学校教諭）

13

6年生

12歳の自画像を描く、書き綴る

1989年７月
季刊『子どもと美術』（あゆみ出版）1989年７月

特集　高学年の表現

6年生
12歳の自画像を描く、書き綴る

高知・幡多郡西土佐村立津野川小学校　門田雅人

はじめに

西土佐村は、決して狭くはないが小さな過疎の村だ。香川県より広い幡と呼ばれる地域であり、四万十川にとっては中流ないし下流に位置する。

四万十川は、高岡郡の東津野村などに源を持ち窪川町を経由して中村市で太平洋に流れ出る。しかし、河口の中村市の人ばかりでなく、上流の窪川の人にも「西土佐村は山奥じゃねぇ」と言われてしまうのだから、四万十川も罪な流れ方をしている。

四万十川　　大江満雄

おもうほど　おもうほどに
ふるさとは　雨と嵐
山峡の水もくるうて流れあふれる
豪雨の日。
天のはげしきを
おもうほど　おもうほどに
ふるさとの雨の降る日は美し
四万十川の水のにごる日はかなし

大江満雄が想いを寄せた故郷が、どこなのかは知らない。しかし、暴れ川四万十川のイメージは、北幡の村々がこの詩にピッタリと重なるように感じる。私が勤める津野川小学校は「校舎にゲタをはかせて」ある。四万十川の増水対策であり、1階部分に玄関はなくて、共同の駐車場になっている。

私は昨年度、9人の6年生を担任したが、今年は、5年生9人と6年生6人、計15人複式学級の担任である。「書くこと、書き綴じること、描くこと、作ること」を重視し、また、それらを結んだ実践を心がけてきた。できるだけその点に焦点を当てて報告をしたい。

新緑の季節を描く詩

5月、「今日は春の草花を描いてください」と昨年は切りだした。そして、学校の周辺から様々な雑草を見つけてきて描くのである。その狙いは三つある。

① 自然の息吹を感じとり、なにげない雑草のけなげさ、美しさに眼を向けさせたい。
② 絵が苦手だ、下手だと感じている子どもに自信と意欲を持たせたい。
③ 緑色によって創りだし、色に対しての細やかな感覚を育てたい。

という方向目標である。

初めて出会った子どもたちに、「図工は好きですか?」と尋ねると、多くの子どもたちが、「きらい」と答えた。その理由の多くは、「下手だから」である。「眼で見えているように描きたい」という要求は高まってるのに描けない。「何を描きたいのか」という基本の問題も解決しない。その手だてもつかめないのでいらいらするのだろう。本校でも、発達観や図工・美術に関する基本について、教職員の共通理解はまだ得られていない。

高学年の子どもにとって、小さい紙に拡大も縮

小もしないで、小さな草花を描くことは容易である。適度に抵抗もあって、いいかげんな態度では到達できない。友達のできばえに感嘆の声を挙げ、自分の描いたものに驚きがある。

５・６年複式の今年は、アザミを描くことにした。15人の子どもたちは、雨が降ってることなんか平気でアザミを探し回った。雨に打たれてしっとりとしたアザミは実に美しい。あの刺を持つ葉のリアス式海岸のようなギザギザ、うす紫の花はそこだけが軟らかい感じでふわっと茎の上端に乗っている。

私は、一緒に出た時にヨモギの草を手折ってきた。そして、描き始める前のはなし合いでアザミとヨモギを比べさせた。「どちらもはっぱがギザギザになっています」「ほんでもアザミの方は先にトゲがあっていたそうなぜ！」乗ってきた。新５年生は、卒業した去年の６年生とは丸２年の差があるので幼い。しかし、活発だ。「そう、そのとおり！その、さわればいたそうな感じを描いてね。」と意識化を図った。低学年で大切にされてきた「具体的に感覚でつかむ」ことは高学年でも重要だと思う。

そうして意欲化ができれば、私の指導は、

ア　よく見て描いているところをほめて回ること

イ　時折、友だちの工夫やがんばりを見合う機会を作ること。

が中心である。ただ、全４時間の授業にしたので、次の時間の始め着彩にとりかかる前に、絵本『木のうた』（イエラ・マリ作／ほるぷ出版）を見せた。色の変化やその美しさを感じて欲しかったからだ。

昨年の子どもたちの「春の草花」の絵を見て、「押し花かと思いました！」と驚いていた子どもたちのアザミの花の絵が次々とできあがる。「できました」「描き上がりました」と言ってもらうことにしている。自分の作品の完成は、自分で判断してほしいと考えてのことだ。私は、「こんなところがよく描けている」と認める。〝助言によって更に描き加える子どももある〟という程度の関係を大切にしたい。

津野川小学校の校庭には、大きな藤の木の古木がある。かなり背の高い『くろがねもち』の木に巻きついている。かつてここにあった神社の御神木ではないかと思われる。５月には紫の房になったたくさんの花を咲かせ、『くろがねもち』の木がまるでツリー飾りのようになる。

わが学級の子どもたちは、毎日見ているこの木の名前を知らなかった。藤の花さえ知らないという子がいた（こんな山村でスギの木とヒノキの区別ができない子も増えている）。当然、一度もこれらの大木を描いたことはなかった。

四つ切用紙に、「校庭の木」を描く課題にとりくんだ。毎日窓下に眺め、校庭では唯一の木陰を提供してくれているこれらの木を見つめ直すことを、題材の意義として強く感じたのである。木の椅子を逆さにしてイーゼルの代用にした。２Bの鉛筆でしっかりと描いていく。そして、「下描きを塗る」のではなくて「絵の具で描く」という態度を求めた。

16時間から20時間近くをかけて完成にこぎつけた。木の枝のつき方や藤つるの絡み方、葉のありようなど、理屈ではなしに真ん前に突き座って格闘させたのである。ただし、幹や葉の色の基調になる緑色は、「春の草花」の経験を生かして混色して創り出すことを要求した。具体的には、黄色＋青色を基にして自分に見えている色合に近づける努力をさせたのである。

また、「明るい色から描いて行く方が画面が濁らない」ことには触れたけれど、着色の方法、手段については各自のやり方と工夫を尊重した。それで、葉の描き方について、美佳さんは両用紙の上で色が混じり合う方法を取ったし、典之君は大づかみな感じを大胆に着色した。多重さんや圭さん

「校庭の木」

たちは点描した緑色を重ねるやり方であった。

「春の草花」、「校庭の木」の実践では、描かれた絵の作品としての到達点もかなり高かったし、何よりも子どもたち自身の満足感が強かった。絵を描くことの意義や姿勢、方法等についてつかみ取ってくれたと感じる。たとえば、「先生！　昼休みにも描いてもいいでしょう？」などと申し入れてきたりする。

「ぼく、すこしおくれぎみやもん」というのである。ひとりふたりではない。私は、内心ニヤニヤしながら、「いやになったらすぐやめなさいよ」「むりせんでもいいよ」と返事をする。

私は、写生などの時も7分ぐらいに全員を集合させて、みんなの絵をずらりと並べることにしている。そして、お互いに〝いいな〟と思ったところを発表し合うことをさせる。子どもたちは、自分の描き方を大切にしながら友達のいいところから学びあうのだ。

書く、書き綴じる、描く

私は、高学年を担任したとき「描く」ことを大切にするのと同じ、いやそれ以上に「書くこと、書き綴じる」ことを「空気を吸うのと同じくらい日常化させたい」と願って実践を続けてきた。しかし、多くの場合、痩せた畑を耕す農夫のような空しい努力を必要とした。

少なくても1か月間、大体1学期間は「ほとんど白紙のノート」や「数行しか書かれていない日記」「長くても内容の乏しい文章」との格闘を覚悟してきた。それが、津野川小では、提出された日記に赤ペンをいれるのが楽しい。先輩たちの努力の結晶として〝書き綴じる〟伝統が息づいているのだ。

4月から、ひとり2冊の交換日記を毎日続けてきた。くらしの中で見たり聞いたり、感じたり考えたりしたことを書き綴じることで、書く力とものの見方、感じ方、考え方を育てたいからである。私の学級では、3人ずつの子どもが〝帰りの会〟に自分の日記を読む。そして、「先生の赤ペンを読みます」と日記につけた教師の文章を読んでくれる。同級生の書いた内容に共感したり、「あれ！」と感じたりして聞いた子どもたちが、教師の赤ペンに対して一斉に注目するのでこちらも真剣にならざるを得ない。

家庭学習帳と名づけた方眼ノートも、2冊が教師と子どもたちの間を往復している。毎日、漢字、計算、朗読などを20分程度、その日の復習や予習、教師からの課題などのほとんどをこのノートに書くことで学習する。そして、しめくくりに「どんな学習をしたか」と合計時間を記入することにしている。

家庭学習帳は、子ども自身の学習記録と言える。私は学習内容や書き方の印象を中心に、評価し励ますことが仕事だ。手書きの評定マークをつけてやるのだが、こどもはそれに一喜一憂している。もちろん、やり方がわからなかったり不十分な内容には援助をするが、いちいち点検はしない。漢字の見直しや計算ドリルの答え合わせなどは子どもが自分でやることを基本にしている。1時間半以上が学習時間のめあてである。子どもたちは、この家庭学習帳の頑張りを、それこそ盆も正月も毎日続けてきた。そして、その証拠が教室の後ろに「家庭学習帳を綴じた塊」として残ってきたのである（日曜日は家庭学習をせず、遊びと家の仕事をする日）。

書く、書き綴る、描くことなどを誠実にとりくんできた自信を、多重さんが日記に書いてきた。

母の言った一言　今井多重

「ばいばい」圭ちゃんの家から母の車で帰ります。坂本を通っている時

「このごろみんながんばりよるね。」と母が言いました。私もそうだと思いました。2学期はみんな一生けん命がんばっていたと思います。典之君が高跳びで優勝したり、私が平泳ぎで郡の十傑に入ったり、図画で圭ちゃんが最優秀特選で全国の十点に入ったり、3学期には小砂丘賞や感想文、他にもたくさんの人たちが……がんばっている証拠だと思います。

近頃でいうと、小砂丘賞でさっちゃんが最優秀になったことです。みんな同じようにがんばりました。先生も言ってたように、さっちゃんだけがずばぬけて作文が上手というわけじゃないと思います。みんな上手です。その中の代表としてさっちゃんの作文が選ばれたのです。すごいことだと思います。

―略―

母が、「このごろみんながんばりよるね。」と一言言っただけで、私は車の中でこんなこと考えながら帰りました。

「草むらに放置された機械」

（＊小砂丘賞　高知県が生んだ生活綴方の先達、小砂丘忠義を記念して取り組まれている民間の作文の賞、県下ほとんどの地域・多くの学校から応募がある）

書き綴る活動の日記や作文においても、子どもの眼や手、心が働いてこそ値打ちのあるものが生まれる。その題材を選ぶ姿勢のあり方は、絵を描く活動のそれと共通である。たとえば、「運動会」といった広い題だとイメージが漠然としていて、運動会の日の朝から晩までをダラダラと書くことになりがちだ。場面が焦点化されてこそ、いきいきとした描写になるのである。日記の題材では、

ア・一日の中で三つの題を書いてみなさい。
イ・一つを選んで三つの題を書いてみなさい。
ウ・一つを選んで少し詳しく書いてみなさい。

と指導している。あくまで、子ども自身が題材を選ぶことを大切にしていきたいが、そこに至る手だても重要である。

地域やくらしを描く描画活動の題材の視点は、書き綴る活動で選ぶそれと重なっている。身の回りの物や景色、遊びや労働の中から描きたいと感じるものを自ら選ぶ姿勢を育てたいと願っている。「草むらに放置された機械」や「製材所で働く人」など、そして自分たちの遊びをどんどん描く題材にしてほしいと思う。

くらしの中に いつも描く活動を

新学期、最初の図工の授業は教室環境の整備に関わることに使ってきた。たとえば、日直当番の氏名札を自分でレイアウトすることなどである。「自分を自分で指図して、考える・行動する」ことを高学年の実践の基本に置いているので、できるだけ、子どもたちにできることはやってもらう。その姿勢を最初に示すことによって、「自分たちが学級の主人公」であること、ひいては学校全体をリードしなくてはならない立場にあることを自覚するきっかけができると考えてきたのである。

学級や学校全体の活動において、年間を通して絵を描くことは折りにふれてさせたい。そのとり

運動会応援の大看板

「製材所で働く人」

くみの中では、マンガ的な表現も認めてやりたいと考えてきた。もちろんすべての描画の質は高めていく努力が必要だろうが、今持っている描画表現手段を駆使してありのままに描く自由を奪ってしまっては表現を保障したことにならないからである。私の学級でとりくんだいくつかを紹介する。

①日直の氏名札をつくる

工作用紙に自分の名前をレタリングするのである。ゴシック体と明朝体の特徴を教えて、字を工夫したり回りに絵を描いたりすることをすすめる。

②学級の歴史を書く、描く

色画用紙に学級の出来事を記していく。担当は、立候補によって決まった「学級の歴史係」である。「始業式―受け持ちの先生が門田先生に決まる」とか、「忘れものゼロ新記録達成〝四日間〟」「朗読集会発表―はっきりと心を込めて読んだ」などと書き、色鉛筆などで絵も付ける。希望して始めた仕事なので、進んで仕事をしてくれる。

③運動会応援の大看板づくり

ダンボールを継ぎ合わせた（4m×5m）ものに紅白それぞれが応援の絵を描く。運動会実行委員会で話し合って、各学年が「ちりいれ箱」「入退場門のロボット」「大プログラム」などを分担したものである。アニメの「三銃士」「風の谷のナウシカ」の絵は子どもならでは、の描きぶりであった。

④教科学習の柱として

教科のノートや家庭学習帳へ学習内容のさし絵や図などをどんどん描かせるのだ。絵を描くことで知識や理解はぐんと拡がる。また、理科や社会科などでは、集団で調べたりまとめたりするとりくみのなかにも描く活動をふやしている。たとえば、信長、秀吉、家康について調べるのでも、摸造紙に彼らの似顔絵を大きく描くことによって、学習の楽しさが増してくる。図工で早くできあがった子どもの課題として模写を取り入れることもしている。

⑤夏休みの自由研究にも活用

夏休みの自由研究は、新学期に仲間の中で発表する約束になっている。研究を友だちに伝えるためには、視覚的な図や絵が効果的だ。明彦君は、家紋を調べてきた。親戚や、近所の家紋を調べたり、有名な武士たちの家紋も調べてフリーハンドで描いてきたのである。ほとんどの子どもたちが図や絵を使ってまとめてくる。

⑥卒業アルバムの表紙を描く

PTAが卒業生に送ってくれる記念品はアルバムである。昨年は、市販のもので手描きの絵がそのままアルバムの表紙・裏表紙に印刷されるものを選んだ。子どもたちが思い思いに、自分たちの思い出などを描いた。活躍した一場面を描いた子、記念写真風に学級全員や家族全員の絵を描いた子。記念すべきアルバムになった。

成長の記録を綴り、自画像を描く

「成長の記録」は、卒業論文ともいえるもので10月から取材を始めてとりくんできた。原稿用紙30枚以上という約束で、子どもたち自身の過去・現在・未来を書き綴る仕事だ。一部は父母や家族のこと、二部は自分の出産から卒業までのこと、三部は小学校を卒業して以降のことを書くことを目安とした。自分の幼かったころのことを取材して、新しい発見があった。父母の苦労も実感できた様子だ。そうして、12歳の自分を見つめることができた。

版画「一二歳の自画像」も自分を見つめて描ききる仕事だ。私は、かんたんな試し描きの後、直接版木に鉛筆で描くことをさせた。その緊張感を他に代えがたいものと感じるからだ。子どもたちは、ニキビの目立ち始めた顔を鏡にくっつけるようにして真剣に描いた。版画にするのだから輪郭線だけで表現することはできない。ケーテコルヴィッツの版画や中学校、高校の美術の教科書の人物表現方法を参考に示した。

北斎　富嶽三十六景「神奈川沖浪裏」の模写

ところで、南国高知では全般に版画の実践があまりとりくまれていない。県民性や気候風土とも関係のあるところだろう。低学年で紙版画がとりくまれたなら……と思うことがよくある。それは、構成力とも関係するのだが省略とか単純化とか意図的な悩みが大切にされるはずだと思うのである。ア．鉛筆で下描きをして、イ．水性のマーカーでなぞって、ウ．ぬりえのようにぬりこんでいくやり方が主流でしかも写生ばかりだ。子どもが生き生きと描くとりくみを大切にしたい。

私は、版画の彫りの仕事の前に、子どもたちに切り絵の経験をさせることにした。白と黒の関係をつかんで欲しかったからである。版画では、経験が乏しいとどうしても彫りすぎてしまい、白の面積が広くなりすぎてしまう傾向がある。彫りすぎてしまっては黒を命とする版画の存在価値が薄れるのだ。切り絵では、滝平二郎による「ベロ出しチョンマ」のさし絵をコピーして練習した。手指がうまく動かないために失敗する子どももいたけれども白と黒の関係は感じ取ってくれたようだ。

版木を青色の水彩絵の具で着色した。直接描いて、直接彫っていくので木肌のままだとうまくいかないのである。彫刻刀で彫った部分は本の木の色が出てくるので、「残っている青色の部分は黒く写る」ことを徹底して教えた。物そのものの色と光による明るさをと共に白と黒で表現するということがポイントだ。

胸から上の自画像を、明人君が一番手で彫っていく。顔や紙は三角刀で、服の陰影は丸刀、バックの黒と人物を分けるのは平刀だ。後に続く8人の仲間も影響を受けた。しかし、千苗さんは、「どうしても……」と三角刀だけを使って彫り進んだ。やはり、男子の彫りは勢いがあるし女子は慎重だ。ただ、彫った線に想い入れがないと感じる時には助言を与えた。

彫り上がった後、3人1組になって刷りにかかった。3人が役割分担をしてちょっとした印刷工房である。

ア．ひとりがローラーで版にインクをつけて新聞紙の枠の位置に置く

イ．次のひとりが新聞紙の外枠に合わせて和紙を置く

ウ．残りのひとりがバレンで刷り上げる

という段取りだ。初めに私がやって見せて取りかからせたが失敗ばかりで不安になる。3、4枚結構高い紙をムダにしたあたりから実に手際良く刷り始めた。刷り上がるたびに「ヤッタネ！」とか「かーんぺきィ！」などと歓声が上がった。

卒業式を間近に控えた3月のある日、「はじめて小鳥が飛んだとき」という詩の授業にとりくんだ。小鳥が初めて飛ぶということは、巣立ちであり人生への旅立ちを意味する。息をひそめて見守る親鳥、そして森中の仲間たち。小鳥の小さな胸は期待と不安で高鳴る。見事に小鳥が飛んだとき、森のすべての仲間たちは惜しみなく拍手を送り祝福した。成長や自立の喜びに溢れた詩である。

前年度、児童数減少によって休校になった中半

「12歳の自画像」を前に

小学校から転入してきた美佳さんと千苗さんは、6年生の集団に飛び込んできて新しい経験をしてきた。今度は、9人の学級全員が揃って卒業という節目を迎える。卒業を目前にした6年生に、自分の姿と重ねあわせて読み味わってもらいたいと考えた。自分に注がれる温かい眼を意識し、自分の成長の喜びをかみしめるきっかけになればいいなと思ったのである。

はじめて小鳥が飛んだとき　原田直友

はじめて小鳥が飛んだとき
森はしいんとしずまった
木々の小えだが手をさしのべた

うれしさと不安で小鳥の小さなむねは
どきんどきんと大きく鳴っていた
「心配しないで」と　かあさん鳥が
やさしくかたをだいてやった
「さあ　おとび」と　とうさん鳥が
ぽんと一つかたをたたいた

はじめて小鳥がじょうずに飛んだとき
森は　はく手かっさいした

卒業式の日「一二歳の自画像」は、式場の入口にズラリと並べられた（全部で15枚彫り上げられた版画は印刷所に依頼して画集の形にして一人ひとりの記念にした）。

式では、9人の卒業生全員は在校生35人に思い出の一言を言ってもらった。そして、自分たちも「6年間の思い出と将来への決意」を力強く語った。「成長の記録」30枚以上を書き綴ったうえで、2枚の原稿用紙に決意をまとめて暗唱したのである。

尚美さんをはじめ多くの女の子は保母か教師になる夢を持っていた。圭さんはグラフィックデザイナー、明人君は工業高校に進学して電気工事の仕事をやるという。ただひとり、明彦君は農業後継者になることを胸を張って発表した。大学の農学部に入って専門的に研究をした上で、父親のやっているハウス栽培を発展させたいというのである。

彼らの胸は希望に膨んでいるように見えた。努力を重ねた上で獲得した自信だっただろう。願わくば、彼らの故郷であるこの農山村に愛着を持って生きる子が、2人、3人と続いて欲しいものだと思った。

先にも述べたように、今年度は私は5・6年の複式学級を担当している。5年生は卒業生と比べると丸々2年も差があるわけでとまどうことが多い。しかし、一応到達点に達した子どもたちと新しい担任の子どもたちを比べることは、子どもたちに失礼だ。そして、なによりも弱い自分の気持ちが挫けそうになる。

それで、私は今の教え子至上主義である。今、眼の前にいる「この子らを賢くしたい、健やかで優しい子どもに育てたい」「素敵な表現活動をさせたい」と新学期に決意を新たにしている。

14

指導作文①

ダム反対『三十三年間の戦い』を見て

15

指導作文②

兵隊に行っていたおじいちゃん

こども小砂丘賞小学6年の部最優秀

1989年
『幡多の子』幡多作文の会
1990年
『小砂丘賞作品集　14』
(高知市民図書館)1990年９月21日

ダム反対『三十三年間の戦い』を見て

津野川小六年　芝　英子

夜、わたしは『三十三年間の戦い』というテレビドキュメンタリーを見ました。

岡山県奥津町という町で、ダム建設に反対している人たちを写していました。その町では、水ぼつしてしまう家が四百戸もあります。それほどに広いダムを作る計画なのです。

この町の川は、美しい清流で、田んぼも広く、大きな山に囲まれています。道も整備され、りっぱな家もたくさんあってとても良い所です。わたしは、こんなにいい自然やふるさとをこわすのに、賛成できません。それよりも、この自然を守っていくのが、県や市などの責任ではないかと思います。

五年の社会で勉強したように、多くの海でも、工場が工業のはい出物を流すので、よごれがとてもひどくなっています。海岸も人工砂浜が多くなっているそうです。もう、昔のままの海岸なんかは、数えるぐらいしか残っていません。

工場やダムを作ると、経済にゆとりが出たり、電力を発電することができて、人のためになるのでしょう。でも、そればかりでは人間は生きてはいけないと　わたしは考えます。ダムや工場などの元になる大きな自然がないと、わたしたちは、くらしていけません。工場のために木を全部切りたおしてしまえば、あとはなんにも残りません。そうなれば、水をたくわえられなくなった土地のダムは何の役に立つのでしょう。そうならないために、自然を大切にし、ダムや工場を作るにしても住民との話し合いが必要です。

この奥津村の町長さんは、もう何人も何人も代わっています。それらの町長さん全員がダム反対の先頭に立っていた人たちで、その全員がダムのことで、じ任をさせられたのです。こんなふうに何回も何回も代わっていったら、この町を率いていく人がいなくなるかもしれません。

町長さんが、町の人たちのみんなと、知事さんの所へ話に行った時に、その知事さんはテーブルにつかないで、代わりの人が話に出ないかというと、「ダム反対の人と話をしても話にならん。」というわけなのです。

そのうえ、町がダムに反対をしているために、仕事の援助や資金も、その町に出してくれないのです。そして強制的に、あちこちにダムの深さの看板を立てていくのです。

話し合いの所では、町長さんを責めてばかりで、わたしがあきれるほど変なことを言っていました。しまいには、「責任をとってくださいよ。」とまで言うのです。私はすごくはらが立って、ひどい言葉が口をついて出そうになりました。「責任を」と言った人達にも考えがあるのかもしれないけど、わたしは、絶対にこの言葉を許せません。

この町長さんは、町の人たちといっしょにダム反対をしているのです。それなのに、その代表の人たちに「あやまってほしい」とか、「責任を取れ」とか言うのはおかしいと感じたのです。わたしが町長さんの立場だったら絶対に反発して意見を言ったと思います。

資金のことについて持たれた会も、その町の町長さんが、話に出ると、何人もの大人の人たちがみんな、変な顔をして帰っていくのです。その人たちに、

「人の話を最後まで聞かんとどうしたことやろう。ちゃんと話を聞いてから、意見や文句を出したらええわえ。」

と言ってやりたいです。

文句を言った人たち、と中で席を立っていった人たちは、自分の意見ばっかりを言って相手の人の言うことをいっさい聞かんとおしつけてしまう人だと、わたしは思います。

ある農家の人は、他の三人の人たちと農業をやっていたけど、他の三人の人が立ちのいたので、農業が続けられずに立ちのかなければいけませんでした。そして今、立ちのききょひをしている家は八十戸です。きっと、立ちのかなくてはいけなくなった人も、ふるさとに残りたかったと思います。

話し合いで、話を聞いてもらえなかった町長さんは、一度は死ぬまで追いつめられたそうです。どんなに苦しかったことでしょう。その町長さんは、もうじ任しています。でも　きっと新しい町長さんといっしょに戦っていくと思います。町の人たちは三十三年間も戦ってきたのですから……。

わたしが住んでいる津賀では今、田んぼを作りかえて広い農道を作っています。部落の人たちで十分に話し合ってみんなで決めたことなので、だれも反対していません。自分たちが住んでいる地いきのことを決めるのは、その住民たち以外にはないと思います。

子供の私が、言うべきでない言葉や考えちがいもあるかもしれません。でも、これがこのテレビを見て、わたしが本気で思ったこと、感じたことです。

（指導者　門田雅人）

89

兵隊に行っていたおじいちゃん

西土佐村立津野川小六年　新　玉　幸　子

今、私の身近に戦争はありません。でも、今から四十年くらい前、日本は戦争をしていました。

私のおじいちゃんは、若いころ、戦争にとられて行っていました。

「お国のために戦えてうれしい。」

とみんな戦争に行っていたそうです。私は、(戦争で死ぬことがうれしいなんて、どうかしちょる)と思いました。

私が初めて、戦争に関心を持ちはじめたのは、小学一、二年の時、おじいちゃんとお風呂に入った時です。おじいちゃんは入るたび戦争のことを話してくれました。おじいちゃんはいつも話の終わりに、

「あんなおそろしいことはもうぜったいせられん！」

と言っていました。私は、

(戦争はやったらいかん)

とは思ったものの、あまりおそろしさは分かりませんでした。でも、大きくなるにつれて〝戦争はいけん！〟の意味が分かり始めました。

それは、戦争のことを描いた本を読んだからです。『ちいちゃんのかげおくり』や、『お母さんの木』『ガラスのうさぎ』『広島の姉妹』『広島のお父さん』などです。友達から、

「幸っちゃん、戦争の本ばっかり読むねえ。」

と、言われたりしました。

私が一番心に残った本は、『ガラスのうさぎ』です。お父さんがなくなり、とし子さんが一人ぼっちになったことに胸が痛みました。

おじいちゃんは、とても運のいい人です。しょういだんが当たっても死にませんでした。その後ろの人は、運悪く死んだそうです。私は、

(もし、その時、おじいちゃんが死んでいたら、今、ここにはいない……)

と、考えるとぞっとします。

それに、おじいちゃんは、おじいちゃんのすぐそばにばくだんが落ちて来ても死にませんでした。どれをとっても運が悪いと死んでしまうことなので、おじいちゃんは、ほんとうに運がよかったのだと思います。

それでも、おじいちゃんにはてっぽう玉の入ったあとが、おしりにも太ももにもいくつか入っています。だからおじいちゃんはその傷を見るたびに、兵隊の時のことや戦争のおそろしさを、思い出していると思います。

おじいちゃんには、兵隊に行っていた時に出会った〝戦友〟がいます。その人たちをうちに呼んで戦争の時のことを語りあったりもしていました。

おじいちゃんたちは戦争のことは忘れられないと思います。今は笑いながら、

「あれはおっそろしいもあるかえ。死んだ気分やったわえ。」

とか話しているけど、心の中では、とても真けんだったんだと思います。

〝戦争は二度としてはいけない〟

と言っているようでした。

私は、自分で戦争を体験をしてはいないので、死んだ人などの気持ちはあまり分からないけど、たくさんの資料や本などを見て、少しはおそろしさが分かりました。

とくにおそろしいと思ったのは、長崎と、広島に落とされた〝原子ばくだん〟です。それは、放射能といって、遠くの人にもひ害を与えるのです。そして、「ピカッ」の光を浴びただけでも、血をどくどくはいて死んでいくのです。

そんなことを二度としないようにという願いをこめて、私たちは毎年、千羽づるを折っています。私たち全校生徒は四十五人で、一人三十羽ぐらいずつ折れば千羽こえます。み

んなが、

「もう二度と戦争はしてはいけない。」

という願いをこめて、折っています。

「幸ちゃんは、戦争が好きなが？」

と言われても、私は、ぜったい戦争はいやです。にくらしいと思っています。だから、戦争の本を読んで、自分では経験したことのないできごとを分かろうとしているのです。

今、世界中を見てみると、あちこちで戦争をしています。そこの子供たちや、女の人は、何も戦争に関係ないのに、次々と殺されています。戦争をしているのには何かの理由があるとは思うけど、始めた人たちの心は鬼だと思います。

今、私たちの身近には戦争がありませんが、昔はしていました。じごくだったと思います。どうして、戦争をしなくてはいけないのか分かりません。戦争は、してはいけないことなのです。人間が人間を殺してどうなるのでしょうか。私はそう思います。

おじいちゃんのおしりの傷のことを思いうかべるたびに、これからも戦争のこと、平和のことを深く考えて行きたいと思います。

17 高学年の美術

1991年３月
『小学生の美術教育』(あゆみ出版)1991年３月20日

1　高学年の美術

高知・西土佐村立津野川小学校
門田雅人

はじめに

はじめて出あった子どもたちに、「図工は好きですか?」とたずねると、多くの子どもたちから「嫌い」と答が返ってきます。その理由の多くは、「下手だから」というのです。「眼に見えているように描きたい」という要求が高まっているのに描けない。「何を描きたいのか」という基本の問題も解決しない。その手だてもつかめないのでいらいらするのでしょう。人格が発達していく過程での九、一〇歳ごろは重要な節目です。絵を描いたりものを作ったりする活動においても「九～一〇歳の節」は質的な転換をとげていく大切な時期です。そのことは、実践のなかからも実感として感じとることができます。この大切な節を造形表現のうえでもゆたかに乗り越えさせてやりたいと思います。

子どもの実態

高学年の子どもたちは、身体的な成長が著しく運動能力の面でも知的能力の面でも急速に発達する時期です。「群れて遊ぶこと」と「一人で思索すること」のどちらも併せもてる時期、つまり自己確立と集団としての活動を両立できる時期と位置づけられると思います。また、いろいろな知識を獲得し、記憶力にすぐれ、読書にふける時代です。一方、たとえばサッカーなどの集団の活動に熱中し、集団で何かをやりとげることに値打ちを見出すのです。高学年は小学校のさまざまな活動の中核、列車の機関車の役割を果たす学年ですし、小学校教育の営みの到達点です。子ども集団・教師集団の質が最も問われる学年といえるでしょう。

しかし、一方でこうした活気ある少年時代を失わせてしまう状況があることも否定できない事実です。新学習指導要領が出されてからは、文部省側の圧力がいっそう強まり、現場では画一的な授業が横行しています。地域の「子ども会」でさえ「勝つこと」最優先の管理的な活動をするところが増えています。また、都会における加熱した進学競争からくる塾通い、地方の辺地でも自然とのかかわりが弱まるなど、子どもの生活の幅をせばめています。「ゲームボーイ」の爆発的な流行も、子どもらしさの喪失を象徴しているといえるでしょう。

高学年の子どもたちの二十四時間の生活は、「基本的な生活習慣」「あそび」「学習」「仕事」など、すべての面でひずみが大きくなってきています。「子どもらしさの喪失」というきざしは、「歌を歌わない」「絵を描かない」「正義が通らない」ことなどから始まります。それと同時に、子どもの感じる力や創造する力の危機が徐々に顕在化しているように思われます。小学校高学年の本来の姿には、感性がゆたかで積極性に満ちた時代のはずです。

高学年で大切なこと

「九、一〇歳以降の質的転換期」を理解するために、次の二つのことを基本的にだいじにしたいと思います。

① 「書きことば獲得期」としての特徴――「間接性」を獲得する時期

「文章をくみたてたり節をつけたりすることに配慮して書く」「考えてから書く」「書く前に頭のなかで書いている」などに特徴づけられます。また、「言いたいことをまとめて話す」「反省して次の計画を立てる」「構図をきめて描く」「完成図を創造してつくる」などとなってあらわれます。

生活の諸場面で「考えて――する」ということは、いわば「思考をくぐる」ことを意味し、外界の事態や状況を一度自分にひきつけ、それらを再構成して認識を深め、手段を選びながら行動や表現に移していくことにほかなりません。それは新たな質において外界との「間接性」を獲得することです。

② 「生産労働をになうにふさわしい能力」の獲得の出発点の時期

〝願い〟を計画のなかでイメージ化し、実践（労働）によって完成させるまでの全過程を「築く前に頭のなかですでに築く」ことができるようになります。また、「合目的的な意志を長時間持続させる」能力の基礎ができ、「価値意識」が芽生え、より高次な価値を求めます。

以上のことは、①抽象的思考の形成――「見通し」「論理性」の確立。②集団のなかの個の意識化――みんなのなかの自分を見つめられる。③価値観の形成――確かなもの、本物を指向する（二四大会中学年基調提起）ことなど、高学年の子どもの意識の前提条件として整理できます。しかしながら、全般的な状況としても、美術教育を進める会の実践の蓄積の面からも、中学年段階の課題で克服できないことが多いため、高学年の独自課題を追究する面で弱点を持ってきました。

高学年の子どもたちは、思春期そのものといえるような行動や精神の状態を示すことも少なくありません。肉体的な成熟が早まったことも無関係ではないでしょう。とりわけ決定的に中学年の子どもと違うことは、「社会性」が身についてくることではないでしょうか？　世界観のひろがりといってもいいと思います。それを支えているのは、

①　書きことばの充実

自分のくらしや学校生活、家族のこと地域や社会のできごとなどを書きつづることによって、子どもたちの「ものの見方、考え方、行動の仕方」が違ってくることを経験してきました。書きつづることによって、思考が深まり責任のある行動ができるようになります。また、そのことによって書きつづる内容がさらに深まります。書きつづることを通して社会的な視野のひろがりと内面を見つめる視野の深まりを獲得します。

②　集団の質的な充実

幼児は自分中心の思考や行動をとります。中学年までの子どもの集団は、他者との関係が直線的な結びつきにとどまっているといえるでしょう。しかし高学年の集団は、たんに「強い者と弱い者」とか「できる人とできない人」といった単純な関係ではなくて、相互に関係しながら響きあい高めあうことができる関係です。知恵を出しあい協力しながら、可塑性のある集団となりうる時期なのです。集団のなかで、子どもの秘めた可能性が劇的

に花開くことがあるのを私たちは何度も経験しています。

これらを背景にした高学年の造形表現がゆたかに展開されなくてはならないのではないかと考えます。

高学年の造形表現について

「九歳の節をゆたかに越え、思春期の表現に向かう」というのが高学年の大切な課題です。これまでに私たちが確認しあってきたことを列記してみましょう。

① 主題を追究した表現が充実してくる

書き言葉を獲得して、物事を客観的にしかもひろがりをもってつかむことができるようになってくる。造形表現においても、たとえば「物語の絵」を描く場合も表面的、部分的なとらえ方でなくて主題を追究したものになってきます。「鶴を折る友だち」大阪・上中良子（一七回大会）、「私たちの街」東京・佐藤瑞江子（一九回大会）、「私の使う木のうつわ」東京・岡崎寛（一七回大会）などの実践のように、生活のなかで見出した「値打ち」と表現がしっかり結びついてきます。

② 集団でとりくむ活動がひろがってくる

近い見通しや遠い見通しを持つことができるようになるため、お互いの関係を考えながらとりくんだり完成時の構成を考えて制作することができます。「稲刈り」大阪・岡根宏子、「ヒロシマ黙祷」大阪・岡本みさ（二五回大会）などまだまだ集合制作的な段階にとどまりつつも、共同制作に迫っていくとりくみが提示されてきました。

③ 学校のリーダーとしてのとりくみができる

「自分で自分を指図して、みずから考え行動する」ことを高学年の実践の基本においているので、なるべく子どもたちにできることは主体的にとりくませる。その姿勢を最初にしめすことによって、「自分たちが学級の主人公」であること、ひいては学校全体をリードしなくてはならない立場にあることを自覚するきっかけができると考えてきました。

学級や学校全体の活動において、年間を通して折にふれ絵を描かせたい。「両親の顔を描きつづる」京都・津田幸夫（二〇回大会）、「学校ぐるみの中で育つ子どもたち」京都・道野明子、「卒業式が卒業制作」山口・岡本正和（二四回大会）などが、集団のとりくみや学校ぐるみのとりくみの典型的な実践でした。

④　目の前の子どもの表現を受けとめながら

「九歳の節をゆたかに越え」て、思春期の表現に向かうことを課題として持っている時期ですが、子どもの発達要求としての「見えたように描きたい」という要求を満足させていない状況があります。「見えたように描く」力をつけることは重要ですが、「描くのがいやだ」「ぼくは下手だ」という気持ちから解放してやることも大切です。子ども自身がもっている表現力や感覚で思うぞんぶん描いたり作ったりする活動を保障しなくてはいけません。そのことを出発点にしてこそ本来の高学年の課題にも正面から向かえるのです。

高学年の造形表現活動で軸になる活動

それぞれの発達段階における造形表現活動の軸になる活動を〝主導的な活動〟と位置づけ、「何を、どう教えるべきか」を探ってきました。ここでは「絵画表現」「手仕事」に分けて考えてみましょう。

(1) 絵画表現

① 生活の真実をゆたかに語り、表現すること(注1)（連続的側面）

生活のなかに真実を見つける活動　自然のなかでのゆたかな遊び、人間のくらしや労働の値打ちに気づかせるさまざまな生活経験や学習の組織化。

表現の活動と場の保障　生活のなかで見つけた真実を仲間に伝えあう活動を目的的に組織する。

② 対象によりそって表現する。対象をよく見て確かめながら描くこと(注2)（非連続的側面）

主題（テーマ）にもとづく観察　生活の真実をゆたかに語ることとかかわらせて「なんのために」「なにを」「どう」表すのかを大切にしてものを見ていくことが必要である。

ものの見方の学習　いわゆる「観察の仕事」が本当の意味で学習課題として位置づくのはこの時期からです。ものの見え方・遠近・大小・重なり・比例などの学習が発展的に組織される必要があるでしょう。

(2) 手仕事

① 素材・道具経験を太らせる。作ることへの意欲や喜びを充実させる（連続的側面）

・土、木、竹、紙など素材の性質を知る。

・道具に慣れ親しみ、扱いに習熟していく。

② あらかじめ設計したり工程を予想しながら計画的に制作する（非連続的側面）

・高学年ではきちんと設計図を描き、素材の選択と道具だて、作業の段取りをつけることができる。

　基本的な労働過程の全体を統御できるようになる。

（注1）発達の過程のすべての段階に一貫して大切な、基礎的なものの積み重ね。

（注2）「連続的」に対して、その蓄積をバネにして質的に転化すること。三歳、九～一〇歳、思春期の節などと一致する。

全体の統御

発想―計画―実践―生産物（作品）の獲得（完成）・享受

労働の成果を自分のものとして享受（使う、遊ぶ、飾るなど）することによって、子どもたちは創造の喜びや生活造形の意義をわがものとしていきます。

指導について心がけたいこと

① 「九歳の節」をゆたかに越えていく造形表現の課題

・九歳を壁にしている子どもの「描けない」「作れない」現状ととりくみ、その原因を探り、子どもがったないと思っている表現を認めるとともに新しい力を獲得させていく見通しを持ちたい。

・幼児低学年の実態や実践の発展として（連続面）

子どもの思いや気持ちを大切に、生活のなかから表現を高めていくとりくみを重視したい。

・「対象によりそって表現する」という高学年の課題（非連続面）に対応した学習課題とその教材のあり方……

「見たように描きたい」という要求にこたえて、描写力を高めていくとりくみを連続面と矛盾しない形で実践したい。

・思春期の表現へとつないでいくとりくみ

幼年期や小学校高学年期などの表現力を駆使して、真に表現と呼べる活動へ発展させていきたい。高学年らしい希望や悩み、子どもの生活や地域のくらしを主体的に表現させたい。

②話しことば、書きことばとの結合の課題

・イメージをひろげる力を育てる

・日記や作文と造形的な表現

高学年は書きつづる活動と描く活動を客観性をもって結合できる。描きながら書きつづる、書きつづりながら描く、また描いていることを話し合うことなどが有効です。

③ゆたかな生活づくりの課題―生活のなかに描くこと、作ることが位置づいている

・遊びの教育的意義

・目的意識を持って「描く」「作る」活動を

学級仲間が自治的な集団に高まったとき、遊びもさまざまな学級の活動も生きいきとなされるはずです。遊びや学習、学校行事など、どの局面でも「描く」「作る」活動を活発にしたい。

④「作る活動」の系統化の課題

・素材について

・道具について

多くの学校で、新入生に油粘土をもたせることでしょう。土の粘土は活用されているでしょうか。紙、土、竹、木などの素材と道具の使い方を学習できる実践が求められています。

⑤「美術そのものの学習」と鑑賞教育をすすめる課題

・「美の探求」「表現のゆたかさ」を深め、ひろげる

・美的な価値の高い文化遺産に学ばせる

子ども自身の感性を磨きながら、生活経験の表出から表現に高めていきたい。多様な表現方法を認め、挑戦させたい。先輩たちや先人の美術表現から学ぶ機会をもちたい。

⑥ 学校や地域ぐるみの運動にしていく課題

・保・幼・小・中の接続の課題

・小学校における学校づくりとの統一的なとりくみ

・教科書検討と重点教材の整理と系統化

・サークル活動の活性化と他団体との協力協同

以上の6点は、私たちの研究活動・実践交流のなかでこれからよりいっそう大切にしたい課題です。いくつかの典型的な実践もなされてきました。しかし、私たちの会だけでなく、学校・地域でも十分な実践が展開されていません。とりわけ、「高学年だからこそ」という実践がまだまだ乏しいといわざるを得ません。したがって、ここで述べた内容、「中学年の課題」を背負ったままのものになっています。「思春期の課題」を見通した「高学年だからこそ」の実践を追求して、深め、ひろげていきましょう。

おわりに

高学年は、「思春期への飛躍の可能性」を秘めながら停滞を余儀なくされていることが多い学年です。この時期の「描き・作る活動」において、たんなるハウツウによって子ど

もの課題解決をはかることだけでは、真に「人格形成に貢献する美術教育」とはなり得ません。

書きつづる活動や自治的な活動ともしっかり結合した実践が求められています。その実践こそが「子どものものの見方や考え方、行動の仕方」を成長させます。そして、より発展的な「描き・作る題材」を選択させ、その内容を充実させるのだと思います。子どもの主体性こそを大切にして美術教育の実践にとりくみたいものです。

18

6年

想像の翼をはばたかそう！

絵のイメージ・ことばのイメージ

※167頁からお読みください

1991年8月
『実践　図画工作科の授業　第13巻　鑑賞』（同朋舎出版）
1991年8月31日

＜写真⑧＞「おそろしい絵」Ⅲ

い」などなど、単なることばに止まらずに状況設定まで、「想像の翼」を広げたのである。予想を超える活況であった。

第３次の授業では、著名な画家の作品を模写することで、作者の意図した構成、色彩を追体験することができた。そして、そのことをもとにして学級の仲間と討論ができた。

分割した線が多い子どものほうが、より詳しく細かに模写できたことにも意見が集中した。「大きな波の曲線のすごさ」「富士山が波間から見える構図の大胆さ」「波頭や波しぶきの描写のこまやかなこと」などに着目して、それがどれくらい模写できたかが、評価された。

本題材の実践によって、「想像することの楽しさ」が子どもたちの中に定着したように感じる。アニメーションになる前の児童文学『魔女の宅急便』の読み聞かせでは、ラピュタやトトロの作者・宮崎峻監督が「どのようなアニメに仕上げるのだろう」と胸を踊らせた。

原作の文章が読まれるのを聞いて、アニメの映像を想像したのである。映画上映の日にはほとんどの子どもが見に行った。「本のイメージとは大分違うけどおもしろかった」というのが、おおかたの子どもの感想であった。また、日常的な表現活動における相互鑑賞の態度が育ってきた。そのことは、以後の実践「校庭の木」や「地域のくらしをかく」で、

ア．題材についての導入の話し合い

イ．制作途中での話し合い

ウ．完成後の話し合い

が充実して、構図や色彩そして細部にわたる追究の姿勢がみられたことで確かめられた。結果として、作品に深まりが出てきたように思われる。

〈編集者の言葉〉見ること、話すこと、かくこととが一体となった想像する楽しみにあふれる総合的な美術活動が、指導者と子どもとの息もぴったりあって展開されていった様子がよく分かる授業である。詩的な言語表現にも関心を持ちはじめる高学年の子どもたちにとって、絵本の鑑賞や言葉から発想して造形化するしごとは、表現メディアとしての絵画と文章との関連を経験的に知ることになり、今後の造形表現の可能性を広げるきっかけになるだろう。

＜写真⑦－１＞北斎作

＜写真⑦－２＞

のきちんとした形態をかくこと、色彩についても統一されたイメージがあることを求めた。

完成作品は、それまでにないおもしろさを持っていた。「おそろしい」というイメージの共通性を持ちながら、多様なものがかかれたのである。制作の途中でも、完成してからも活発な意見交換がみられた。まるで共同制作に取り組んだような連帯感が生まれた。

第３次は、教科書（日文）に載っている北斎作「神奈川沖浪裏」の絵を模写させた。教科書と画用紙に同じ割合で分割線を引き、そっくりの線と色を再現させた。

子どもたちは、大胆に誇張された波、複雑に入り組んだ波頭などをかくことに熱中した。根気強くかき込んでいく。それで、完成後の話し合いでもたくさんの意見が出された。

友達の作品と比較をして、色や形の違いを発見した。素材と描写方法が同じなのだからまったく同じ絵になるはずなのに、少しずつ違いがあったからだ。＜写真⑦－１、⑦－２＞

４．学習の評価

子どもたちは、「学級の仲間とともに感じ合ったり意見を交換しながら自分のイメージを創りあげていく」今回の授業は楽しかったらしい。

普段の授業では、美術の授業の特質もあって、個人的な活動が多くを占めている。したがって、表現が行き詰まってもなかなか解決の糸口がつかめないのだ。

第１次の授業では、絵本をめくるたびに、子どもたちの真剣なまなざしが一斉に注がれた。そして、書き込みの後、活発にそれぞれが短冊に書いたことばを発表し合った。

絵本の文字を隠した紙を開けて、作者のことばを発表すると歓声が上がった。自分が絵を見て想像したイメージのことばと、友達のそれ、そして、作者のことばを比べたので、心のときめきがあったのだろう。

第２次の授業でも笑い声が絶えなかった。座席の順に、「おそろしい」というイメージのことばを発表させたのだが、子どもたちは受けをねらって、他人が言いそうにないことを必死で考えていた。

一巡目には「思いつかないので後で言わせてください」などの発言があったが、他人の発言に刺激を受けながら、「竹に花が咲くと不吉でこわい」とか「サメが空を飛ぶとそりゃあこわいぞ」「他人の目がこわ

<写真⑥>「おそろしい絵」II

指導計画（全12時間）

	子どもの活動	留意点	時間
第1次	『なつのあさ』の絵を見ながら思い浮かぶことばを連想する。 ●学習の課題を知る。 （絵からことばを想像する） ●画面ごとにことばを想像して短冊に書く。 ●全部の画面に対応させて発表する。	●楽しさや心のときめきを大切に。 ●ことばが簡潔であることをつかませる。 ●友達や作者のことばと対比しながら。 ●絵とことばのイメージが合っているか。	2
第2次	「おそろしい」ということばから連想できることばを想像する。 「おそろしい」というイメージを、連想したことばを構成して描画で表現する。 ●連想したことばを発表する。 （ことばからことばを想像する） ●友達のことばを参考にしてイメージを広げる。 ●みんなで発表したことばのいくつかを構成して絵にする。 （ことばから絵を想像・創造する） ●相互鑑賞の話し合いをする。	●多様なイメージを引き出す。 ●意外な視点を高く評価する。 ●ことばの一つ一つについては参考資料を探させる。 ●構成の統一性や色彩について。	7
第3次	北斎作「神奈川沖浪裏」を模写して、制作途中・完成後の相互鑑賞と話し合い。 ●鉛筆で画面に分割線を引く。 ●原画を忠実に写して着彩する。 ●相互鑑賞の話し合いをする。	●分割線の数は子ども本人の意欲に合わせて。 ●分割線にきちんと対応させて。 ●努力が分かるところ、不十分なところを見つけさせる。	3

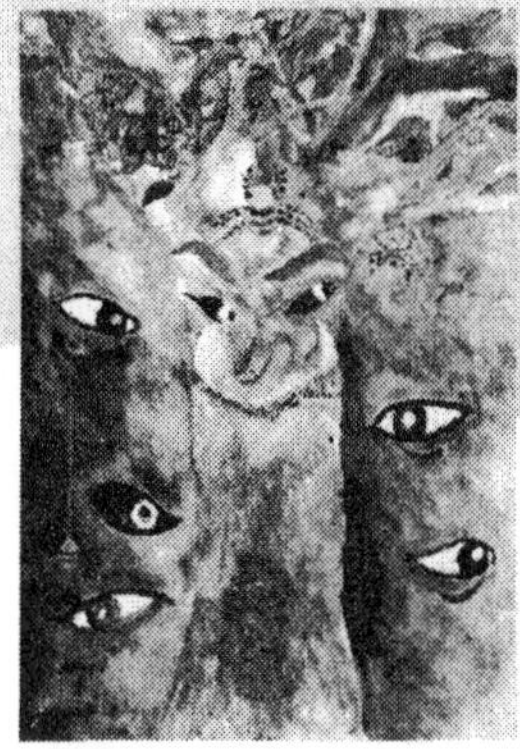

<写真⑤>「おそろしい絵」I

豊かな表現に対する姿勢を育てたい。

この題材では、一人ひとりの制作の過程で、学級の仲間の発想やイメージと関係を持たざるを得ない。完成作品の相互評価や鑑賞の姿勢もこの取り組みのなかで育てていきたい。

3．授業の展開

第1次導入の語りかけは、「今日は、この絵本を見せるからよく見てください。『なつのあさ』です。作者は谷内こうた。『なつのあさはみんなしろい』これが文章です。短いでしょう？　だいたいこのくらいの文の分量です」であった。<写真①、②>

続けて、

ア．絵を見て文やことばを想像して書くこと

イ．文は説明的でなく詩的で簡潔なこと

ウ．画面ごとに友達や絵本の文と比べてみること、を予告・説明した。

一画面をめくるたびに、子どもたちのことばを発表させた。友達の感じ方に、互いに感心したり、作者の文章を知らせてイメージを修正させたりした。そのことによって、初めのうちは説明的であった子どもたちのことばが、詩的なものに変化していった。

「いそげいそげ」「まにあったかな」と自転車でやってきた少年が、丘の上で列車を待つ画面（表紙と同じ場面）では、「オーイきょうもきたよー」とか、「はやくこいよー」「まってるぞー」など呼びかけるようなことばがたくさん発表された。右手を口のところに当てているように見えたからだろう。作者の、「きこえるきこえるいつものあのおと」という文を子どもたちに示すと、ため息や歓声が上がった。

10両の列車を眺める画面では、「だっだっしゅしゅ１２３４５」という作者のことばに圧倒される。しかし、子どもたちの何人かが、後に続く「だっだっしゅしゅ６７８９10」のことばを自分たちで予想してしまったのには驚いた。

列車が去っていく場面で、子どもたちは「さよならまたきてね」とか「あしたもみにくるよ」「ああ、いってしまった」などと予想した。この場面、作者のことばは全くない。肩すかしをされた子どもたちからは、「ええー」と抗議の声が上がったが、「ピッタリピッタリ、作者は何も書いてないけどみんなと同じ気持ちだと思うよ」と指導者も本心から共感を示して彼らを納得させた。<写真④>

最終画面まで、文やことばのイメージを書かせた後で、絵本をめくりながら、一人ひとりの文を全文発表させた。「絵・谷内こうた、文・〇〇」の素敵な絵本が出来上がった。

第2次では、「おそろしい」ということばを聞いて、連想できることばを発表させた。発表されたことばを片端から黒板に書き連ねていくのである。

「勉強」「へび」「せんせい」「おはか」「雷」「血」「おばけ」「火がこわい」「交通事故」「おかあさん」……百近くのことばを出し合った。

そのうえで、百近くのイメージのうち、いくつかを取り集めて構成させて「おそろしい絵」をかかせた。画面の構成は、子どもの方針に任せたが、一定

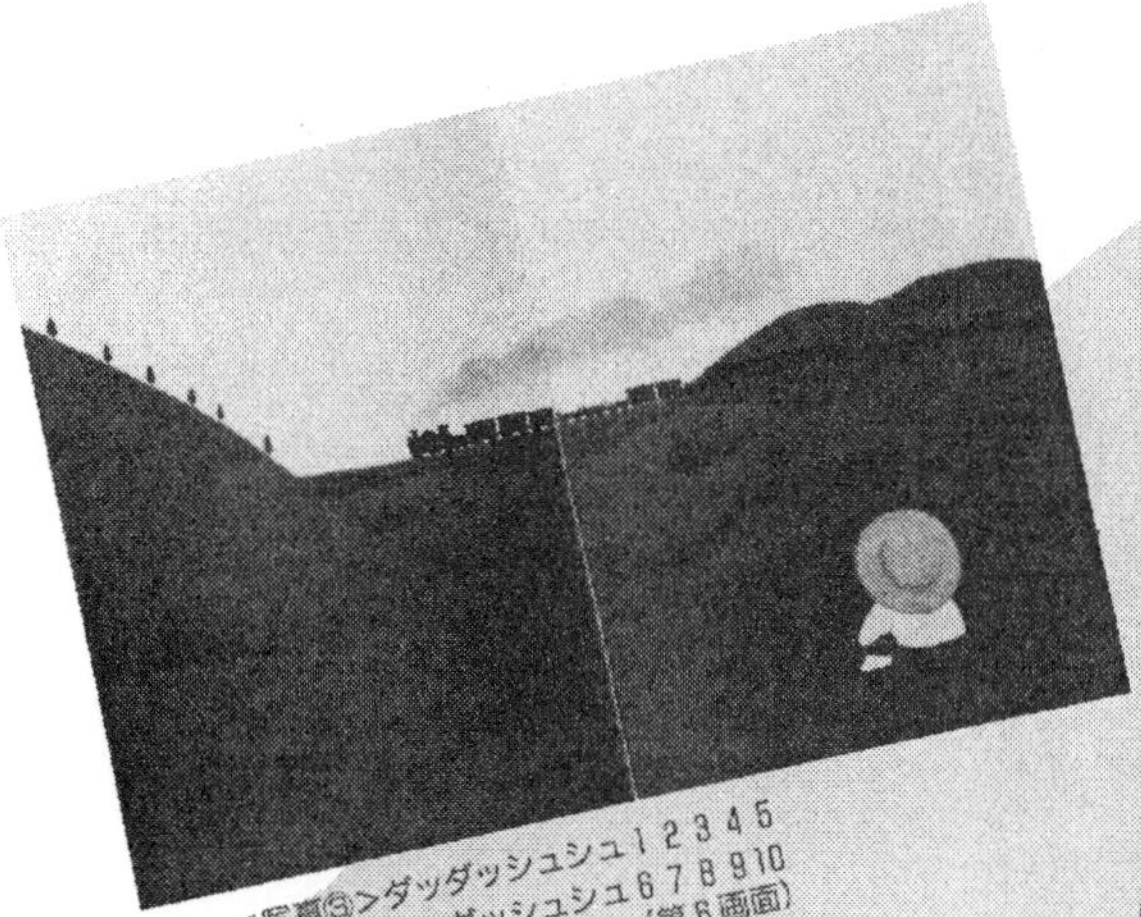

<写真③>ダッダッシュシュ１２３４５
ダッダッシュシュ６７８９10
（第６画面）

<写真④>（第７画面）

１．題材をどうみるか

『なつのあさ』は簡潔で詩的な文章と、読者の感性に訴えてくる美しい絵による絵本である。

「なつのあさはみんなしろい／くさもみちもまだねむそう／いそげいそげ／まにあったかな／きこえるきこえるいつものあのおと／だっだっしゅしゅ１２３４５／だっだっしゅしゅ６７８910／だっだっしゅしゅだっだっしゅしゅ　みみのなかにおとがある／とおくのまちもきしゃになる／おかあさんただいま　ぼくくれよんできしゃをかくの　あしたもきしゃをみにいくよ／そのよるはきっときしゃのゆめです」

汽車に対する少年の憧れや思いを込めた、絵とことばが響き合って、繊細で詩的な世界を創りあげている。

子どもたちには、高学年であるにもかかわらず毎週月曜日の「読み聞かせ」を続けてきた。また、描画については、『春の雑草』の細密描写や「混色によって色を創り出すこと」、書き綴ることと結んで「地域のくらしをかくこと」などに取り組んできた。

したがって、絵をかくことや文章を書き綴ることをいとう子どもたちではない。しかし、「目で見ないとかけない」「本物に似せることが大切」などの傾向が見られた。

リアルに現実を捉え、表現する力に加えて想像力豊かに思いめぐらすことも大切にしたい。

ア．絵を見ながら、仲間や作者のことばとも反応し合ってことばを想像させたい。

イ．「おそろしい」という一つのことばからイメージを広げて、関連したたくさんのことばを発表させたい。

ウ．それらを構成して一人ひとりの空想の絵を完成させる。多様な表現を期待したい。

エ．北斎の版画の模写に取り組ませ、制作の過程で相互鑑賞や意見交流をさせたい。

以上、これらの題材では、授業過程のいろいろな段階で一人ひとりの想像力を広げ、学級の仲間と響き合わせることができると考えた。

２．学習のねらい

高学年の子どもたちは、視覚的にリアルな表現を追求する発達課題を持っている。指導者の指導もその点を配慮しなくてはならない。しかし、写生をしていて、建物の直線を定規で引くかのような態度は私たちが求める表現ではない。思春期を見通して、

6年　想像の翼をはばたかそう！　絵のイメージ・ことばのイメージ

<写真①>きこえる　きこえる　いつものあのおと（表紙・第５画面）

<写真②>なつのあさは　みんなしろい（第１画面）

①〔学　年〕６年生

②〔題　材〕想像の翼をはばたかそう！
　　　　　－絵のイメージ・ことばのイメージ－

③〔授業の特色〕本題材は高学年の想像力を広げ深めるために設定した。高学年の子どもは目で見えたようにかこうと努力する。しかし、思春期を迎える子どもたちには、確かな描写力とともに豊かな想像力を持たせてやりたい。そのために、ア．絵本の絵からことばを、イ．ことばからことばを、ウ．ことばから絵を想像する展開とした。そして、仲間の絵を鑑賞して話し合う活動に発展させる。

④〔授業時数〕全12時間

⑤〔主な材料・用具〕
- 絵本『なつのあさ』（谷内こうた著、至光社刊）
- 更紙（短冊にしたもの）、筆記用具、画用紙、水彩用具

⑥〔指導者名〕門田　雅人

〔学校名〕　元・高知県西土佐村立津野川小学校（現・西土佐村立下家地小学校）

19

「自由は土佐の山間より」

民間の教育研究運動のうねりを！

1992年７月
「子どもと美術」（あゆみ出版）春夏号

「自由は土佐の山間より」民間の教育研究運動のうねりを！

子どもをみつめ、子どもから学ぶ美術教育をめざして

美術教育を進める会
第29回全国図工・美術研究大会実行委員長
門田雅人

夏は高知・熱く燃えて

全国のみなさん！　夏は高知で会いましょう！

美術教育を進める全国大会を、11年ぶりに高知で開催します。高知は、交通の便の良い中央ではありません。でも、だからこそ高知での大会に参加してほしいのです。

高知は坂本龍馬、板垣退助、植木枝盛、中江兆民、幸徳秋水など、多彩な人物を育てた郷土です。自由民権運動発祥の地ともいわれています。しかし、『自由は土佐の山間より』であり、山間僻地の多い高知県全域から、運動はわき上がりました。

高知はまた、上田庄三郎、小砂丘忠義などに代表される生活綴り方の教育運動を守り育てた地域です。上田庄三郎は高知最南端の土佐清水市、小砂丘忠義は高知市の北、本山町の出身であり、これらの運動も、広い高知県全域で展開されてきました。

市販教材や○○方式などに振り回されるのではなく、目の前にいる子どもたちと、そして仲間たちと、地方から、地域から、足元を見つめた実践や運動をつくり出そうではありませんか。

感動と共感の企画を

全国のみなさん！　私たち実行委員会は、美術教育を進める会全国研究大会企画を、豊かで感動・共感の持てるものにしたいと考えました。自信を持ってお勧めします。

記念講演には、高畑勲氏を迎えることができました。映画『ジャリン子チエ』『おもひでぽろぽろ』『火垂るの墓』などの監督をはじめ、『風の谷のナウシカ』『天空の城ラピュタ』などのプ

ロデューサーをされた方ですので、みなさんもご存じでしょう。

アニメーションの最高傑作を次々と創作してきた高畑勲さんに、『火垂るの墓と現代の子どもたち』と題して「映画をつくりながら考えたこと」のあれこれを語っていただきます。

特別報告として、〈強制連行朝鮮人問題を追跡する高校生〉、高知高校生ゼミナールの若い仲間から『下道の子どもたち』という構成演劇を演じてもらいます。彼らは、『ビキニの海は忘れない』にまとめられた、ビキニ核実験による被爆漁船員の追跡調査でも高く評価された実績を持っています。行動する若い息吹を感じてください。

私たち教職員は、「教え子を再び戦場に送らない」との合言葉で平和教育に取り組んできました。また、運動にも取り組んできたのです。高校生ゼミナールの青年たちは、「青年は再び銃を取らない」決意で積極的な行動と学習を続けています。励まされること請け合いです。

実技夜祭りと映画会　第一日の夜、自由で楽しい企画を用意しました。今回の大会では、食事以外の時間を〈ひとりひとりを拘束しないで自由に参加して楽しめる〉時間と位置づけています。

実技祭りは、私たちの会が誇る伝統の企画です。紙・木・竹・土・布など、基本的な素材で楽しく学べる、手仕事・工作の夜店です。興味、関心のあるところに参加して、次々と多くの実技を習得してください。

映画上映会も同じ時間帯で実施します。記念講演の高畑勲監督作品アニメーション映画『火垂るの墓』です。哀しくも美しい映像の感動を、いま一度味わいませんか？

子どもを主人公にすえて

全国のみなさん！　美術教育を進める会全国大会は、運営・世話人・研究協力者と一般参加者が全く対等平等な、民間の教育研究会です。全国津々浦々で取り組まれている、多様で豊かな実践を交流しましょう。

基調提案を集団で検討して、要綱に載せました。目の前に生活している子どもたちの現状や課題、私たちの研究の成果も提示してあります。みなさんでご検討ください。

分科会基調については、それぞれの分科会で、世話人から具体的に提起する予定です。全体基調は、文書のみの提起とします。それにかわるものとして、私たちの会の仲間、大阪サークルの上中良子さんが実践報告をします。

これら全体を、分科会討議にぜひ、生かしてください。

分科会は、研究大会の最も中心の柱です。分科会の主人公は、参加されるみなさんよりほかありません。子どもをみつめ、子どもから学ぶ美術教育をめざすためには、仲間の実践に真摯に学ぶ姿勢が大切です。そのためにも、自由で活発な発言・討議を、みなさんの力でつくり出しましょう。

全国のみなさん！　夏は高知で会いましょう！　飛行機で、列車で、バスで、自動車で、四国・高知へおいでください。

20

指導児童詩①

自殺した男の子

21

指導作文③

父の仕事場に行って

こども小砂丘賞小学6年の部最優秀

22

指導作文④

転校そして卒業前の僕

（右から）1992年９月『93年版　年刊日本児童・生徒文詩集』（百合出版）
1993年 １月『小砂丘賞作品集　18』（高知市民図書館）
1993年11月『94年版　年刊日本児童・生徒文詩集』（百合出版）

自殺した男の子

六年　雪村　加代子
高知県幡多郡西土佐村下家地小学校

『みんなに悪口を言われ
　きらわれている
　この半年間いじめられた
　ちょっとむこうに行ってくる』
自殺した男の子の書き置き
「生きかえってぇ、死なないでぇ。」
泣き叫んでいる女の人の声
お母さんだ
カセットテープだから
泣いている様子が分からない
でも、ただごとじゃない
「力がなくてわるかった。」
弱々しくつぶやく声
お父さんだ

書き置きだけじゃ
男の子の気持ちは分からない
『ちょっとむこうにいってくる』
印象的だった
小学六年生の男の子
他人事とは思えない
むこうに行ったらもどってこれないのに……
学校でいやなことがあっても
男の子を大切に思っている
お母さん、お父さんがいるのに……
お母さんの泣き声を聞かせてやりたい

今になって
むこうに行って
後かいしているかもしれない

92・9　（指導）門田　雅人

父の仕事場に行って

西土佐村立下家地小六年　雪　村　加代子

父の仕事は大工だ。(かなづちをトンカンならして家を造り上げていく)そう思っていた。

そうじをしたら本を買ってくれる約束で、父の仕事場について行った。

「三階建ての家だあ！」

「すごいやろう。」

父の建てている家を見ておどろいている私に父は得意そうに胸を張った。そして、中へ入れてくれた。外は完全にでき上がっていたのに中はそんなにできていない。

二階に上がる時は階段があって、上がるのは簡単だった。でも三階へ登るのは難しい。はしごはあるけれどはしごの先にはかべしかない。

「ねえ、どっから上がるの？」

「はしごを登って。」

当然のように父は言った。（ちがう…それは分かっている…）説明しようとして、指した先をもう一度見ると、三階はかべの反対側に床があった。

三階に上がるのはなかなか難しい。はしごの上で半回転して向きを変えなくてはならないからだ。あぶないので父に上から引っぱってもらった。

三階をながめ回していると、

「三階はそんなに使ってないからよごれてない。二階からしろや。」

父は私を二階に降ろさせ、一階からほうきとチリトリを投げ上げてきた。さて、はじめよっか、と思ったけど、周りは木のクズや粉だらけ。見ただけでイヤになってしまう。（でも、遊びに来たわけじゃないもんね。手伝いにきたんだもんね）そう自分に言い聞かせてそうじを始めることにした。

仕事場の道具は機械が多い。（かなづち、二本ぐらいしかないや）。想像していた大工さんの仕事とはちがう。のこぎりも二本……。ずっと機械の音がしている。小さいころに父の仕事場に行った時はかなづちでくぎをたたく音がしていた。その時のことがなんだかなつかしく思えた。

テキパキ一階の道具もかたづけると、私のすることとは終わった。でもお父さんは天じょうの方の仕事をしていた。だから、だまって待つことにした。（ここで『終わった』と言えばお父さん絶対仕事をやめてお昼にしてくれる。手伝いに来たんだから仕事のジャマをしてはいけない）と思ったのだ。

父に見えないようにお風呂場になるはずの所に入って待っていた。しばらくして、父といっしょに昼食を食べに行った。

次の週の日曜日。私はまた、そうじをしに父の仕事場について行った。家の中に入った私は、もう言葉を失った。ひどい！そう思うしかなかった。たった一週間前そうじしたばかりなのに、前の時以上に家の中はちらかっている。

「階段作ったんだ。」

ぼうっとしていた私に父が三階から話しかけてきた。

「これで三階にも、簡単に行けるぞ。」

と言ってほうきとチリトリを渡してくれた。また、大そうじの始まりだ。

おっ重い。二階でそうじ中、まん中にはしごがあった。重たいはしごをすみに寄せた。

（ああ、三階へ上がる時に使ったはしごかあ）はしごがある理由を納得する。

（お父さん。こんな重いはしごを持って登ってきたんだ）階段がまだできてないころにこのはしごを二階へ持って上がってきたのだ。（すごい！こんな重いの、なんでこんなことに気がつかなかったんだろう…）自分で運んでみて初めて気がついた。私にとってはちらかっている木クズや粉も、ゴミやチリでしかないけど、父の仕事の証拠なのだとも…。

一階の玄関をそうじしていると、一枚の紙が目に入った。かべにはってある紙だ。

「気をぬかないでがんばりましょう。明日のために片づけは必ずしましょう…。」

私は紙に書いてある文を声を出して読んだ。

「ここはあなたの技術がいかされる場所です。」

私は改めて家を見た。外に出て三階建てのこの家を見た。この家全部設計図だけを見て、父が一人で作ったんだなあ。私が気に入ったベランダも窓も全部。（すごいや…）。大工なら当たり前のことかもしれない。でも私にとってはすごい技術に思えた。

前に小さいころ一度だけ「なんで大工になったの。」と聞いたことがある。大工がつまらない仕事に思えたからだ。父は「人のためになるから。」と言った後、「人は家がないとこまるだろう？」と答えたように思う。

今回も、お昼から何もすることはなかった。機械の音が鳴り続ける家の二階でずっと待った。でも、帰りがおそくなっても文句一つ言わない決心でいた。

父の仕事場に二週続けてついて行って、大工である父親のことを少し自まんしたい気持ちになった。

転校そして卒業前のぼく

高知県幡多郡西土佐村下家地小学校
田辺　哲志

「ぼくが三年の田辺哲志です。」
と自己紹介をした。今ではみんな友達だけど、その時は初めて見る人達ばかりで足がふるえた。三年前、下家地小に転校してきた時のことだ。

教室がたった三つしかない。中もすごくせまいなあと初めに思った。それまでいた愛知県の学校とはすごい違いだった。下家地小は、ぼくたちが転入しても十一人しかいない。名古屋での小学校では全校で千六百人くらいいたのだから比べものにはならなかった。

下家地小学校と前の学校とでは他にも違うことがたくさんあった。話しことばの違いで、みんなが何を言ったのか分からなかったりした。勉強のやり方もちがった。複式の勉強が初めてでおどろいた。しかも四、五、六年と、三年間は弟といっしょに勉強した。でも人数が少ないので、一つ一つていねいに教えてもらえたのでよく分かった。

下家地は、山に囲まれて家の数が少ないし店も一軒しかなかった。（不便だなあ、本当に。）とこっちに来た時は強く感じた。買い物は一時間かけて宇和島に行くことが多い。

下家地に帰ってきた理由は、父の離婚だ。ぼくにはくわしい事情は分からなかった。でも、それで父の故郷に帰ってくることになった。（父さんもこの下家地小を卒業したんだなあ。）と思ったことを覚えている。

父達が卒業した時、校舎は今のゲートボール場の所にあったそうだ。生徒の数も多かったらしい。下家地小百年史の卒業写真を見てびっくりした。人数がすごく多かったからだ。信じられなかった。その上、父の写真がぼくそっくりなのにもおどろいた。

転校してしばらくすると、休み時間や学校の帰りに、みんなにてっ底的にいじめられた。ちょっとのことでバカにされた。助けてくれる人なんか一人もいなかった。良かったのは最初だけ、後は悪口を言われてずっと泣かされた。遊びに行って呼んでも無視された。気がついているのに、わざと窓をしめたり口もきいてくれなかった。だんだん学校に行くのがいやになってきた。

一番つらかったのは、万引なんかしてないのにみんなでぼくがやったとうわさされたことだ。「してない、万引なんかやってない。」と必死で言っても聞いてくれなくて、毎日のように言われた。毎年子供会でやっているクリスマス会にもぼくら兄弟だけ呼ばれなかった。

今考えても、何でみんながぼくたちをいじめたのか分からない。何か気にくわないことがあったのだろうか。話しことばの違いは原因の一つだったかもしれない。ぼくも、こちらのことばに慣れるまでに、しばらくかかった。

のけものやいじ悪が収まったのはクリスマス会の後からだった。ぼくらだけ呼ばれなかったことについて、父が学校に申し入れをしてくれた。それに、クリスマス会の次の日、みんなも気まずい顔をしていたので、反省してくれたのかもしれなかった。心からほっとしたことを今も覚えている。

下家地に帰って来て、他のみんなにできてぼくにはできないことがいくつかあった。一輪車を休み時間に一人で練習した。数えきれないくらいこけてやっと乗れるようになった。

水泳もぼくらは全然泳げなかった。それを先生がビート板などを使いながら教えてくれた。夏休みも泳げるようになるために必死で練習した。(絶対泳げるようになるぞ。)この気持ちを忘れなかった。それで、四年生の時泳げるようになった。夏休みの特別練習で平泳ぎもできるようになった。うれしくてうれしくて気持ちがはずんだ。

ぼくは走るのがおそくて弟にも負けていた。でも、走る時の格好とか手のふり方とかを教えてもらってタイムがぐんと速くなった。マスト登りも四年生の運動会で登れるようになった。下家地小では、一年生からマスト登りをするので上級生の意地があった。

絵を描いたり作文を書いたりする能力も伸びたと思う。絵を描くことの苦手だったぼくも、何度か入賞して自信がついた。色々なコンクールで、全校生徒のほとんどの人が入賞する。努力すればできないことなんてないんだなあと心から思っている。

ぼくは、中学校に入ったら勉強をもっとがんばりたいと思う。家庭学習も二時間やっている今のやり方を続けていきたい。友達もたくさんつくろうと思っている。修学旅行や記録会などで知り合った同級生の中にきっといいライバルがいるはずだ。

下家地小学校は、全校生徒七人の小さい学校だ。でも、ぼくはここへ転校して来て、苦労もしたけどたくさんのことを学んだと思う。ぼくが卒業した後、最上級生になる弟に今のうちにいろんなことを教えておきたい。

93・11（指導）門田　雅人

23

教育合意を大切にして、地域に根ざした学校づくりを

1994年7月
『部落』(部落問題研究所) '94特別号

教育合意を大切にして、地域に根ざした学校づくりを

門田雅人

はじめに

西土佐村は高知県の西部、幡多郡に位置する典型的な農山村である。清流四万十川の中流域にあり、豊かな自然に恵まれている。しかし、西土佐村より上流域にありながら海に接している窪川町から六四km、下流域河口の中村市から三九km、愛媛県の宇和島市から三一km離れた山村僻地の村であって、過疎に歯止めがかかってはいない。

児童・生徒数の減少によって、極小複式学級や飛び複式学級の問題、中学校における免許外教科担任の問題も深刻になってきている。また、地元出身教職員が少ないため、教職員のほとんどを他市町村から迎えている。したがって、管理職としての単身赴任などが多く、赴任期間が短いため継続した取り組みに制約を受けている。

西土佐村は厳しい条件の下、民主的で先進的な村政を継続発展させてきた。自覚的な医師を招請しての地域医療の推進、農業に対しての積極的な行政施策など、他地域からの注目を集めてきた。西土佐村が行政として推進してきた教育の分野にも評価すべき内容が多い。それには、校長会やPTA、教職員組合や母と女教師の会など各種団体の果たしてきた役割も少なくない。

私は、西土佐村の民主的な教育の伝統を守り育ててきた先輩たちの実績と、立場の違いを理解しながら合意を拡げてきた教育運動の取り組み、そして、共通理解・協力共働を大切にしてきたささやかな学校づくりの実践を報告した

いと考えている。

一　西土佐村の民主的な教育伝統と教育合意づくり

1　地域集落に根づいた一二の小学校

ア、住民の合意なしには統合しない

西土佐村は狭くはないが小さな村である。中流域で四万十川本流に流れ込む小さな支流のそこここに集落が形成されている。権谷（一五）、本村（三八）、西ケ方（三四）、下家地（七）、大宮（三二）、須崎（九）、川崎（六二）、藤の川（一三）、津野川（三五）、中半（〇）、口屋内（五）、奥屋内（一四）、以上一二の集落がその主なものであり、それがそのまま小学校の名前である。（ただし、中半小は児童数減少により現在休校中、括弧内は、九四年現在児童数）

西土佐中学校は、一九七七年に村内六つの中学校（奥屋内、藤の川、大宮、口屋内、津野川、江川崎）を統合してできた。学校統合可不研究協議会による検討の結果一〇年をかけての発足であったらしい。一九六〇年西土佐村の人口八四六九名は一九九四年四二六一名となり半減している。児童数の減少は加速度的である。しかし、村当局は中学校の統合に際して「地域住民から申し出のない限り教育委員会主導による統合はしない」との公約を行い現在に至っている。

イ、施設設備の計画的な建設

小説『四万十川―あつよしの夏』の舞台となった小学校は津野川小である。しかし、映画化に当たって、撮影に利用されたのは本村小と西ケ方小であった。木造校舎で残っていたのが、その二校だったからである。その後、本村小は一九九三年に木造による新築落成がなった。西ケ方小は一九九四年建築予定である。西土佐村における校舎建築は休校中の中半小を含めて一二校全部がこれで終了する。

水泳のプールはすべての小学校に設置された。社会教育地域施設と併用の形を取る体育館も口屋内小と西ケ方小の新築を残すのみとなっている。自校式米飯給食完全実施のためにランチルームをすべての小・中学校に設置していることなど、山間僻地の村の財政状況から考えると誇るべき実績である。

ウ、自校式米飯給食完全実施

ここ数年中村市では、母親が中心になって自校式米飯給食実施の運動が粘り強く展開されている。しかし、財政的な理由から実施には至っていない。給食を実施している近隣の市町村の場合、そのほとんどがセンター方式によるものであり、西土佐村のような自校式の米飯給食完全実施は例を見ない。学校へは地域からの農産物の寄付援助も多く、地域に支えられて、名実共に温かい給食を食べることができている。（ただし、中学校以外の給食調理員はパート臨時職によって賄われており、改善の見通しも厳しい。）

食器についても改善が進み、プラスチックやアルミニウムの食器は強化陶磁器食器にほとんどが変更交換された。県費栄養士職員の定数配置が一名しかないため、中学校に配属された栄養士が作成した献立表を原案として、小学校でも実施をしている。配置基準を基にした配置を要求しているところである。

エ、現場で活用できる教育予算

教材備品費や消耗費などに使える、学校予算の総枠は決して充分なものではない。しかし、小学校数が多いことを考えに入れて、総予算を他市町村と比較してみると教育予算の比率が高いことが分かる。また、村僻地複式研究会など教育研究団体への助成金がかなりの金額にのぼり、村内各地域の遠距離から集まる、研究会の旅費や講師謝金などに充当されている。

西土佐村教育委員会は、村の子どもたちにとって、観賞の機会の少ない演劇や音楽演奏など、全村児童生徒の観賞料金を全額援助してくれる。また、複数の学校による交流学習に対しては無料でバスが利用できるなど、僻地小規模の学校が現場で切実に要望する取り組みを援助してくれている。昨年度には重点的な処置として、学校図書充実費を別枠で組み、三学級校にはコードレスの親子電話を設置してくれた。いずれも教職員総会などで教職員から要望が強かったものである。

しかし、現在最も要望が多く、教職員が困っている問題は教員住宅である。学校に付属した形の教職員住宅は狭く、老朽化がすすんでいる。しかも、夫婦で赴任する教職員が多いために学校付属では対応できない。西土佐村に赴任してきた教職員に、長く当地で勤務してもらうためにも、住宅環境が整備されることは緊急の課題である。家族ぐるみで来てもらえば、小学校の児童増加にも一役買うことになる。

2　教育合意を大切にした取り組み

ア、校長会・ＰＴＡ・教職員組合が共同して

一九八七年、村内各地域で村会議長宛の教育署名が取り組まれた。署名用紙は、『小学校一年生の複式を解消するための教職員配置を求める請願書』と『ゆきとどいた西土佐村の教育をすすめるための要望書』の二種類用意されていた。請願代表、要望代表いずれも、村ＰＴＡ連絡協議会会長と村小中学校長、村教職員組合長の連名であった。

請願署名は、西土佐村では一校を除いて、すべての小学

校が複式学級を持つという状況の中で、「せめて一年生だけでも単式で授業を受けさせたい。」という父母・教職員の一致した願いから出発したものであった。短い期間に村民の半数近い署名が集まったと記憶している。村議会でも全会一致で採択がなされ、高知県と国に意見書が提出された。

その後、一年生を含む複式定数は引き下げられたものの、すべての単式化は実現していない。しかし、村のいくつかの学校では、校長が授業を担当したり他学級の担任がやりくりをしたりして入門期の一年生の文字指導や数の指導の援助を工夫している。そこには、一致した願いの実現のためにはあらゆる努力を惜しまない教職員集団がある。

要望署名は「ゆきとどいた教育をすすめるため」の要望事項が小学校一二校と中学校別に目に見える形で一覧されていた。また、共通事項として体育館の新築や図書館・移動図書館、バスの設置、教員住宅の新築、給食調理員の身分保障など一〇項目が挙げられていた。署名の数は請願署名と大きく変わることはなかったが、村当局の実現見通しとの関係で保留扱いに止まった。ただし、一九九四年の現在に至るまでに、それらの内のいくつかは実現している。

教育要求署名によって、村当局が要求の全体像をつかめたことはもちろんのこと、村すべての学校現場の教育要求を父母・教職員全体のものにすることができたことの意義は大きかった。これらは、北海道宗谷の教育運動や母親運動の展開に学んだものであった。

イ、『西土佐の教育を考える会』の取り組み

一九九〇年、「西土佐村の教育課題や地域の要求を話し合う」ことを柱にした『西土佐の教育を考える会』が発足した。先の教育署名の取り組みが発展した組織である。世話人は、小中学校校長会長、中学校長、教頭会会長、僻地複式研会長、村同教会長、母と女教師の会会長、ＰＴＡ連合会会長、西土佐村議、高教組組合長、村職組組合長、教職員組合長の一一組織代表、教育に関わるすべての団体の合意で結成することができた。そして、

（１）教育懇談会を地域で持つこと
（２）教育要求をまとめて村当局に要望すること
（３）教育講演会を開催すること

などを取り組むことになった。

教育懇談会は、一九九〇年年末から新年にかけて、休校中の中半小を含めて村内小学校所在地の一二の地域で実施した。世話人は必ず複数で参加した。そして、会の冒頭で児童生徒数減少の見通しを数字で具体的に示すと共に、教職員配置定数の改善要求が必要なことを訴えた。後半は父母・地域の人々からの要求や意見を出してもらいながら話し合いを深めた。

該当の小学校校長をはじめとして、多くの教職員に参加して貰った。中学校にも、教職員を各地域に配置して参加態勢を取ってもらえた。村職員や高校教師の参加も得て、ほとんどの地域懇談では、父母・教職員の参加が多く盛会であった。

事務局を担当した教職員組合が、呼び掛けのチラシや地域懇談の要旨と要求を適宜まとめて配布してくれたので、二カ月の短期間で地域に大きなうねりをつくりあげることができた。懇談では熾烈な学校批判も飛び出したが、和やかな内に真剣な話し合いを持つことができた。地域要求や懇談内容は、学校の施設設備に関わるものをはじめとして、中学校の丸坊主校則問題、地域の街頭、通学バスや自転車の問題、テレビゲームのこと、複式授業について、などなど多岐にわたった。

教育懇談会の集約として数回の世話人会を持ち、各団体に関連のある問題については組織に反映してもらった。また、村長と世話人代表との懇談の場を設定して、地域教育懇談会の報告と要求項目の実現見通しについて意見交換をおこなった。

そして、一九九一年三月には『西土佐の教育を考える会』主催で教育講演会を開催した。講師秋葉英則先生（大阪教育大学）の魅力的な語り口に笑いながら、西土佐村の子どもたちや地域の教育に展望を持てそうな希望が参加者の胸にわいた。

その後、中学校の頭髪自由化をはじめとして、各方面の努力によって要求項目の多くが実現した。一定の成果が挙がったので、参加者にとって、懇談会の取り組みについて確信と充足感が残った。懇談会は、規模を縮小した形で今日に引き継がれている。

ウ、全児童・生徒が参加する西土佐村展

西土佐村では、村産業祭と村民運動会を村主催で実施している。ただし、それぞれを隔年で実施することで行事の精選と参加態勢の充実を図っている。幸い地域挙げての催しになっていて地域住民の参加が多い。村産業祭が実施される年には、児童・生徒の書画作品を集めた西土佐村展も共催の形を取るのである。村教育委員会が用紙や台紙を全児童・生徒に配布してくれ、展示などは教職員が協力する。

西土佐村展は二〇年以上の伝統を持つ、児童・生徒書画展である。アンデパンダン方式で、村内の全児童・生徒が参加してきた。なお、連携した形で幡多郡展が幡多郡全域を対象にして中村市で開催され、幡多郡内の市町村すべてから作品が寄せられている。教職員組合が主催しているにも拘らず、この伝統は崩れていない。それだけ、児童・生徒や地域住民に定着し支持されているという証拠であろう。ただ、対象になる児童・生徒数が膨大な数にのぼるため、幡多郡展は市町村支部審査によって点数を絞ることになっているのだ。

西土佐村展も、幡多郡展と連動して教職員組合主催で毎年実施して来たものであった。村当局が産業祭を主催実施するに当たって、既存の西土佐村展と敵対するのでなく、教職員組合とも協議して今日の形態を実施するに至ったのである。産業祭が持たれない年は、各小学校を巡回する形で西土佐村展の展示がなされる。

幡多郡展への審査では、審査委員長に経験豊富な校長・教頭などが委嘱され、教職員も学校の代表の審査委員として参加する。すべての学校から作品が選ばれる審査基準を基にして、書画の学習会のようにして投票で審査を進めるのである。文化的な活動においても、立場の違いを認め合いながら一致点で歩み寄って協力・共働する取り組みをこれからも大切にしていきたい。

二　自主的で一致点を大切にした同和教育を

1　地区入り現地学習がどう始まったか

（先輩教師たちの取り組み）

ア、村同教の結成と取り組み

西土佐村同和教育研究協議会（略称　村同教）は一九七一年に発足している。同和対策事業特別措置法（一九六九年）に遅れること二年、当時の西土佐村長を会長にして村議会や教職員組合の役職者が役員に名を連ねている。以後、地区の代表も役員に位置づいている。

一九七二年のまとめには、『差別の現実から深く学び、生活を高め、未来を保障する教育を確立しよう』を主題として設定していたことが分かる。（私はこの年、教員として採用になったが、他市町村での採用であったために結成に関わってはいない。）地域への啓蒙活動が中心であったようだ。

一九七三年以降、学校関係は村同和教育推進委員会の組織で　①村内学校間の実践交流学習　②同和教育の指導計画の検討などを中心に取り組んだことになっている。

一九七七年には確認事項として

・身分制度については、社会科に出てきたときには賤称語についても教える。しかし、学術用語として学習の場で使用するものであり現実の生活の中では使ってはならないことを指導する。
・部落差別の実態については、きちんと教える。
・部落差別に対する偏見については、指導の全領域をとおして、正しい判断を持って立ち向かう子どもに育てる。
・同和地域を教材として顕現することは、なお研究課題とする。

などが挙げられている。当時の県教育委員会の姿勢や教育現場の状況を反映した内容になっている。

（教育にしとさ　No.一八）

イ、地域資料の編集と現地学習開始

一九七九年には同和教育推進委員会の委員が中心になって、西土佐村の地域同和教育資料『用井下屋敷のくらし』が収録編集されている。夜間や夏季休業中に委員の教師が地区に出向いて聞き取りの収録を行ったものである。

むかしの話として、差別的な扱いを受けた経験などが語られ、自分や親戚に関わる村外での事例も挙げられている。加えて、西土佐村内において差別の実態が少なかったことも誠実に語られているように思われる。明治四年の解放令以降、土地株の取得や四万十川での漁業権取得など自由であったこと、用井集落全体が円満であること、冠婚葬祭もすべて一緒に行っていることなどである。

用井集落全体（戸数　七三戸　九四年現在）の呼称も『用井』であり、同和地区指定地区名も『用井』（戸数七戸　九四年現在）であるという西土佐村独特の地区実態や過去の地区状況が理解できる。そして、なによりも、当時の推進委員の教員たちの熱意と、それに対してとつとつと語る地区の人々の誠意が伝わってくる。

ただし、この『用井下屋敷のくらし』そのものは、地区の人々の生の証言と地区実態をまとめたものであった。活字は小さく、ふりがなも打ってはいない。したがって、教師の指導資料としては価値が高くても、直接的な指導教材にはなり得ないものであった。

わたしは、七七～七九年の三年間西土佐村立川崎小に勤務したが、推進委員ではなかった。職場討議で現地学習に対しての意見を述べるに止まっていた。

この年、『用井下屋敷のくらし』の活用の具体例として、本村小と奥屋内小二校の五・六年生の児童の現地学習が実施されたことに対して、推進委員会のまとめは『今までになかった画期的なこととして特筆すべき』とし、地域教材の顕現化を呼びかけている。

（教育にしとさ　No.二一）

一九八二年には、村内一二校全体の高学年児童が三回に分かれて地区入り現地学習が実施されることになったらしい。中学校の現地学習も実施された。

『第一回目は午後より地区入りしたため時間的制約があり、その反省に基づいて、第二回目は午前より地区入りし、映画「まごころの川」の鑑賞、続いて現地視察、それに関わる学習会が行われた。』と実施内容が記され、『「用井下屋敷のくらし」をもとにし、発展的学習ができたことを評価したい』とまとめられている。

（教育にしとさ　No.二四）

この当時、該当地区には学校に通う児童・生徒はいなかった。また、この年三校の会場で同和教育研究授業が実施されたことも記録されている。ともあれ、この時期、熱心な取り組みが成され、西土佐村の同和教育にとってひとつの節目になったことはまちがいない。

2　現地学習中止の経過とその後の取り組み

ア、中止の経過と合意内容

一九八七年二月の村校長会に、『地区の親から、「現地学習を見合わせてほしい」との要望が出されている。』との報告が成され、当面の実施が見合わされることになった。

該当地区児童は低学年一名という実態の中で、地区の親からは

・部落は現在はないもの、差別は残っているが…
・学校での現地学習の必要性に疑問がある。
・子どもからの質問に親として説明ができない。

という発言趣旨だったらしい。

村同教、村教委の代表と地区の人々との協議では、

・差別は根強く残っている。
・進行中の「特別事業」への正しい理解のためにも…
・八二年度来実施してきたものを中止すると問題や矛盾が生じる。

現地学習を続けたい　（村同教、学校教育部会など）

・長期にわたって、地区の児童・生徒は通学してなかった。
・該当児童が数名の中での実施には不安と疑問がある。
・子どもたちが理解し耐えていけるまでに成長していない。

現地学習を止めてほしい　（地区の人々から）

という意見が交換されたらしい。

一九八七年三月、校長会としての方針を確認して各学校に伝えるとともに、地区の代表とも合意した内容は以下の通りである。（八六年度のこと、中止は八七年度から）

1　地区の人々の要望を尊重しながら、同和教育を推進していく。

2　小学校段階の学習の中で、村内の「地区名」にはふれない。

3　小学校段階の学習の中で、「現地学習」は実施しない。

4　中学校での学習の中では、村内の「地区名」をあげての学習も、ありうる。

私は、一九八七年度西土佐村に再度転勤してきたので、ちょうど現地学習が実施されていた期間だけ別地域にいたことになる。私自身はなんの関知もできなかった合意事項だが、合意された内容は実に常識的で基本的なものであると思う。「親の立場や地区の人々の意見も率直で筋が通っ

ている」と感じたのは私だけではないだろう。

また、この話し合いには現場教師の意見反映はされていないけれど、複式小規模校では問題点が多かったはずである。そこでは、社会科や理科は五・六年が同一内容の学習をすることが多い。五年の学習内容と六年の学習内容を当該学年に関係なく年度で交互に学習する計画になっているのである。したがって、年によっては歴史学習をしないで部落問題学習や現地学習を実施するといった事態もおこるからだ。

子どもの発達段階や地域の状況を考えるとき、地区の人々の率直な意見の提示とそれに対応した校長会、村同教など合意は原則的なものであったと考える。

イ、現地学習中止後の取り組み
村同教学校部会は自主的な研究組織、村同教の部会である。教育委員会に所属した同和教育推進委員会と実態的には同一のものとして活動している。村教委が後援して勤務時間内に会合が持たれることが多いので、実態は余り変わらないが意味合いが違う。自主的な研究組織は加入脱退が自由なのだ。

一九九一年まで、村同教の総会は学校の勤務日を当てて、半日を臨休とし、半ば強制的に教職員の参加を促してきたのだった。これまでのその措置の意義を否定してしまう気はないが、今日的なあり方として、土曜日午後の実施を提起して実現することになった。地区の人々も積極的に支持意見を述べた。以降の総会はすべて、勤務時間外の土曜日午後の開催となった。ただ、他市町村に家を持ちながら赴任してきている教職員の家庭事情がある。職場段階では、参加を保障するために多様な措置を取っている。

一九八七年、現地学習が中止された後の村同教学校部会の活動は　①同和教育計画の検討や同和教育全般の学習　②同和教育授業研究の実施（年三回）　③夜間の同和問題地区学習会の実施　などが中心になっている。いくつかの問題点があった。例えば、それまでの主要な実践の柱として位置づいていた現地学習を除いて、適切な指導計画を再構築できていない学校が残されていた。つまり、現地学習が実施されていたころは特設時間的な同和教育の学習の形態になっていたので、現地学習がなくなった分、文学の授業偏重の計画案が残っていたのだろう。

夜間の地区学習会では、地区集会所において地区の人々からの要望や説明を聞いたり、講演会が持たれたが、現地学習会中止について毎回説明する必要があり、地区住民からは「教職員内部で周知徹底してほしい」との強い要望が出され、教職員の学校部会の主体的な取り組みを期待された。（授業研究は、八二年から輪番制で年三校の割りで実践研究が継続されていた）

ウ、新しい展望を拓く取り組み

一九八八年ごろから、同和教育の全体像を明らかにして取り組むことの意義を大切にしてきた。同和教育計画案にしても、行政に提出しなくてはならないからつくる計画案ではなくて、実際に現場で複式学級を持ちながら実践できる計画案づくりをめざした。

僻地複式研究会高学年部会でも、数回にわたって検討の機会を持つことができた。八八年一一月に西土佐村で高知県西部地区同和教育研究会が開催された。その分科会では、西土佐村高学年部会で検討合意した全体像と計画案を基にして私が実践報告をした。現地学習を取り組んでいる他市町村の教職員から、質問や意見は出されたけれども、西土佐での取り組みはこの地域に責任を持った実践であることを基本にして、真摯な協議が持たれた。

一九九一年から夜間の地区学習会の基本性格を変更した。地区の人々や保育所職員、高校の教職員にも参加を呼びかける形態は一緒だが、村同教学校部会が主体となって企画を練り、実践的な取り組みを報告して話し合うことにした。開催会場も地区集会所に固定しないで持つことになった。つまり、地区の人々に教えを請う学習会から教職員の実践報告を基に学び合う学習会に変えたのである。

九一年には幼・小・中の取り組みの概要報告を中心に、九二年は、①長く村同教に関わってきた尾崎健富校長による『西土佐村の同和教育の歴史的な経過の概要』②中山典夫さんの小学校での実践報告を中心に、九三年は、①西土佐中学校の取り組みと状況　②中村高校西土佐分校の取り組みと状況を中心に学習を深めてきた。

『報告にあったような取り組みなら安心して任せられる。また、今の子どもの担任も一生懸命やってくれているので信頼している。子どもも変わってきた。』という主旨の感想を言ってくれた解放運動の代表者の言葉を忘れることができない。（彼は学習会での感想発表の数週間後急病のために亡くなった。）また、私のこの報告の歴史的な経過部分は、学習会での資料に負うところが多い。

学習会の名称も『地区学習会』から『地区交流学習会』に変わり、地区の人々や保育所職員、小・中学校教職員、高校教職員、村職員などが学習を通して同和教育の取り組みを交流することを目的の柱にすえた。不充分ではありながらも、積極的な意義を持つ学習会になってきていると確信する。

三　地域に根ざした学校づくりを

私は今春の人事異動で下家地小から大宮小に転勤した。大宮小は全校児童三二名で決して大きな学校ではないが、全校児童七名の前任校から比べるとかなり違う。昨年度は五・六年複式学級（兄弟二名）だったが、今年度は六年五名の単式学級編成である。今の気持ちのほとんどは、現在取り組みを進めている五名の担任児童と三二名の全校児童に向かっているのだが、ここでは、前任校での実践を中心に報告させてもらう。

一　教職員の基本的なかまえ

一九九一年に私が赴任する前まで、下家地小学校では四年間入学式がなかった。新入生を迎えることがなかったのだ。それで、学級編成は二学級となり、教頭職は引き上げられていた。地域出身の親が、家庭の事情で児童を二名連れて帰ってきてくれたお陰で、九〇年度には臨時職を当てて三学級編成になっていた。

九一年度の組織職員会は、校長以外新しく配置になった者ばかりであった。かつて、本校で教育懇談会を開催した際、かいがいしく世話をしてくれた中堅女教師は異動してはいなかったのだが、産休・育休に入っていた。したがって、新しく学校に入った新採用の女教師と若い臨時教員、私の三人が学級担任を分担することになった。そして、四年ぶりに二名の新入生を迎えることができた。

用務員、給食調理員の二人が過去の取り組みや地域事情に明るく、たくさんのことを新任の私たちに教えてくれた。そして、中学校教師であった校長からも、教職員全体でも助け合い支えあって学校づくりを進めていく姿勢が示されたこともあって、下家地小学校での三年間は教職員六名の「ドングリの背比べによる切磋琢磨の学校づくり」であった。

具体的に幾つかの例を挙げてみると、新一年生を迎える入学式の準備や当日の仕事を分担協力して取り組んだ。水泳指導に当たって、泳力別に初級・中級・上級に分かれて徹底指導をした。朗読集会や音楽朝礼、合同体育などみんなで分担協力して指導実践に当たった。詩や作文、絵画の相互批評をみんなで行い指導に反映した。つまり、すべての学校行事や学習指導において、分担や協力援助を行ったのである。

用務員も作文文章の誤字脱字をたくさん発見してくれたし、学校文集の印刷編集を一人でこなしてくれた。また、給食調理員も時間を見付けては学校農園の世話や学校行事の援助をしてくれた。広い校舎や校庭の掃除や草ひきなども、全校児童と教職員全員の師弟同行でなければとてもできることではなかった。九二年度以後、校長が進んで便所掃除を担当してくれたことは、象徴的な事例であると言えるだろう。

すべての学校行事は、それぞれの担当が実施案をＡ４程度の用紙に文書提起して検討した。目的や時間、実施内容、分担などしっかりと検討して確定した。その事によって、経験主義に陥ることや特定の人物の指示命令で学校行事が実施されることがないように努力した。つまり、共通理解を大切にすることで責任や担当を明確にし、みんなで取り組める条件を作ろうとしたのだ。もちろん全校児童九名とか七名とかの状況だったので、高学年はもとより中学年・低学年の子どもたち全員にも、主役になって取り組んでもらうしか方法がなかった。

2　何をどう教え育てるか——全体像と実践の場

本稿本項目では、同和教育に関わる実践を書き綴ることになるのだが、教職員全員で取り組んできた研究主題・校内研究などと結んで提起をしていきたい。なぜなら、同和教育だけの取り切った実践などないと考えるからである。歴史的な経過もあって、残念ながら年間何時間かの特設時間を取っての計画になっている学校が多い。「時間計画がないと充分な実践展開が成されないだろう」と考えた教育行政側からの強力な指導の結果とも言えるだろう。

学校要覧、校内研究年間計画、学級経営案、同和教育年間計画、道徳教育年間計画、教科指導年間計画などの提出義務化が進行する一方で、教育現場では教育計画相互の関係が稀薄になってきている。私たちは、実践的に活用できる教育計画をこそ必要としている。子どもたちや教職員が同一なのだから、教育活動全般の統一的な全体像を描くことこそが求められている。

ア、校内研究で取り組んできた重点

本校では、小規模複式校の弱点である指示待ちの子どもの克服をめざした教育目標、『進んで取り組む子ども』を大きな目標としながら、校内研究主題は、九〇～九三年の間『子どもたちの読む力・書く力を育てる。』を設定、継続した。

研究内容は

・朗読や発表の取り組み
・漢字指導や視写の取り組み
・日記指導、詩・作文指導の研究
・教材研究と授業研究
・授業の基本的な展開や発表形式の検討合意

研究方法は

・日常実践の交流と学習
・研究重点の検討・講師の招聘
・学級実態の検討と到達課題の設定
・教職員全員による授業研究
・他校との交流研究および僻地複式研との共同を掲げた。共同の取り組みの結果

①　発表する力や朗読する力が伸びてきた。

② 日記や詩・作文など書き綴る力がついてきた。（九一年度重点）

と総括して、九三年度はこれまでの成果と課題を踏まえて、（九二年度重点）

③ 読む力・読み取る力を伸ばすことに重点をおいて研究を進めた。

研究の経過の主なものは

・研究主題の設定や学校方針・計画の検討をした　（四月）

・三学級連続で、学級実態検討のための授業研究実施と学級課題の設定　（五月）

・講師招聘による学習「複式小人数授業の進め方の基礎基本」　（六月）

「読む力・書く力・詩の授業」　（二月）

・他校との交流学習の実施　水泳／文化／写生　（七月、一〇月、一一月）

・平和教育実施、同和教育職場学習　（夏季休業中）

・教材研究および授業研究（一〇月、一一月、一二月）

・研究重点の学習検討と相互交流

などである。具体的には同和教育の柱との関わりで触れることにする。さて、ここでも述べたように、例年夏季休業中に時間を取って同和教育についての共通理解に努めてきた。最初に取りかかったのは、年間計画の改善であった。

イ、同和教育の全体像と実践の場について

特設同和時間による何時間かの実践という形の年間計画では、実践の全体像が見えてこない。小学校の低学年、中学年には文学教材を配置し六年生では部落問題を配置する計画案が多いのは、特設時間計画という特質からくるものだろう。中学校においても社会科学習と結合しない特設時間計画では、生徒の学習状況に適合しない。一年生で地理学習をしているときに、専門外の担任が概念的な同和教育の時間を担当することになるからである。

私たちは学習の中で、同和教育の実践を支える柱として、①生活を書き綴る活動　②民主的な仲間づくり　③心をゆたかに育てる文学教育　④社会科を中心にした学習⑤部落問題とのていねいな出会いに関わる取り組み　などが重要であると考えた。そして、実践が主要に展開される場や時間として　①生活指導の場　②国語科指導の場　③社会科指導の場　の三場面と時間を想定して年間計画の全体像をつくりあげた。以下、それらの柱に沿って実践を報告する。

① 生活を書き綴ることを大切にする取り組み（現実認

識）

ここ十年くらいにわたって、西土佐村には生活を書き綴ることを大切にする気風が定着している。日本作文の会、幡多作文の会の実践家が中心になっての真摯な実践が伝統になっていたのだ。子どもたちの生活を日記や作文に綴らせることの大切さを、三名の担任が再度確かめ合って実践に取り組んだ。

日常生活のひとこまを書き綴る日記の指導は、年間を通しての教師の仕事になった。児童数が少ないことは、個別指導の赤ペン記入や助言が緻密にできるという利点につながっている。帰りの会で児童が日記を読む実践もなされたし、朝の授業が始まるまでに前の黒板に自分の日記を交替で書かせる取り組みもなされた。教師の実践は互いに交流されたが、常に一斉同一指導などということではなかった。

児童詩も年間の見通しの中で指導することになった。つまり、月一人一点以上の詩を完成することにして、九二年度からは色画用紙にフェルトペンで清書をすることにした。三・四年生は教室の後ろに一二カ月の作品を展示していた。学校全体としては、玄関先にそれぞれ三学級一点ずつを毎月掲示して年間を通した。

子どもたちの誠実な努力と教職員の真摯な実践によって、読書感想文や幡多作文の会、小砂丘賞作文（小砂丘忠義を顕彰するもの高知県全域から応募）など、限定して応募したコンクールでどれも児童全員の入賞を果たした。感想文の高知県優秀二点の一つに田辺哲志くん（六年）が選ばれたり、幡多作文上田庄三郎賞一点に松浦裕くん（二年）、小砂丘賞最優秀一点に雪村加代子さん（九二年六年）と浦宗豊くん（九三年三年）が二年連続して選ばれるなどした。高知県児童詩集『やまもも』にもたくさんの採用をしていただいた。

このような書き方には批判があるかも知れない。しかし、これらは結果としての成果であって、目的ではなかった。応募の前にお互いに読み合わせをしていた教職員は、「ああ、あの作文はよかったものねえ」とかいう形で成果を自分のことのように喜び合うことができた。共に学び合い、共に取り組んだ実感があったからだ。結果としての高位入賞も各学級に分散していた。子どもたち同士は、実力差がないことをお互いに理解できていたこともあって、共に喜びを分かち合うことができた。

子どもたちが書いた日記や作文のねうちは、学級通信や学校通信『山の子』、学校文集『山の子』などを通して、子どもたちや地域・父母に拡げられた。学校通信や学校文集は地域の家庭約六〇戸に子どもたちの手で全戸配布された。地域の人々から「『山の子』配ってくれてありがとう」とか「小砂丘賞にみんなが入ってえらかったねえ」とか声をかけてもらう子どもたちは幸せそうだった。

② 民主的な仲間づくりの取り組み（人権と民主主義）

子どもたちの集団が小さければ小さいほど、人間関係は固定的になりがちである。学力の面でも、体育的な力量の面でも、その力関係を変えることはとても難しい。私たち教職員集団は「なんでも言える学級づくりや学校づくり」がこの小さな学校にとっても重要な課題であるとおさえた。

学級会や全校集会など自主的な活動の中で、低学年の児童からも堂々と意見が出せるような子どもたちの集団をつくりたいと考えた。そのために、児童朝礼や朗読集会、全校集会などの展開や運営を改善した。学級朝礼を増やして学級活動を充実させることを図り、生活集会を土曜日に設定して一週間のしめくくりができるように位置づけた。音楽朝礼や体育朝礼を含めて、児童の司会による運営を指導した。

生活集会は　・週目標の反省を、各学級から発表する。・集会係りのまとめに続いて週番教師のひとこと指導　・三分間スピーチと銘打って各学級一名ずつが生活発表をする。

・「みなさんから何かありませんか」という司会のことばに対応して、各委員会や学級、個人から連絡や要望、そして要求が出される。「指示されたことは真面目に取り組むけれども進んで取り組む姿勢に欠ける」本校の子どもたちの変容を期待してのものであった。「ほめてあげたいこと」や「やめてほしいこと」が次々と出され始めた。上級生が下級生を認めてほめたり、下級生が上級生の頑張りや親切をほめるなど、うれしい発表が子ども集団にしなやかさを育ててくれた。

朗読集会では、それぞれの学級や個人の朗読が続く。ゆとりの時間を活用して、最低月一回の朗読集会を企画した。「人前での発表の声が小さい」と言われてきた本校の子どもたちが胸を張って堂々と朗読でき始めた。そして、朗読発表の後では、集会係りの進行で話し合いが組織された。他人の発表を聞いていた子どもたちが、今度はその感想を次々と述べるのである。最後に順次担当する教員によって、個人や全体に対する評価や指導が成された。

全校集会は月末の特別活動の時間に持たれた。月全体の反省と、次の月の生活目標を決定するのである。掃除活動の反省もこの時間に持たれた。児童数が少ないことは多くの問題点を持っているが、直接民主主義の自治活動が組織できる有利な条件を持っているのである。

教職員集団も人数が少ない分、全員が分担しながら協力して活動することになった。「学校行事を子どもを主人公としたものに変えていこう」という合意を基本にして入学式や運動会などなどの学校行事に取り組んだ。必ず一年生から六年生まで、自分たちでできる仕事を分担して準備や運営に関わった。一・二年生が作る運動会の入退場門のダンボールロボットは定番になった。卒業式の背景を飾る大きな絵は五・六年が中心になって、全校児童で描き上げた。

③ 心をゆたかに育てる文学教育の取り組み（人間認識）

本校のどの学級の教師も絵本や児童文学が好きだった。色々な時間をみつくろって、読み聞かせを続けた。子どもたちは教師の読み聞かせを心待ちにしていた。また、楽しい詩や心に響く詩を、たくさん視写させたり大きな声で朗読させたりした。早口言葉なども全校で大流行した。谷川俊太郎の『ことばあそびうた』なども楽しんだ。人間の生き方や人間の感情のあり方など、ゆたかに学ぶ授業を組織するのが文学の授業だが、まずは、教師と子どもたちの信頼関係、結びつきがそれらの基礎になるのではないだろうか。絵本や児童文学との出会いは、まず楽しい・好きだという子どもや教師の姿勢から出発するのだろう。本校の教師集団はそのことを実証してくれたように思う。

幡多郡には幡多国語の会という、民間の国語研究会組織が長い伝統を持っている。そして、この幡多地域に大きな影響を与えてきた。国語の教科書に対する検定の強化や攻撃が強かった時期に、文学読本『はぐるま』を自主教材の典型的な宝として取り上げ、教材研究を拡げその授業を地域全域に拡げてきた。教科書教材に適切なものが少ないとき、子どもたちの目が輝くような教材の授業実践がどんどん展開されたのである。

文学読本『はぐるま』は幡多郡下のほとんどの学校で取り上げられ、学期に一教材程度の自主教材の実践は当たり前の状況が生まれた。教科書の教材もひとつの教材である。教科書会社が違えば当然、教科書の文学教材も別のものが取り上げられているのだから、発達段階を考慮すれば、教材を自主的に編成することには何の問題もないはずである。そのことを、幡多国語の会の教育運動や文学読本『はぐるま』は教育現場に教えてくれたと思う。

本校の教師集団もこれらの伝統を大切に考えた。しかし、複式編成の実態や教科書文学教材に適切なものが増えてきたことなどを考慮して、重点教材の選択は機械的にするのでなく教科書や『はぐるま』教材、様々な教材群から選ぶことにして、計画を立案した。

④ 社会科を中心にした取り組み（社会認識）

完全複式三学級が固定している本校では、社会科学習は同一内容・同一単元で実施している。つまり、一・二年生は生活科で三・四年生と五・六年生は社会科で、当該学年に関係なくA年次・B年次と称して、上の学年の内容を学習する年と、下の学年の内容を学習する年が交互にくるのである。九三年度は上の学年の内容を学習する年次であった。それで、四年生は〇名、三年生は二名であったのにもかかわらず四学年の社会科を学習した。また、五・六年生は六学年の社会科を学習した。

先に述べたように、本校では低学年から生活指導は生活指導の体系が、文学教育は文学教育の体系が、社会認識は社会認識の体系が必要だと考えてきた。そして、それらの総体が同和教育の全体像になっていく。どの学年も、地域へ出掛けていくことや地域の人々に教えてもらうことが多かった。その内の幾つかを紹介することにする。

一・二年は、登校下校の道筋にある色々な目印に、子どもらしい名前をつけて発表会で報告をしてくれた。いわく「魔のカーブ」「デカカボチャ畑」「はてな石」「兄弟鉄塔」「デカしいの実道」「すっぱいのいちご道」などなど…近道の山越えの道は「おもいでみち」と命名され、彼等のお父さんやお母さんたちも通った道であることを、誇らしげに発表する姿は感動的であった。

三・四年は、辺地山奥にあるこの地域で、水道がどのように普及してきたかを調べていた。井戸のあった家があり、自分で谷から水を引いた家もあった。それが、地域で組合を作って共同の水道を設置したのだ。また、開校一〇〇年を越えている本校の歴史は、記念誌を調べたり父母、祖父母から聞き取ることを通して調査していた。父母が通っていた頃は、現在より社会進歩は遅れていたはずなのに、児童数が現在の何倍もいたことに驚いていた。

五・六年は五万分の一の地図を拡大して、校区全域の地図を作った。高度なども記入して着色したので、立体的に地域を捕らえることができた。そして、校区内約六〇戸の全戸の氏名を書き入れて、専業農家と兼業農家を色で塗り分けた。専業農家は一〇戸を越えなかった。ただ、イチゴづくりやミョウガづくり、シシトウづくり、花づくりなど多様な作物づくりに挑戦していることに、子どもたちは初めて気づいたらしい。

また、地元紙の新聞記事の中から西土佐村関連の記事を切り抜き、教室の後ろに張り付けることを始めた。清流四万十川ブームもあって、関連記事が結構多くて楽しかった。西土佐村は広くて交通の便が悪いために全国紙は日刊新聞の朝刊が夕方に届く地域も多い。また、新聞を取っていない家庭が多いのも事実だ。朝の会では「今日のニュース」発表させることもやってみた。地域ニュースは無論のこと、Jリーグやプロ野球の話題であれ、芸能関係のものであれ、社会のできごとに目を向けさせることが大切だと考えた。本屋さんも図書館もないこの村では、TVゲームやゲームボーイだけへの熱中が、ますます子どもと家庭生活や社会問題との関係を稀薄にする。

⑤　部落問題とのていねいな出会いに関わる取り組み

これまで報告してきた社会科を中心にしての学習の中に位置づく課題なのだが、ここでは少し整理して提起してみたい。・歴史学習を民衆の立場で学ぶこと　・憲法と私たちのくらしや願いを結んで理解する。これらを前提にして、部落問題に対して歴史的・科学的に、人権の問題としてていねいに出会わせたいと考えてきた。

とりわけ、・幕藩体制維持のために身分制度を強化していったこと　・解放令、四民平等の内容と意義、問題点が分かること　・憲法に基づいた国のしくみや働きがわかる、基本的な人権については深く学ぶこと、が大切だと思う。先の前提が崩れていれば、賤称語や部落問題注入型の授業にならざるを得ないからだ。断片的な知識を与えただけでは、問題解決に立ち向かう子どもを育てることはできない。

私は、小学生に対してはシンプルに教えたいと考えてきた。・部落差別や部落問題が封建遺制であり、とっくになくなって当然の問題であること　・憲法で保障している基本的人権の尊重こそが問題解決の鍵であること　これが基本的に提示していく内容ではないだろうか。無論、教師自身の深い学習や研究は必要である。多様な問題や悲惨な現実があることに目をそむけてはならない。しかし、この問題を複雑で永久に解決困難な課題として子どもに提示すべきではないと思う。

本校の社会科学習では、九三年度は上学年の学習の年次であった。六学年の歴史学習を実施したのである。現実には私の教師としての実践力の弱さもあって、授業進度が大きく遅れてしまった。それは、小人数複式という状況の困難も関係が深かった。五年生の理解力に合わせて授業を進めるとなると、無理ができないのだ。難解な語彙が多くて、教科書を読み通すだけでも抵抗があった。

資料を使ったりして、できるだけ具体的な学習を計画した。そして、実際に体を動かす作業を取り入れた。信長や秀吉、家康の似書絵を描き彼等の経歴や実績を調べて模造紙に書いた。教科書に重要な地名が出ると、必ず地図帳で地名探しをして場所の特定をした。

ところで、校区内に地区を持つ西土佐村内の前任校も複式編成であった。そこでも、五・六年を担任していた。しかし、完全複式編成ではなくて、学年の組み合わせが変動していたために、国語、算数だけでなく社会科も異内容異単元で教えていたので、教材研究が大変であった。五年の工業を教えながら六年の歴史学習を進めるのである。

私は『武士の世の中』の単元に入る前に、当時の校長・教頭にも協力してもらって、父母を含む地区の人々との話し合いの会を夜間に持ってもらうことにした。地区の父母やお年寄りから、同和教育や学校全般への要求を聞かせて欲しかった。そして、部落問題に出会う教材学習の進め方を提示して了解を求めたのである。

それを受けて、夜間に五・六年の学級懇談会を持った。そこで、同和教育や社会科学習の進め方について理解を求め、特に五年生の父母に次のことを要請した。・六年の学習を聞きながら五年生は自分の学習をすることになること　・したがって、体系的に学ぶのではなくて、聞きかじった知識を持つことがあること　・それが、人権に関わる問題であるかもしれないこと　・もし、家庭で質問されたらきちんと答えてほしいこと　・きがかりな発言があったら学校にしらせてほしいこと　などであった。

西土佐村は複式小人数学級が多いし、対象地区の戸数が少ないという地域の状況もある。基本的人権に関係する授業は、大胆に展開する必要があると同時に慎重でありたいと思う。それは、学習を進める児童にとっても、また、地区の人々にとっても大切な配慮だと考えるからだ。地域の状況、教育の条理や子どもの発達段階を無視して教育の営みは成立しない。部落問題を教えたことによって、児童生徒の「差別発言」が頻発するのでは、児童生徒にとっても地域父母にとっても不幸である。

おわりに——今後の課題と関わって

本校同和教育実践の全体像として、①生活を書き綴る活動　②民主的な仲間づくり　③心をゆたかに育てる文学教育　④社会科を中心にした学習　⑤部落問題とのていねいな出会いに関わる取り組み　を挙げて実践の報告をしてきた。これらは、西土佐村僻地複式研究会高学年部会で討議されて合意した内容と一致している。部会ではこれからの課題として、ア　複式小人数学級の子どもの学力向上と民主的な集団づくりの課題　イ　保育・小学校・中学校の連携の課題　を挙げていた。(一九八八年以降)

幸いなことに、それぞれの小学校では真摯な学校づくりが続けられている。また、村同教学校部会には小学校・中学校に止まらず地元の西土佐分校や保育所も参加して地区交流学習を発展させてきた。ここに報告してきたような西土佐村の伝統を確認しながら、今後の方向を探って行きたい。九四年度になって開かれた学校部会事務局と地区代表との懇談会で地区の代表から『現在の方針は、西土佐村の現状から考えて最善の方法だと思っている。』との発言があったと聞く。この期待にしっかりと応えたいものである。

九三年度地区交流学習会では、中村高校西土佐分校の教師から実践報告をしてもらった。そこでは、低学力克服の誠実な取り組みや人権意識調査の分析と対応が訥々と語られた。そして、かつて私と一緒に憲法や平和について学習した六年生が現在、教科研賞にも輝いた『高知県高校生ゼミナール』の中核メンバーとして活躍している姿も報告してくれたのである。朝鮮人強制連行問題やビキニ被爆の実態調査に取り組む高校生に成長し、生き生きと活動する姿を想像して胸が熱くなった。

私は未来を信じたいと思う。封建遺制の部落問題がなくなる日が、遠くない将来に実現すると固く信じている。そして、その時代でも通用する実践や教育の営みを大切にしたい。

（元西土佐村下家地小学校教頭、現大宮小学校教頭）

24

指導児童詩②

小さな声で帰りの会

1995年
『96年版　年刊日本児童・生徒文詩集』（百合出版）
『作文と教育』臨時増刊号

小さな声で帰りの会

岡山　咲季子
高知県幡多郡西土佐村大宮小学校

コックリコックリ
帰りの会なのに
先生が眠っている
きっと疲れているんだな

司会の私は
小さな声で帰りの会をした
目をさまさせないように
「今日の反省を言って下さい。」
「係から言って下さい。」……

はっと先生が目を開けた

95

（指導）門田　雅人

25

子どもとの距離を考える

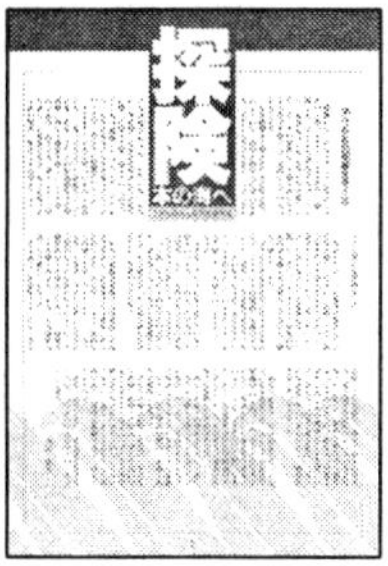

1997年２月
「探検　本の海へ」（こどもの本と未来を語る会）VOL12

子どもとの距離を考える

教師としていつも子どもと共にありたいと思ってきた。できるだけ一緒に遊んだ。子どもに日記を書いてもらい、毎日赤ペンを入れるのが楽しみだった。その姿勢は、学級を持たなくなった今年度だって大切にしているつもりである。

ある時期まで教え子たちを呼び捨てにしていた。自分が若かったせいもある。子どもたちとうまくいっているという自負もあった。しかしなによりも、呼び捨てにする方が子どもと近しい感じがすると思い込んでいたのだ。子どもの視線に立つことと、子どもべったりになることとは違うことに気づくまでにかなりの時間がかかった。

子どもたちの書き綴ったものを読むとき、「参ったなぁ」と脱帽することが多くある。子どもの生活態度や学習姿勢に対して敬意を抱くことさえ多いのである。たまたま、教え子として目の前にいる児童たちは一人の人格であり近い将来、外見上も対等な大人として立ち現れる仲間なのだ。

夫婦として一つの蒲団で眠ることだけは大切にしてきた。結婚してすぐ娘が生まれても変わることはなかった。息子たちが生まれて、幼子が三人になって添い寝をしても最後には二人で眠った。幸い、子どもたちは毎晩の絵本の読み聞かせが終わると安心して眠りに就いてくれた。

子どもが生まれた喜びは大きなものだが、子どもたちは成長して飛び立っていく。現実に、今春娘は社会人になる。二人の息子たちは二人とも学生になって下宿することになるだろう。また夫婦二人の生活が戻ってくることになった。

子どものことを可愛く思わない親は居ないだろう。しかし、夫や妻のことは蔑ろにして、子育てや子どもの教育のことだけに熱中していると手ひどいしっぺ返しを受けるのではないだろうか。思春期には子どもたちが親離れをする。その時になって夫婦の絆を結ぼうとしても遅いのだと思う。

昨春の教職員異動で夫婦別居を余儀なくされた。出身地である僻地の西土佐村に妻と二男を残したまま、須崎市への発令を受けたのである。(一男は大学へと進学)今まで大切にしてきた夫婦の温もりを断たれてしまった。学級担任からも外れてしまった。故郷からさえ離されたのである。五人家族は四つに分離してしまった。

米を研ぎ、洗濯物を干しながら妻や家族のことを思う。今まで以上に考える。妻や息子や娘たちがいろいろと気遣ってくれる。家族の絆は逆に強くなったかもしれない。昨年までの教え子たちのことや地域のことを思い出す。ひとりでに涙が頬を伝う。「あんなに必死でやってきたのに……」随分泣き虫になってしまった。

私はこれまで、自分の子どもの入学式にも卒業式にも、ましてや運動会や参観日にも行ってやることはできなかった。教師として仕事に打ち込んでいることで許してほしいと願ってきた。ただ、思春期までひとつ屋根の下で暮らすことで、ぎりぎりの父親の出番では行動してきたつもりだ。

私はこれまでの教え子たちに一律にこちらから便りを出したりすることはしなかった。ただ、その子どもたちが今何歳でどうなっているかだけは記録してきた。会えば声を掛け、求められれば相談にも乗った。

子どもは親の玩具ではない。子どもは教師の私物ではない。子どもはいつまでも子どもではない。子どもとの距離は近ければ近いほどよいというものではないと思う。子どもはひとつの人格であり、対等な仲間であり、同志でもあるのだ。

成長・自立していく我が子や教え子たちを、しっかりと見守っていてやりたいと思う。

(門田　雅人)

26

卒業生への祝いのことば

清流

2004年8月
「清流」(医療法人川村会くぼかわ病院報)第34号
2004年8月15日

院外投稿

窪川町立米奥小学校
校長 門田 雅人

学校を巣立つ子どもたちに、校長としてどうしても伝えたいことを考えて、次の「お祝いのことば」を送りました。

卒業生の皆さんご卒業おめでとうございます。

私は、今年になって本校に赴任しました。それで、卒業する皆さんとは短い間のおつきあいでした。でも、色々な学校行事や、授業を通して、とても強い結びつきを感じています。

平成3年に生まれたみなさんは、今、12歳になって卒業の日を迎えました。西暦では20世紀後半に生まれ21世紀に成長していく世代です。

今年の入学式の時に、鉄腕アトムの話をしたことを憶えていますか？2003年は漫画家手塚治虫さんが鉄腕アトムの誕生の年として数十年前に設定していました。科学の進歩は手塚さんの予言通りになっています。

パソコン、テレビゲームや携帯電話は日常的にあたり前の世の中になっています。人間と同じように二本足で歩くロボットや楽器を演奏するロボットも出来ています。

私事ですが、皆さんも知っているとおり、私は昨年の5月に頭の手術をしました。

一昔前ならきっと確実に死んでいたでしょう。頭の中を調べることが出来、頭の中に変なできものが出来ていたら、頭の骨をくり抜いて取り出すことが出来る時代なのです。

人間の知恵は、火星での探査さえ可能にしています。しかし、一方、別の場所では戦争が続き、殺されたり食べる物がなくて、飢える子供が居るのも現実です。

↑橋を架ける交流会より

ここに、「人間」という絵本があります。作者はみなさんもよく知っている「だるまちゃんとてんぐちゃん」や「とこちゃんはどこ」などの作者加古里子さん。この絵本は「人間とはどこから来て、どこへ行こうとしているのか」を解き明かしてくれています。

宇宙の中の地球、地球の誕生は45億年前だと言われています。それから何億年も経ってやっと海の中に生物の祖先と言えるものが出来て最初の生物が生まれました。

4億年前に生まれた魚類が、人間を含む背骨を持った生き物全ての祖先になりました。動物と植物の中には陸上に上がって生活するものが出来、恐竜たちが2億年もの間栄えていたようです。

さて、猿に近い人間の登場は、2千万年前です。今の人間の形に近い祖先はわずか4万年前程度でしょう。長い長い地球の生物の進化があって、枝分かれした生物のひとつが人間です。

人間は子を産んで育てる哺乳動物の仲間です。簡単に言うと母親のお乳を飲んで命を繋ぐ動物と言えるでしょう。

今、枝分かれと言いましたが、お母さんのおなかの中で命の元が出来た時には、ヒトも、ブタも、カメも、サカナも形が同じで殆んど見分けが付きません。

信じられないようですが、お母さんのおなかの中で地球に誕生した生物の歴史を刻みながら人間の赤ちゃんに育ってきます。お母さんのおなかの中の水は羊水と呼ばれ赤ちゃんを守ります。まるで海の中ですね。

↑橋を架ける交流会より

卒業生は全員12歳のはずです。人間誰でも、生まれてから約1年間はせいぜいハイハイができるくらいの未熟な生き物です。食べたり飲んだりしてはウンチやオシッコを垂れ流します。

ところが、幼児期に立ち歩くことができ始めると「手で物を作ったり壊したりでき」「口で友達や家族と会話ができ始め」ます。

文字を獲得してからは、どんどん文章を書き綴ったり本を読むことができます。10歳頃から難しい問題にも取り組むことができ知識が大きく広がります。

日本では、昔から元服といって12歳ころから大人の仲間入りをしてきました。

知識が広がるだけでなく、体が大きくなり男の子は男らしく女の子は女らしく成長します。父親や母親になる準備と資格が出来始めている証拠です。

人として、大人になる準備はできているでしょうか。皆さんは揃って体も大きく、ソフトボールはもちろん、水泳記録会や陸上記録会などでも立派な記録を残して来ました。こども会駅伝でも仲間の絆のタスキを繋ぎました。

ただ、色々な取り組みの中で、練習をさぼったり大きな声でわがままを言ったりすることが、全く無いわけではありませんでした。

今は成長の過程、色々な反省点もあることでしょう。

人間は手を働かせることによって、道具や機械を使うすべを学び、知恵と知識の積み重ねによって科学や学問を大きく発展させて来ています。

人間はまた、豊かな心で美しいものに感動して音楽や美術などの芸術を産み育ててきました。

これからの21世紀は、卒業生のみなさんが切り拓いていく時代です。

人間は生物としては、150億年の宇宙の歴史を、また、45億年の地球の歴史を刻んで来ています。また、数万年分の大切な出来事や知識の泉を蓄えています。何と素晴らしいことではありませんか。

どうぞ、誇りある人間として、自分の目や耳を鋭く確かにして自分の考えを持って下さい。

なにより、これから心の友と呼べる友達を持って欲しいと思います。

皆さんと一緒に窪川を また、世の中をしっかりと支えていきましょう。

本当にご卒業おめでとう！

卒業生の保護者の皆さま、おめでとうございます。入学の時手を引いていた子供さんは今日卒業。これから思春期を迎えます。また、別の意味で保護者の皆さんの出番といえます。いい相談相手になってあげて下さい。聞き役になって欲しいと思います。

年度末の何かと忙しい中、卒業生の門出を祝って参集して下さった教育長をはじめとする来賓の皆さま、保護者や地域の皆さまありがとうございました。

前ページより

それぞれ進級した在校生の皆さん、卒業生を送り出したら、この美しい木造校舎や自然に恵まれ四万十川すぐ側にある米奥小学校を盛り立て、今まで以上に素晴らしい米奥小学校を作るために、先生方と力を合わせて頑張りましょう。

●教職員自らが、自分の子どもを通学させたくなる学校を理想として、学校経営に努力しています。

子どもたちの学力を高め、心豊かな経験を大切にして、地域に支えられ、地域に貢献できる学校をこそ、目ざしたいと思っています。

28

現職教育の充実をめざす学校経営

～特色ある学校経営の推進～

※221頁からお読みください

2005年11月
高知県及び高岡地区小・中校長会で発表
※『教育高岡』（高岡地区小中学校長会）第21号（2006年３月１日）に発表のまとめが掲載。

実　施　計　画　書（山の学習支援事業）

テ　ー　マ	四万十川と学校林を結んで活かす取り組み
学校名（学年） 連絡先・担当者	窪川町立米奥小学校 （TEL）０８８０－２３—０１９３（FAX）担当　門田　雅人 山脇　智恵
概要及び実施計画	１．　目標 四万十川や学校林・学校竹林を活用して、体験学習及び環境教育を進める。 （四万十川に近接した立地条件や、利用可能な学校林を所有する状況を活かして） ※　これまでＮＰＯ団体、保護者・地域の協力支援を得て①学校側の学校林及び竹林の伐採及び整備、ツリーハウス建設などに取り組んできた。また、②北の川学校林の間伐についても支援を受けて推進してきた。児童によって当地の学校林に小鳥の巣箱をかけるなどしてきた。 ２．活動内容 （１学期） ・学校側の学校林やツリーハウスを使って遊ぼう ・学校竹林で竹の子を掘ろう ・学校竹林の竹を使ってマスト登りに挑戦しよう ・校区松葉川地域の草花や雑木の名前を知ろう ・四万十川河原の石に絵を描こう ・四万十川での川遊び・カヌー体験を楽しもう（野田　知佑講師） （２学期） ・北の川の学校林の雑木名札探しのウォークラリーをしよう ・学校竹林の竹を使って楽器を演奏しよう ・学校竹林の竹を使って竹とんぼや竹馬を作って遊ぼう ・北の川の学校林へ行って間伐作業の様子を学ぼう （１１月１１日記念日行事　ＮＰＯ団体朝霧の支援を受けて） （３学期） ・小鳥の巣箱を作ろう ・北の川の学校林に巣箱を掛けに行こう ・学校階段の蹴込みに間伐材板を使って大きな絵を描こう

平成１７年度　学　校　要　覧

学校名　窪川町立米奥小学校　TEL 0880-23-0193

<table>
<tr><td>校長名　門田雅人</td><td>学級数　4</td><td>児童数　22名</td><td>教職員数 8名
男性２名
女性６名</td></tr>
<tr><td>教育目標</td><td colspan="3">心豊かに　伸びゆく子どもを　育てる</td></tr>
<tr><td>教育重点目標</td><td>① 基礎学力を鍛え確かな学力を定着させる
② 心豊かに感じる力を育てる
③ 教職員の協力・協働で子どもを主人公にした学校づくりをすすめる
④ 保護者・地域と連携して学校づくりを取り組む</td><td>研究主題</td><td>基礎学力を身につけ
心豊かに伸びよう
とする児童の育成</td></tr>
<tr><td>校内研修計画</td><td>重点的な研究
・授業の研究
【複式授業の研究、基礎学力充実・豊かな感性】
・総合的な学習の研究
【年間計画の展開・四万十川や地域を素材に】
・基礎学力の向上
【計算力・読む・書く・話す・綴る】
・ 地域に根ざした学校行事
【田植え、草取り、稲刈り、収穫祭、その他】
・読書指導
【学校図書館改善、選書会の実施、読書タイム】
・学校を地域に開く
【地域とともに学校林間伐・環境整備に取り組む】
・集会活動
【朗読、音楽、クロッキー、及び児童集会】</td><td colspan="2">4月 研究主題及び研究方針の確定、研究計画の作成
5月 学級経営案の作成、修学旅行 田植え、芋差し 第１回授業研究【講師授業】
6月 第２回授業研究【門田校長】 図書選書会、草刈
7月 一学期総括と課題の確認
8月 総合学習の取り組み、事例研究 各種研究会への参加、教材備品点検作業
9月 第３回授業研究【山本養諭】 稲刈り
10月 第４回授業研究【柳本教諭】 地区合同運動会
11月 第５回授業研究【中城教頭】
12月 第６回授業研究【前田講師】 二学期総括と課題の確認
1月 第７回授業研究【山脇教諭】 研究のまとめ検討
2月 ＣＲＴ検査全校実施、教科等経営案及び授業評価システムの再検討
3月 次年度の研究主題及び研究計画の原案づくり、研究集録印刷製本学校文詩集全戸配布</td></tr>
<tr><td>本校の沿革と課題</td><td colspan="3">明治９年創設。米奥簡易小学校と称する。同２８年独立校舎新築。昭和１６年松葉川西国民学校と改称、松葉川山分教場を置く。２１年学制改革により松葉川村立西小学校と改称。松葉川山分教場独立し松葉川山小学校となる。３０年町村合併により、窪川町立米奥小学校と改称。同年校舎落成。４９年松葉川山小学校を統合。
平成５年現校舎完成。現在に至る。平成１５年度４学級編成、同１６年度障害児学級設置のため５学級編成、17年度完全複式障害児学級含む４学級編成
本校の課題として、基礎学力の定着、地域との連携の推進、児童のしなやかな感性の育成を図ることなどを重点としている。地域に対しても、本校の取り組みを提示しながら、ともに学校を創っていく観点から協力・協働で努力している。</td></tr>
</table>

③　親子スキー教室

先に記述した『米食推進事業』の収穫米売り上げを活用して、例年、中・高学年児童と保護者・教職員によって愛媛県の久万スキー場でのスキー教室を実施している。温暖な気候の高知県では体験できないスキーを楽しむことができている。

4．成果と課題

教育課程の中での位置づけは、基本的には生活科および総合的な学習の活動としている。年間の計画を学年の取り組みに位置づけているの、この報告では紙面の関係から『四万十川と学校林を結んで活かす』主題を軸に提起しているのだが、今後子どもたちの主体的な取り組みをどう活かしていくのかが大切な課題だ。

小学校は地域の象徴的な施設である。米奥地域はかつてから林業が盛んな地域であった。学校の広大な敷地及び校庭は営林署の苗畑があった跡地に位置している。いくつかの学校林を未だに所有しているが、過去においては保護者が苗を植林、下刈り作業を実施していたことが記録に残っている。

ＮＰＯ団体や高知県の事業の支援を受けて、学校林の間伐に取り組んだこと。また、学校そばの校有林や竹林を伐採・間伐したことは直接見ることができるし学校発信の学校通信や活動を取り上げてくれたテレビ、新聞などを通して広く地域の知るところとなった。今年度も、カヌーイスト野田知佑さんと協働しての川遊び・カヌー体験を実施することができた。今後も継続していく予定だ。

学校を起点にしたさまざまな取り組みは、学校校下地域に止まらず、窪川町全体の地域にとって森林の現状について考える機会を提供することとなった。また、いろいろな地域の大人の方々が、全国表彰された『米奥緑の少年団』に象徴される小学校の『四万十川と学校林を結んで活かす』活動を支援してくださったことが子どもたちにとって大きな励みになっている。子どもたちは、自分たちの活動が広く取り挙げられることに驚きを感じている。

その後、学校林の間伐への参加協力が続いている。３０本あまりの桜を学校の周囲に植樹したが、全国三大桜の一つ福島県のしだれ桜の苗を地域の方がおみやげに届けてくださったり、紫陽花の苗木を数十本寄付してくださる方があったりと、活動に対して地域の注目や支援協力の輪が広がっている。また、保護者の日曜作業で大野見村の方から寄付していただいた、つつじの大株を２０本校庭周りに移植する作業に汗を流した。

今年度、夏季休業中に窪川土木事務所の工事発注によって四万十川そばの学校林・竹林と川原の間の石積みの土手が改修された。ありがたいことに、これまで整備を続けてきた学校や保護者の願いを受け止めていただいたものになった。石積みの土手には校庭からも楽に四万十川まで降りていくことができる緩やかな階段を二箇所、そして、校庭の排水を受ける石積水路を整備してくれたのである。

全国表彰でいただいた副賞現金も活用しながら、学校そばの四万十川と近接した学校林・竹林の整備を取り組みたい。校庭の排水が直接流れ込んでいるので、間伐材や竹炭なども活用してビオトープと水路を設置する取り組みに発展させたい。四万十川との間の敷地に柳や岸つつじ、川椿を繁殖させるための学習や取り組みを進めたい。

④　ツリーハウス周辺清掃

１２月４日にツリーハウスが完成したが、低学年が安心して遊べる状況ではなかったので、全員で周辺の清掃・整備を実施した。多量のガラス瓶のかけらや放置タイヤ、枯れた竹の端切れや棒切れなど処理した。安全になった場所にロープを張り未整備の場所と区別することができた。

（３）レクリエーション活動

①　川遊びカヌー体験

高知県総合支援事業の支援を受けて、『橋を架ける（四万十川で遊ぶ・四万十川と遊ぶ）野田知佑さんとともに』と銘打って、野田知佑講師や漁業組合長など地域講師の講話や実演。また、近隣の大野見村児童、西土佐村児童や町内影野小・興津小児童とも交流した。・
四万十川上流から海の学校へまで、地域の先達や大人から子どもたちへ、四万十川の沈下橋のように此岸から彼岸へ、橋を架ける取り組みとすることができた。

今年度は、山の学習支援事業を活用して仁井田小学校と連携して取り組んだ。総合学習の一環という側面を重視しつつ、水の事故防止には相当の配慮、多数のボランティアの支援を受けることができた。高学年の子どもたちは、講師や協力者への文章を送付しながら主体的な取り組みの自覚を高めた。
また、四万十川の川漁についてはうなぎ漁と定めて、地域の名人たちに講師をお願いした。今年のカヌー体験は学校前の四万十川を３キロ近い下流の三堰まで川くだりにチャレンジした。

保護者有志も、監視や安全確保の仕事以外に自分たちもカヌー体験を楽しんだりするとともに夜間の合宿前のバーベキューには大量の鮎やうなぎの差し入れをしてくれるなど、取り組みが定着してきた。講師の野田知佑さんは『次年度は子どもと保護者で一緒に川くだりをしよう』と前向きに呼びかけを下さった。

②　鍋釜遠足

象徴している名称のように、鍋と釜と飯盒を持参して全員と教職員による遠足を実施した。ＪＡの『米食推進事業』の支援によって、材料については現物支給を受けて取り組んだ。また、子どもたちが田んぼで収穫した米を使って飯盒炊飯に使用した。今年度は学校前川原を利用予定である。

の材料については例年林業事務所の援助をいただいてきた。また、作成段階での工作指導についても支援をいただいた。中・高学年の児童が作成に当たった。

⑤　野鳥観察及び巣箱掛け

高知県鳥獣対策室派遣の講師の指導を受けながら、中・高学年の児童がＮＰＯ団体の支援で間伐が進む北の川学校林まで徒歩で往復した。その間、野鳥の観察を実施した。また、学校林周辺の雑木に巣箱掛けを行った。今年度も三学期に企画を予定している。

（2）奉　仕　活　動

①　学校林・竹林伐採

林業事務所やＮＰＯ団体（森と緑の会）の支援を受けて、昨年度一学期終業式終了後、学校そばの学校林の杉材、竹材を伐採、搬出した。テレビ高知の取材があり後日、『ＥＣＯ高知応援団』番組として放送された。およそ学校竹林の三分の二近くが整備終了。杉材の皮剥について指導をしてもらった。（ツリーハウス材料用の杉材準備）

②　三堰キャンプ場清掃

例年、鍋釜遠足と銘打って三堰キャンプ場まで徒歩で出かけている。そこでは、縦割り班編制による飯盒炊飯を実施。班別にゲームなど企画して交流した。飯盒炊飯の準備段階で燃料確保をかねてゴミの収集。また、全体企画終了後三堰キャンプ場全体を清掃して帰着。

③　学校林・竹林伐採

高知県『山の日』事業（１１月１１日）と連動させて、ＮＰＯ団体（朝霧事業所）や林業事務所・保護者・地域住民の支援を受けて、当日午後作業を実施した。学校そばの杉林、竹林の間伐、伐採については基本的に終了した。学校校庭から美しい四万十川が見える状態になり参加者一同喜び合うことができた。なお、午前中には『山の木について』や『竹とんぼ』について講話をしていただいたり竹とんぼ飛ばし競争を楽しんだ。

今年度は、四万十川をまたいで対岸にある北の川学校林の間伐体験およびさまざまな雑木と呼ばれる樹木に名札をつける活動を予定している。ＮＰＯ団体（朝霧事業所）に所属する地域の方々が、『学校林の主な樹木』（米奥小学校）という写真図入りの貴重な資料を作成して下さった。

日曜参観日の形態をとって、保護者や地域の方々とともに資料を活用しながら名札付けを実施する。学校林においてみんなで弁当を食べる予定だ。

現職教育の充実をめざす学校経営　'05. 11. 15

～特色ある学校経営の推進～

窪川町立米奥小学校　門田　雅人

1.　学校・地域の概要

資　料　①　学校要覧Ａ４資料

2.　教育方針・教育目標

高知県愛鳥モデル校・緑の少年団活動・ＪＡ米食推進事業
高知県総合支援事業（１５．１６年度）
高知県図書館親子読書推進校指定（１５．１６．１７年度）
高知県山の学習支援事業（１７年度）／

3.　具体的な取り組み

『四万十川と学校林を結んで活かす』

資　料　②　パワーポイント資料　　資　料　③　学校通信など

（1）　学　習　活　動

①　実習農園植付け

学校敷地内の農園の畝にサツマイモ苗を植え付けした。児童全員を縦割り５班編成として、各班で一畝を担当。マルチを張ったところにカッターで切れ目を入れ、全部で５０本の苗を植え付けた。

②　一人一鉢運動開始　低・中・高学年単位の児童で一人一鉢の運動を開始した。学校用務員の指導を受けて種から育てた苗をプランターに植え付けた。毎日、１校時の休み時間に全校放送がかかり、それを合図にして水やりを続けている。児童は開花の時期を心待ちして世話をする。

③　ツリーハウス作成

四万十川とすぐ側の学校との間に位置する学校林及び竹林の伐採や整備を一年半近くかけて行ってきた。ＮＰＯ団体（森と緑の会）や林業事務所、保護者・地域の方々の支援を受けての取り組みであった。

当日、伐採は終了段階を迎えていた。３０本近く残した杉の木のうちの数本と間伐した杉材を活用して二日がかりでツリーハウスを完成した。

年度をまたいで、周辺整備や草刈など保護者や地域の方々の支援・協力をいただいている。児童も清掃活動を続けるとともに、折に触れて外遊びの基地として活用している。とりわけ、他校児童が交流学習に本校に来たときなどは、うれしそうに案内している姿が微笑ましい。

④　巣箱づくり

過去数年にわたって、継続事業として野鳥の巣箱づくりと巣箱かけの活動を続けてきている。巣箱

29

私が大切にしてきた美術教育

―そして今　校長として―

2006年２月
「子どもと美術」（美術教育を進める会）No.57

大会基調実践報告より
私が大切にしてきた美術教育
—そして今　校長として—

門田雅人
（高知・窪川町立
米奥小学校）

●しあわせな出合い

今日、講演していただく今江祥智さんに出会ったのは教師二年目。一年生を担任していた時、高知県の端っこにある香川県より広い幡多郡にいました。同じ四国といっても大きさが全然違うのです。幡多国語の研究会で今江さんが来られた。講演会は一番前で聞きほれました。夜の懇親会で今江さんが「門田君、絵本を君は好きか？」と聞かれたので「はい、好きです。」と答えたら「じゃああの本を送ってやろう。」と…それがこの本です「門田雅人様　一九七四十一月十七日」と書いてあります。絵本『あのこ』の限定版でした。

つい昨年ですが、今江さんが高知市に来られて話をされた時、同じように一番前で聞きました。同じ本『あのこ』の市販本にサインをしていただき（二〇〇四年八月）懇親会では美しい私家版をいただきました。本当に幸せでした。このように絵本との出会いは今江さんから始まったわけです。今回、全体会で講演をしないかと依頼があった時、やはり「会（美術教育を進める会）の内部の人間が講演をするのはおかしい。内部の者は実践報告だ」と言いました。それで、責任上私が前座を務めて今江さんに講演をしていただくことになったわけです。

二〇〇三年四月七日。その日は一体どんな日だったかご存じですか？私が校長として初めて入学式・始業式をした日なのですが、鉄腕アトムが生まれた日、誕生日なんです。手塚治虫が数十年前に漫画の連載の中でその日を設定した。『二〇〇三年四月七日に鉄腕アトムが生まれた』と……。その日に私は校長として始業式をした。始業式でアトム人形を示しながら「これ何か分かる？」と話をしたのです。『科学は手塚治虫の予言どおり進歩している。二本足歩行のロボットも誕生した。でも、一方で人

学校と四万十川を望む

カヌー体験

間は相変わらず戦争を続けているし今でも、たくさんの子どもたちが食べるものがなくて死んでいる。鉄腕アトムの誕生日にそのことを考えてみよう』と話しました。その年の卒業式辞の中で、始業式での鉄腕アトムの話を振り返り、加古里子の絵本『人間』を示して展開を紹介しながら、人間が人として歩んできた中で科学や芸術が進んでこんなにすばらしい社会になったことを自分の体験を交えて話しました。

　美術教育を進める会と出会ったのは、教師三年目。その前の年に山形に全国教研の代表で行ったことがありました。そのときのことを覚えてくださっていたのでしょう。若くてつたない実践を持って大会に参加した私に、菅沼さんたちが「おお来たか。来たか。」と大歓迎してくださいました。その夏は、新しい絵の会、全幼教、そのあとで美術教育を進める会に行ったと思います。民間教育団体のはしごをして、最後の日程で行き着いたのが美術教育を進める会。本当にあったかい会だと感じました。また一段と大きな輪になってくれたらうれしいなと思います。

高知サークル

　私はそれ以来、高知県で進める会のサークル活動を、保育・小学校・中学校の仲間たちとずっと続けてきました。今、そういう仲間に育てられた私が、実践報告をしていると思って聞いていただけたらと思います。

　最初に、私が指導をした子どもの詩が載っているのを紹介します。私はこんな教師でした。複式担任教頭時代です。「小さな声で帰りの会」という本当に幼い詩が載っています。小学六年生です。

「こっくり、こっくり／帰りの会なのに先生が眠っている／きっと疲れているんだな／（一行あけて）司会の私は／小さな声で帰りの会をした。／目をさまさせないように／「今日の反省を言ってください。」／「係りからいってください。」／（一行あけて）はっと先生が目をあけた。／

　一九九五年に指導をした詩です。実は日本作文の会で毎年年刊文詩集を発行しているのですけれども。こんなに幼い詩が六年生の優秀作品として選ばれるとは思いませんでした。まあ、それだけいいかげんな教師だというのか、力の足りない教師だったと思います。

　複式授業の教材研究をするのに本当に時間がかかりました。国語でも二つ分、算数も二つ分、五年と六年の教材研究をしなければならない。それまで私もずっと自作プリントを作っていましたが、複式の担任教頭になってから市販のテストを使うようになりました。もう、どうにもならない。だいたい、その頃、一時より早く眠ることはありませんでした。学校通信も出していましたから、……。

　この詩の作者咲季子さんは、そういう教師の疲れた姿を見て、馬鹿にするとか「先生、どうしたことか。」と非難するのではなく、あったかい目で見てくれているのです。文詩集の選者が「なんて温かい子どもだろう。教師に対してこういう気持ちでいられる子どもってすばらしい。」と批評してくれたことをうれしく思いました。

　教師の力が足りないところを子どもが支えてくれる学級というのが一番すばらしいのかもしれません。凄腕のスーパーマンの教師がいて、何でもできて…だけでは、今の学級では成り立たないのではないだろうかと思っています。これから紹介する私の実践もそういうつたない実践ですので了解して聞いていただきたいと思います。

　この画像は、階段に描いた大型展示です。私が勤務している学校は木造校舎で素敵な学校です。この作品はつい最近できたばっかりです。今年の一学期の終わり……階段の蹴込の所だけはセメントになっていました。少し残念な気がしていたのです。そこに杉板をはりまして、一箇所に集めておいて絵を描いて、もう一度入れ込んであるわけです。四万十川を題材にした野田知佑さんの絵本を原画にして三人の六年生が分割拡大図法で分担して完成しました。こういう学校におります

階段を飾る

くにひこくんの絵

　これが四万十川。すぐ近くにあるのが学校です。校庭は広くて二〇〇ｍのトラックが取れます。ここに川があって、間にある竹林と杉林は学校林です。竹が繁殖しすぎて校舎や校庭を圧迫している状態でこの学校に赴任しました。

●子ども心に共感して

　この一枚の絵。これが小学二年生になった時のくにひこ君の絵です。私は、低学年を持った時は絵日記のように毎日絵を描いてもらっています。彼は、これを持ってきて朝の会の発表で、さっと見せないんですよ。「くにひこくん？何持ってきているんだ？」と聞いてもなかなか見せてくれませんでした。

　美しい女の人が描いてあり、ふりふりのパンティをはいていて男の人が女性の足に口付けをしています。色鉛筆で描いてあります。中年男性みたいな関心の持ちようですね。もうかれこれ二十年近く前のことです。この子と、もうひとりの男の子二人、ごみの回収車の後を追いかけて、エッチな雑誌を見つけては、拾い集めていたようです。

　田舎の子どもでも、こういう文化状況のなかにあるということについては、いささかがっくりきました。でも、その感覚そのままに、子どもが関心を持った物事を描くのを認めることは、大事だと思うのです。「こういうのはだめだ」正面から「許さない」と決めて、値打ちのある絵だけ描かそうという意識が僕たちの中にどうしてもある。子どもたちが持っているものが出てくるような……生活綴り方の指導の姿勢も同じことを大切にしているように感じます、子どもの状況を受けとめた上で、子どもと一緒に値打ちのあるもの共有する努力をする。そういう実践をしたいと思う。こういう絵を描いてきても「おもしろいもの描いてきたね」とまずは受け止めたいのです。

　これは、教師二年目、初めて一年生の担任を持った時のさやかさんの絵です。一九七四年二月六日と描いてあります。これおもしろいですよ。下校途中の絵なんですが、同時表現なんです。三人が歩いていて。この子だけは、川のほうを見ている。それで噴出しの書き込みが「向こうの石に鳥がいる」石石石……と絵でも字でも書いて、この子は「きれいな鳥やねえ。」と言ったと書いてあるのです。前を向いていた二人の頭がくるり、くるりと回転したように描い

て向こうを見た絵になっていて「ほんとうやねえ」「うんそうやねえ」と二人の相槌が、ことばと絵の両方で表現してある。こんなのを毎日朝の発表で楽しく取り組んだ記憶があります。

ただし、この時は十二人の子どもたち。

さるかに—切り絵—

ひまわり（2年）

「二十四の瞳」でしたが、大きな失敗も経験しました。五月に絵本『スーホの白い馬』を読んだことがあります。最高傑作だと自信を持って臨みました。地べたに座って聞いていた子が、そのうちにバタバターッと走り回りだしました。（この子たちの親は、どういう子育てをしていたんだろう?保育園の先生は、何をしていたんだろう?）自分の方には、責任を向けませんから……よく考えてみると、今から三十年も前で保育園にも、あまり絵本がない頃でした。私、気を取り直して、次の日から、『おおきなおおきなおいも』とか楽しい絵本の『ねずみくんのチョッキ』とかを読んだんです。子どもたち、これは必死で聞いてくれました。

それで、十月の運動会が終わった頃にもう一度『スーホの白い馬』を読んだのです。すると「ぼくの白い馬、死なないでくれ〜!」という場面では涙を流して聞いてくれました。同じ子どもたちが、五月と十月でこんなにも違いました。教師が自分でいいと思っても、子どもの発達段階に合わないものを、いくら押し付けたって、受け入れる素地がなければ、走り回る。

「絵本って楽しい!」「今日のお話も面白かった!」と思えてくると、少し長い話でも聞いてくれる。げらげら笑って見てくれる。また、『おしいれのぼうけん』のように長編ですけれど、自分たちの生活に密着したものだと楽しんでくれる。絵本についても、子どもたちに教えられて教師として成長させてもらえました。

これはその当時一緒にやっていた同僚の指導した実践です。私の美術教育の原点となった作品と言えるかも知れません。二年生が、自分たちで育てたひまわりが、こんなに大きくなったよ。毎週、米のとぎ汁などかけていたら育った。こんなに大きなひまわり。人間はこんなに小さい。そんな幼児の特徴を持った絵です。

この時期に発見的に見て描く経験や、指導をやらないと、女の子は、必ず人形さんの絵になります。保育園の年長さんでも、関心は、髪の毛のリボンや、ポニーテールだったり、スカートの模様を描いたり、花はチューリップになる。それは、一つのシェーマ（図式）ですから、形について「人間とはこういうもんだ」ということになっていくのです。

これは、当時、切り絵が流行っていて、各学年で多様に取り組みました。私は共同制作を取り組みました。模造紙の大きさです。『さるかにばなし』を四場面で完成さ

12歳の自画像

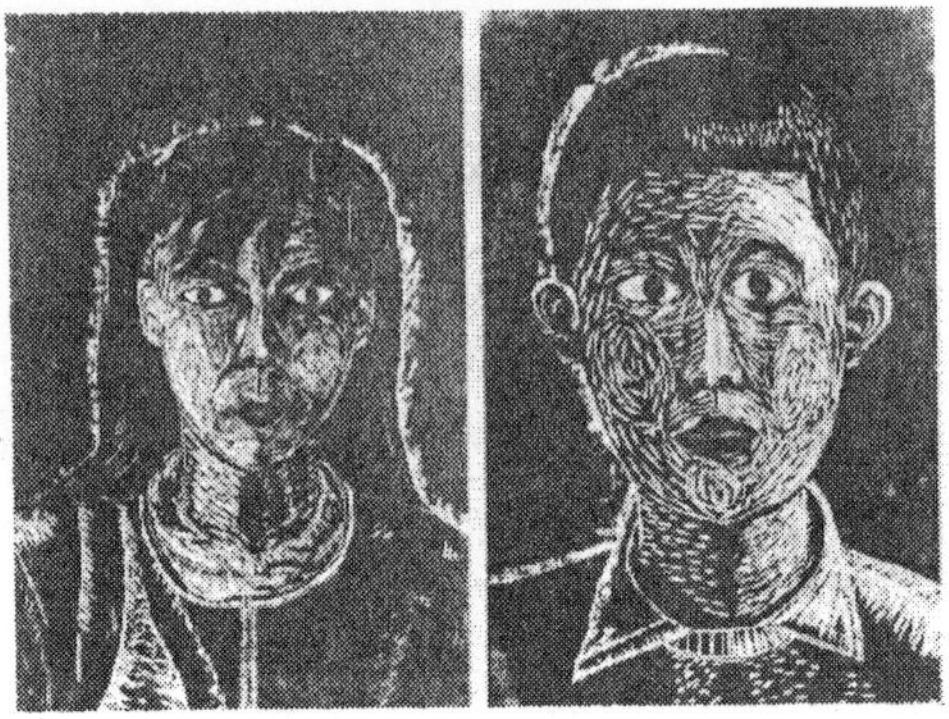

せました。教師を始めた頃に、この学校で、学校ぐるみのこういう取り組みが出来たことを、非常に幸せだったなあと思います。一九七三年から四年に、「子どもの見方・考え方、感じ方を育てる図工指導」を主題に学校ぐるみで研究できて幸せでした。

●描くこと・生きること

これらの版画は『十二歳の自画像』です。複式の学級担任です。まだ教頭ではありません。卒業式の会場に、卒業制作としての版画を貼って、文章も、卒業論文三〇枚ということで全員が書いて卒業していきました。

一人の男の子が「僕は、お父さんを尊敬しています。だって、小さい土地しかないのに、いろんな人が農業のことを父に学びにきます。」卒業式の日に、この卒業論文を読み上げました。「僕は、お父さんの後を継いで、農業をやります。お父さんを尊敬していきます。」お父さんは、（会場の）後ろでワーワー泣いていました。続けて、本人の将来の決意として「僕は、おとうさんと同じやり方ではいけないので、農学部に進みます。」って言ったんです。

稲刈り　3年

稲刈り　6年

私、黒い服着て座っていながら、正直かなり大変なこと言うなあって思っていました。中学校の成績で言えば、五段階評価で中くらいの子でした。彼は、進路を保障する仕組も生まれている愛媛大学農学部附属高校へ進学しました。そこは、学力だけでなく農業に対し志を持った人に門戸を広げ、努力に対応して国立大学に推薦をしていくのです。彼は、その高校を卒業して私の母校宮崎大学の農学部に入りました。現在地元の役場に勤めています。学力の問題も克服していけるという証明です。絵を描いたり文章を書き綴る取り組みが、生きる力に結実してくれたという点で最も幸せな実践例だと思います。

専任教頭になって、七〇名の六年生の図工の指導を担当していた最近も、『十二歳の自画像』の実践は大切に続けてきました。

全校九名の学校では、となりの学級と交換授業をしていました。（高学年の稲刈りの絵、低学年の稲刈りの絵、どちらも構図が同じ二枚の絵を見せて）同じ場所の絵でも三年と六年はねらいが違う。ついつい形

漁港の船

葛飾北斎模写

大きな木

を正確に描けているかどうか。描写力の上手下手で判断されることが多い。どちらもいい絵だと受け止めることができる教師や子どもたちにしたいです。

《大きな木を描いた作品》

明るい色から描いていくことが大切だと思う。緑色の混色がポイントになる。黄緑色や緑色は混色で創らせたい。灰色の指導も困難だけれど重要だと思います。

《漁港の船を描いた作品》

農山村の子どもが初めて船を描きました。一定程度描写力高められていたら、高学年にとっても題材の新鮮さは意欲に結びつきます。

私は、年度当初に子どもに対して、「ここを描きたい！」という場所や主題を見つけることを指導します。一方で、同じ題材や教材で子どもを高めていく指導を大切にしながら、他方で、児童本人にとって意味のある題材を児童が自らの力で描いていくことを育てたいと願っています。

この絵は、いわゆるいい絵とはいえないかもしれません。しかし、他人にとってはそうであっても、この子にとってはいい絵、意味のある作品なのです。散髪屋が描いてあります。これは自分でどうしても描きたい場所だった。この子はおじいちゃんがやっている散髪屋を描いたのです。

散髪屋

おじいちゃんは喜んで、理髪店の一番目立つ場所に孫の絵を張りました。おじいちゃんは急な病気でなくなりましたが、おばあちゃんが続けて経営している店に今も飾られています。

●子ども・保護者・地域と

この後、現在校の校長になったわけです。全校児童二十四名ですが、地域には二七〇戸ぐらい戸数があるのです。それまで学校は、準会員としてPTA会費をもらっているのに、学校が地域に返せる物は運動会の時の景品ぐらいであまり、地域と縁がないということがありました。私は、学校通信『松葉の子』というのを、月に二回書いています。ただ、毎回配ってもらうことはできませんので、町役場の地域広報が十日と二十日に集落の世話役総代のところに届きます。それに合わせて届けて学校通信も全戸配布してもらっています。連絡・通知などは、パソコン印刷ですが、学校通信だけは汚い字でも手書きで書いていています

　つぎは、学校づくりとの関わりで、「学校図書館の本を自分たちで選ぼう」という話に移ります。私の学校では、子どもたちが選んだ本を購入しようとしています。全体予算は町から九万円・ＰＴＡから十二万円　県の指定を受けて五万円のお金をもらっています。資料七に図書基準というのがあります。今文部科学省は、五カ年計画で六五〇億円予算を図書費として別途にくんでいます。自治体に全部下ろしています。ブックスタートと言って幼児検診の時絵本が無料で配布されているのをご存じですか。あれを含めてですよ。うちの学校で基準は四〇〇〇冊程度、四〇〇〇冊を越えていたら新しい予算は来ません。それも、後二年で終わりですから……

同一素材で描く・「工場」

　是非、みなさんの学校でも台帳から除籍して学級文庫にしてください。なかなか、それができないのでパソコン管理に移っていけばいいかなあと考えています。それから、町の図書館や高知県の図書館と連携しながら町の図書館にたくさん本を置いていただいて、学校のパソコンで連動していくようにしようと取り組んでいます。

　そのためにも、予算の一部を当てて子どもたちに図書を選んでもらった。子どもたちが自分たちで選んだ本を図書室に置くと、子どもたちが嬉々として図書室に行き始めます。子ども恐るべし、決して変な本ばかり選んだりしないものです。

　この絵を描いた子どもが学校に来るきっかけというのは、夏休みのことでした。図書室の整理と図書の除籍・廃棄の作業に連日参加してくれました。読書好きの女の子でしたから、進んで破れている本、古くて読まれそうにない本を選んでくれました。

　そうしているうちに、男子の水泳特別練習が始まりました。彼女は記録係りを受け持ってくれたのです。男子の練習の後で一人で泳いで帰ることも始めました。

　私は校長ですから彼女とは点の接点でした。担任が一生懸命がんばって、あるいは養護教諭が接点を持っていました。私とは、校長室で絵本『セブン』を介してボソボソと会話をしたりしていましたが、私が図工を担当している学年でもあったので、彼女は校長室で絵を描くようになりました。

　成長した同学年の子ども集団の支えもあって三学期には多くの時間を教室で過ごし、卒業式にも堂々と決意を語って旅立ちました。

　締めくくりに私が二年生になったときに書いた作文「ぼくの弟」に触れます。今五十六才ですからおよそ五〇年前。三日前のことでさえ忘れるんですから、五〇年前の

一年生の自分の記憶なんてほとんどありません。ところが、父親が『まさとよりよい子になるぞ』と言ったことなど、この作文を読むと五〇年前のことがまるで昨日のことのように浮かぶ。つまり文章の持っている強さというのは、歴史や、時代を超えてくるところにあります。ハリーポッターがイギリスで発売されたと同時に、日本であれだけ読まれるということはすごいことです。

私は小学校に入る前に、父親に映画へ連れて行ってもらった時のイメージがすごく強く残っていました。それは、海の底を、潜水艦がぐんぐんと潜っていく映画です。名前も題名も全然覚えていません。大きなタコが潜水艦に巻き付いているイメージだけがすごく残っていました。

最近、NHKでそれを見ました。「これや。これがぼくの見た映画や」と思ったんですよ。ディズニーが最初に作った映画でした。

杉丸太の皮はぎ

ツリーハウス完成！

学校図書を選ぼう

「海底二〇〇〇〇マイル」という映画でした。映像やすばらしい世界にふれた感動というのは五〇年たっても六〇年たっても覚えているものなんですね。これは、すごいことだなと思います。

今、目の前にいる子どもたちは、確かに子どもです。その子どもの中にも、ぼくがいるわけです。教師の言った一言が、教師に励まされた一言が、その子にとって絵が好きになったり生きていく力になったりするのです。

先に紹介した学校周辺の竹林や学校林の整備については、保護者が休日返上で何度も協力してくれました。重機なども駆使して大掛かりな仕事を完成してくれました。(仕事の後、車座になっての慰労会が楽しいのです。仕事中の失敗を笑い合い、次回の作業の段取りをします。)

地域の支援者たちが学校林の間伐にも協力してくださいました。保護者や地域に支えられてこそ、子どもたちや学校は生きることを実感しています。

そのためにも、教職員自らが『自分の子どもを通わせたくなるような』学校をこそ創ることをめざして努力し続けたいと思います。

30

想い描くこと・書き綴ることを大切にして

2007年
高知大学教育学部講座「高知県の教育」講義

想い描くこと・書き綴ること
を大切にして
高知県高岡郡四万十町米奥小学校
門田　雅人

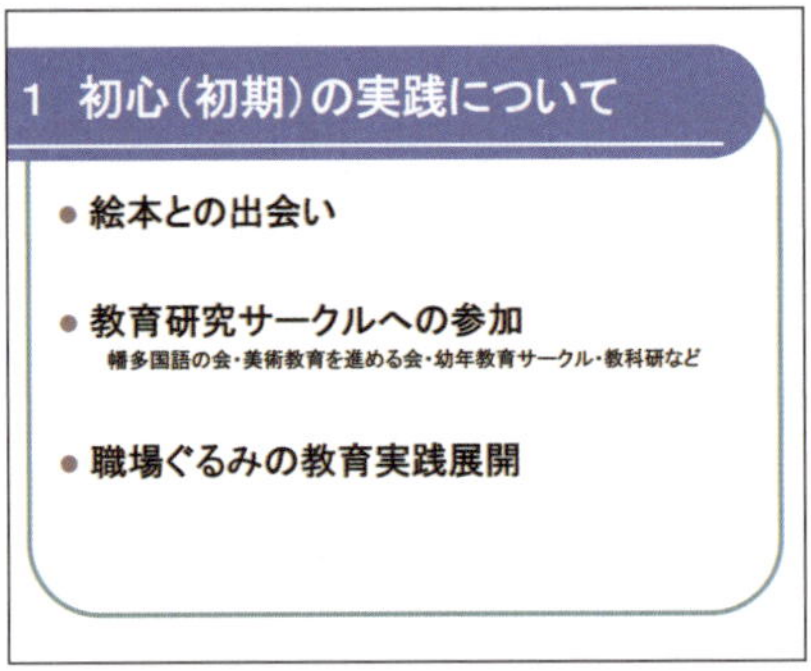
1　初心（初期）の実践について
絵本との出会い
教育研究サークルへの参加
幡多国語の会・美術教育を進める会・幼年教育サークル・教科研など
職場ぐるみの教育実践展開

私の絵本50選

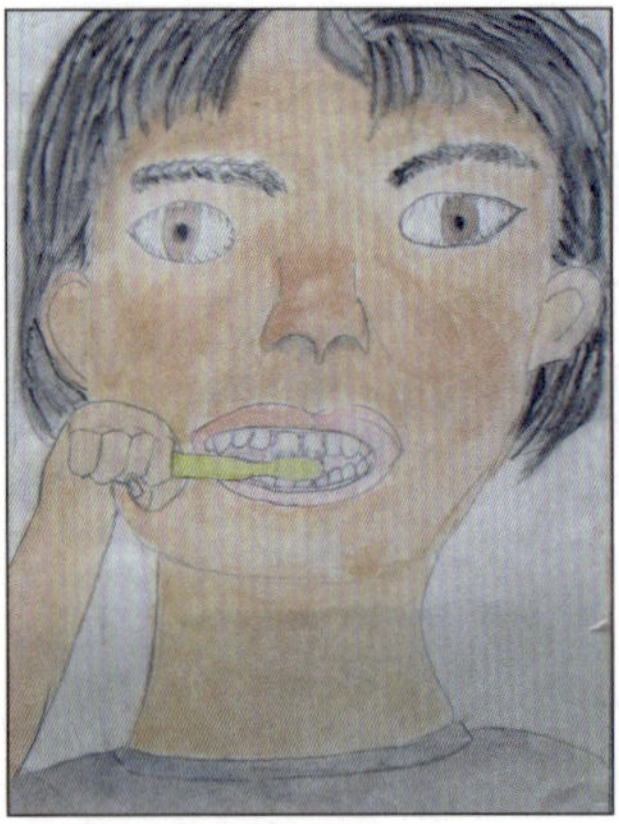

The Wonderful World of OZ

2年生は応援ロボット

各学年で切り絵に取り組む

2　中堅学級担任及び担任教頭としての実践

- 生活綴り方と結んで
- 空気を吸うように絵を描く（当たり前のこととして）
- 教育実践と教育運動を結んで

運動会応援大看板（段ボール）

12歳の自画像　津野川小学校

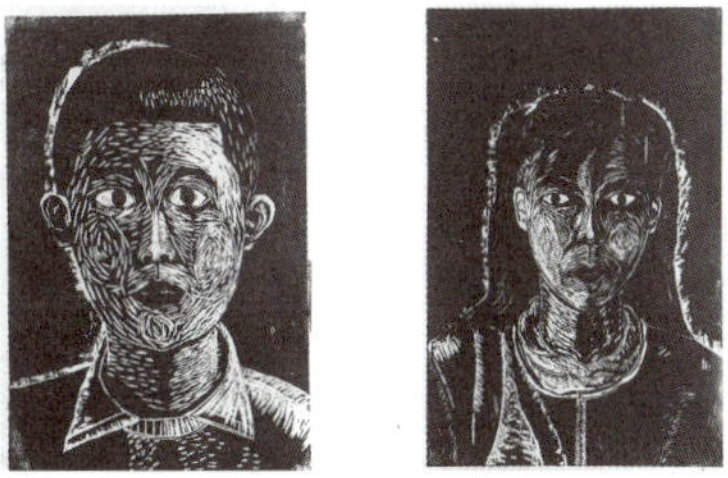

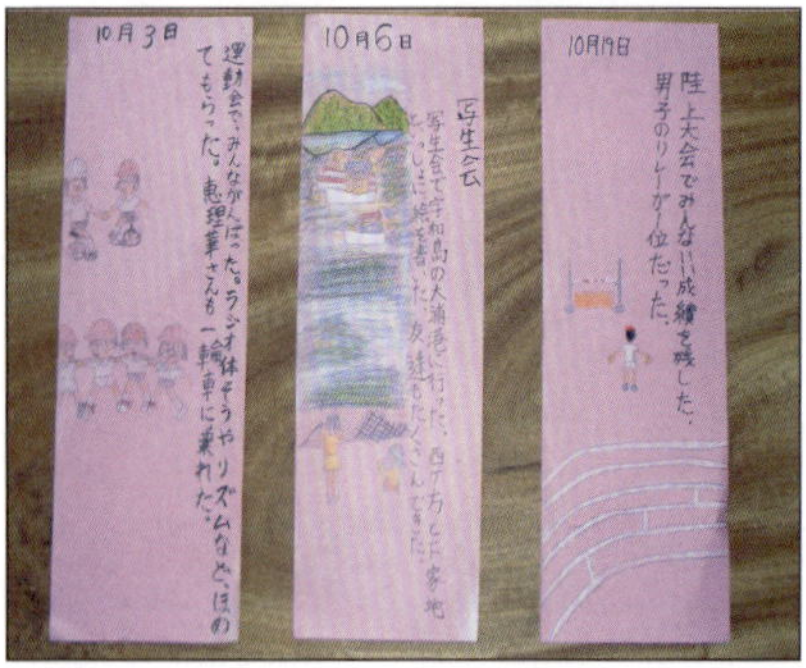
10月3日
運動会で、みんながんばった。ラジオ体そうやリズムなど、ほめてもらった。恵理華さんも一輪車に乗れた。
10月6日
写生会
10月19日
陸上大会でみんないい成績を残した。
男子のリレーが1位だった。

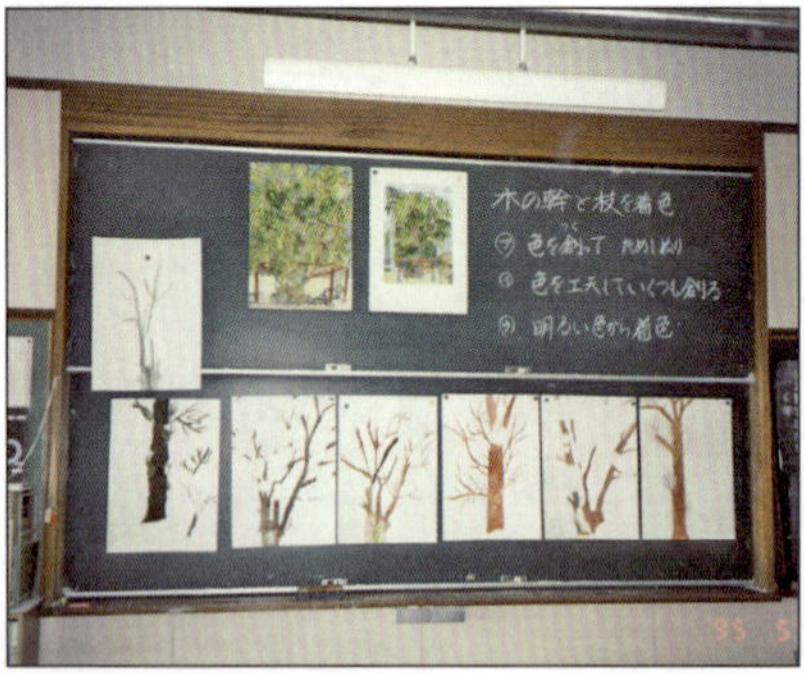
木の幹と枝を着色
㋐ 色を創《つく》って ためしぬり
㋑ 色を工夫していくつも創ろ
㋒ 明るい色から着色

祝
卒
業

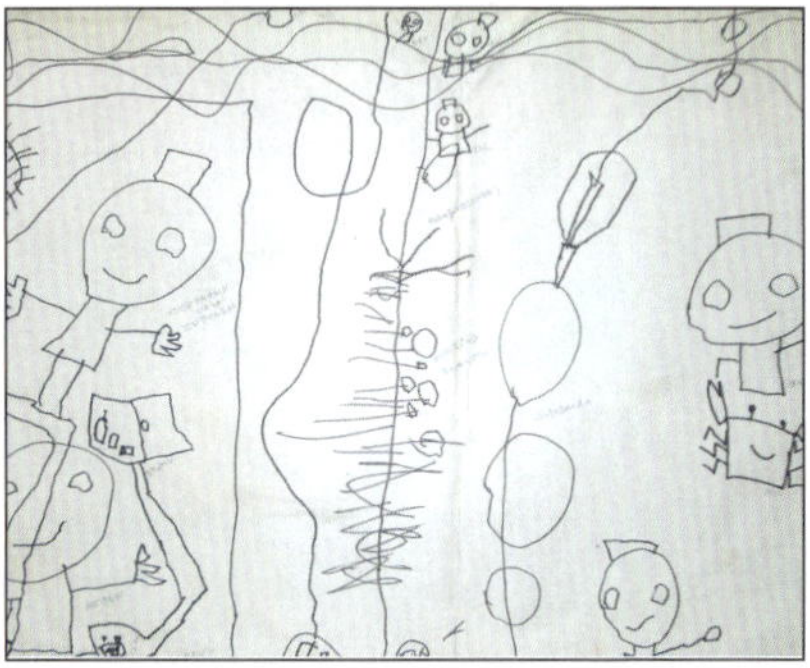

3　専任教頭・校長としての
教育実践及び学校経営

- 低学年における絵本の読み聞かせ
- 高学年の図工教科担当教師として
- 学校環境の整備及びデザイン

47

特選
米奥小学校 6年
中津川

祝
卒
業

4　地域に学校を開く・地域に
支援される学校づくり

- 学校通信など学校発信の
  定期的広範な展開
- 保護者・地域と協働して
  地域に根ざした学校づくりを
- 学校図書館の整備
  公立図書館との連携・協働

STEARNS

選書会

31

パネルディスカッションを取り組み終えて

パネルディスカッションを進行するに当たって

2008年１月
『子どもと美術』（美術教育を進める会）No.61

パネルディスカッションを進行するに当たって

司会　高知　門田　雅人

1．はじめに―なぜ今このパネルディスカッションを企画したか

　※　理論や実践は樹木の幹を太らせてから枝葉を豊かに

① 子どもと教育を巡る状況がギスギスしている
② 民間教育運動の成果と課題、現状はどうか
③ 美術教育は意味のない教育なのかを問われている
④ 進める会の現状及び到達点は何なのか

2．まずは目の前にいる子どもとの取り組みの充実を

　※　子どもの発達課題に対応した学習課題を

① 教育現場を励ます教育理論、実践、運動が求められている

② 人は絵を描いたり物を作ったりすることを求めている

③ 教えたり育てたりする見通しを持ちたい

3．『進める会』の実践的・理論的到達点を共有財産に

　※　私たちは何を拠りどころにできるか

① 手仕事の実践的な理論体系化を先進的に取り組んだ**菅沼嘉弘さん**に学ぶ
② 幼年期の描画表現活動の理論体系化を教育運動とともに取り組んだ**新見俊昌さん**に学ぶ
③ 小学校担任として学級経営と結んで総合的に取り組んできた**内海公子さん**に学ぶ
④ 専科教員として体系的に実践、教職員集団と協働して取り組んできた**中村將裕さん**に学ぶ
⑤ 発達研究や実践を細やかに取り組んできた特別支援教育の実践に学ぶ
⑥ 想いを語る実践と深く関わってきた幼年期や思春期の実践に学ぶ

山田康彦さんに学ぶ

4．明日からの現場での教育実践や地域での活動に活かそう

　※　遠い見通しと近い見通しを持って

① 発達研究及びこれまでの実践の到達点に自信と謙虚さを持って取り組もう

② 教育運動として職場や地域の仲間とともに協働した取り組みを進めよう

パネルディスカッションを取り組み終えて

門田雅人
（事務局次長）

一、事前に企画した意図や展開

○なぜ今このパネルディスカッションを企画したか

※理論や実践は樹木の幹を
　太らせてから枝葉を豊かに

①子どもと教育を巡る状況がギスギスしている

②民間教育運動の成果と課題、現状はどうか

③美術教育は意味のない教育なのかを問われている

④進める会の現状及び到達点は何なのか

○まずは目の前にいる子どもとの取り組みの充実を

※子どもの発達課題に対応した学習課題を

①教育現場を励ます教育理論、実践、運動が求められている

②人は絵を描いたり物を作ったりすることを求めている

③教えたり育てたりする見通しを持ちたい

○『進める会』の実践的・理論的到達点を共有財産に

※私たちは何を拠りどころにできるか

①手仕事の実践的な理論体系化を先進的に取り組んだ**菅沼嘉弘**さんに学ぶ

②幼年期の描画表現活動の理論体系化を教育運動とともに取り組んだ**新見俊昌さん**に学ぶ

③小学校担任として学級経営と結んで総合的に取り組んできた**内海公子**さんに学ぶ。専科教員として体系的に実践、教職員集団と協働して取り組んできた**中村将裕**さんに学ぶ

④発達研究や実践を細やかに取り組んできた特別支援教育の実践に学ぶ

⑤想いを語る実践と深く関わってきた幼年期や思春期の実践に学ぶ
　研究者**山田康彦**さんに学ぶ

○明日からの現場での教育実践や地域での活動に活かそう

※遠い見通しと近い見通しを持って

①発達研究及びこれまでの実践の到達点に自信と謙虚さを持って取り組もう

②教育運動として職場や地域の仲間とともに協働した取り組みを進めよう

　以上の前提で司会を進めることを、自分としては心に決めていました。事前の検討会でも、了承していただいていましたので心してかかりました。

二、当日の展開の要点について

　当日の展開としては、参加者に対してまず、教育を巡る状況で気がかりなことを提起しました。昭和教育基本法が大切にしてきた【個の尊厳】が疎かにされ始めてきていることです。民主主義の基本である多数決の原理も、結論が先にあるのでは討論が深まるわけはありません。教育の現場においても、学力の二極分解が進んでいます。教育実践のありようも　ア　○○方式の流行に見られる教師の金属疲労状態の問題　イ　教育実践や教育運動の成果を共有していく協力・協働の弱まり　ウ教育研究・学際性の独自性と教育運動の関わり方の困難について

また、実践報告者が小学校に偏っていることについて理解を求めました。小学校担任教員である内海さんは、特別支援教育や保育所・幼稚園との接続とも関わって、子どもたちの全領域を担当する担任教師の代表として。小学校図工専科教員である中村さんは、中学校、高等学校、大学と接続とも関わって教科教員の代表として位置づいてもらいました。集中的に論議を深めることを意図して、機械的に発達段階別のパネラーを用意しなかったのです。それらのことを、司会のほうから最初や途中で提起して確認しました。

①自分にとって美術教育は・進める会はどのように位置づいているかを、パネラーに対して問うことから始めました。自己紹介も兼ねて語っていただいたのです。その冒頭で

山田さんが進める会の特徴を　ア　子どもの発達全体を捉えて美術教育の意味を考えているそのことを、新しい視点として持っていること　イ　手仕事・工作の分野を美術教育の重要な一分野として位置づけたこと　そして、課題として　ア　表現の質を、深く考えて追求すること　イ　現在の子どもの発達課題から美術教育の課題を追求することを挙げられたのが、印象的でした。

中村さんは、手仕事・工作の楽しさを実演を伴って強調、それらを進める会で学んできたことを、内海さんは、美術は専門外なのだが豊かな感性を大切に考えながら子どもと苦闘する中で表現を追及してきたこと、菅沼さんは、進める会に手仕事・工作が位置づくに至った経緯について、新見さんは、発達図が子どもの現実や実践の中から生まれたこと『○○しかできない』でなくて『○○することができる』という視点の大切さを、触れられました。

②現在、子どもたちや美術教育において気がかりなことを短く語っていただきました。

菅沼さんは、子どもたちの生活に自然がなくなっていることを、内海さんは、教師の多忙さが子どもの姿を見えにくくしていることを、中村さんは、学校教育や図工教育の位置が地盤沈下していることを、山田さんは、子どもたちが表現しづらくなっている発達状況の変化を挙げられました。

③これまで大切に取り組んできたことについて、

内海さんは、学級担任として個を大切にして、人間としての値打ちを自分で確かめられる表現活動を重視してきたことを、複数年担任した子どもたちの変化を基にして語られました。書きことばも、この時期の子どもにとっては重要な表現手段です。中村さんは、『作って楽しい』『遊んで楽しい』『作っている自分が愛しい』子どもも教師も、のめり込んで作る活動を展開することを大切にしていることを、

新見さんは、進める会の集団的な研究活動成果の象徴として発達図を取り上げました。人格の発達と美術・造形表現の発達の道筋において、ア　すべての人間は同じ道筋を通って発達すること　イ　発達の道筋には節目があること　について、三歳の節を具体例として詳しく説明されました。無理やり見たとおりに描かせる指導でなくて見立てつもり活動の大切さや『幼児の絵は見るだけのものでは

なくて聴くものである』との格言をもとに、描く力とイメージする力を伸ばして共感したり対話したりすることが大切だと強調されました。

菅沼さんは、美術作品を丁寧に見ていくことの大切さを詳しい資料を駆使して強調提起されました。(詳しくは機関誌子どもと美術六〇号)

④**ここで、会場から発言を受けました。ア　特別支援教育に関わる福家さんから、一見作業と区別しがたい、図工・美術教育以前の活動に見える子どもたちの取り組みと、活動を粘り強く見守る教師の姿、発達保障の観点の重要性を…イ　思春期教育に関わる宮川さんから、荒れる中学生と美術教育のあり方や教員・教職員集団としての困難について…ウ　幼年教育に関わる津田さんから、親と子そして地域が教育現場を支援できる関係づくりを大切にしたい。**　などとの発言をいただきました。

時間設定の不充分さ進行のまずさもあって充分発言を絡めたり深めたりすることができませんでした。とりわけ、新見さんと菅沼さんは、長年進める会において実践的にも理論的にも先導的な役割を果たしてもらっており、両氏に置かれてもまるで遺言を伝えるがごとき執念で発言されたことを考慮して、司会進行の面でも時間配分を変更して発言を保障しました。

したがって、逆に参加者の平等な発言保障や会場からの活発な発言、意見交換を促すことができませんでした。

⑤**今後、このことこそ大切にしたい。と思われること。また、美術教育や進める会の将来展望を締めくくりとして発言いただきました。**(時間の関係から新見・菅沼両氏には遠慮いただいた)

中村さんは、中学・高校との教科としての系統・接続につながる図工室を開かれたものにして、子どもにも同僚にも信頼されることを大切にしたいと、内海さんは、発達の節目に関わって子どもと共感しあえる関係づくりをしていくことで、子どもが変われば保護者との信頼関係は築けると、**山田さんは、進める会の発達図が労働側面や自己意識意欲・感情側面まで広く視野を持った見識ある考え方であることの先見性を強調した上で　ア　子どもが表現することの社会的な交流の側面を大切にしたい。(送り手・受け手・表現対象の複雑で深い内容)イ　思春期にかかる発達と表現の大切さ(自己中心的なものの見方から世界を発見しながら自分を確認する時代)を強調されました。**

三、成果と課題、今後の展望

○私たちの教育実践・教育研究・教育運動に誇りを

正直なところ、毎日毎日の生活や多岐に渡る困難に対処する教育現場の多忙さに辟易している。手弁当で休日をつぶして民間研究団体の実践研究を仲間たちと続けていくことに限界を感じている。そんな砂を噛むような想いはなかなか拭い去ることはできません。

とりわけ、私たちが大切にしてきた発達を保障する図工・美術教育は括弧つきの「教育改革」の荒波の中で風前の灯といった風情です。それこそ、各所潮流、各団体が過去の行きがかりを捨てて大同団結して協働の取り組みを展開すべき時なのかもしれません。

しかし、まず、これまで美術教育を進める会に結集してきた仲間たちの分散状況を止揚することなしに、また、私たちの団体の存在価値を自分たちで確かめることなしに大同団結しても　壮大なゼロになってしまう予感がします。自尊感情の持てない子どもが生きる意欲を持てないのと同じだと思うのです。

今回のパネルディスカッション及び大阪大会は、

ア　私たちの発達研究の基礎を築いた関西サークルの拠点大阪で開催することができました。

イ　さまざまな経緯や人間関係のもつれなどから疎遠になっていた多くの仲間が結集する中で持たれました。

ウ　私たち美術教育を進める会が大切にしてきた実践や発達研究の基礎・基本を確認する機会となりました。

エ　これまで指導・示唆を受けることが多かった秋葉英則氏が学長を勤める大学を会場とさせていただいたこと。

などは、内容とも結びつきの深い成果として確かめたいところです。

○教育実践現場と教育研究者との幸せな協力・協働を

私たち美術教育を進める会にとって、以前は外部の民主的な研究者から学ぶことを基本としてきました。とりわけ、先達たちは田中昌人氏をはじめとする発達保障理論に啓発されたことを知っています。他にも、これまでの全国大会講師などに歴史教育、作文教育、大脳生理学、幼年教育などなどにおける著名な研究者を依頼して研究の内容を充実してきた経過があります。

美術教育における発達研究を柱として、子どもの発達課題に対応した教育実践を深めてきた教育現場の中から研究者に転進する仲間が生まれました。他の民間教育研究団体と比較して余り例のないことであったかもしれません。先進的な出来事でした。しかし、不団結の一要因となったことも事実です。民間教育研究団体の中で日本作文の会などは、教育実践と教育研究が両輪の歯車としてうまく機能していると思われます。

そこでは、**教育現場での子どもとの教育実践が第一義的に大切にされていると感じます。**進める会においても（細やかな学際性は個人の研究に期待することとして）大筋での共通理解・共有財産を重視することは、できないことではありません。

そのことに期待を抱かせるに足るパネルディスカッションとなりました。枝葉よりも幹を太らせたいと願います。そのためにも、今後とも進める会の研究者及び研究者経験者のみなさまに慎重で丁寧な対応をお願いします。これまで幾度となく経験した苦衷を繰り返してはいけません。

○明日からの現場での教育実践や地域での活動に活かそう

司会を担当した私にとって、今後の展望はパネルディスカッション開始前に設定したものと、変わることはありませんでした。

ア　発達研究や教育実践の到達点に自信と謙虚さを持って取り組もう

教育現場で、職場の仲間に子どもたちの現実や実践作品を提示しながら教育実践を語り合いましょう。現場で試されずみの典型的な取り組みや実践は、惜しまず拡げていきましょう。

イ　教育運動として地域の仲間とともに協働した取り組みを進めよう

教育現場の現在の状況は一人でいると苦しくなってきます。小さな喜びを仲間と確かめ合い大きく育てましょう。苦しい現実を、仲間と分け合って受け止めましょう。

パネルディスカッションの、締めくくりにも述べたことですが、**子どもを主人公として、何を教え何を育てていくか『子どものものの見方・考え方・感じ方・行動の仕方』までを視野に入れた美術教育が求められています。進める会の仲間・研究成果に確信を持って協働した取り組みを拡げましょう。**

32

地域とともに
四万十川と学校林を活かす

1　沈下橋に桧の炎が燃えた

2　子どもと四万十川に橋を架ける

3　学校林が子どもたちに近づいてきた

4　大好き！　ぼく・わたしの故郷
〈総合的な学習が主体的子どもを育てる〉

「文化高知」（高知市文化振興事業団）
No.145　2008年９月１日
No.146　2008年11月１日
No.147　2009年１月１日
No.148　2009年３月１日

地域とともに四万十川と学校林を活かす

〈沈下橋に桧の炎が燃えた〉

門田雅人

地域挙げての取り組み『米奥沈下橋夏祭り』が終わってから、校区内や街中で保護者や地域住民など出会う人、出会う人「すごく良かったねえ」とか「沈下橋がすごくきれいやった」「なんと人が集まったねえ、来年もぜひやってよ」と必ず声を掛けられます。三十年ぶりに復活した盆踊りでした。沈下橋の両側に並べられた間伐材桧のたいまつは、幻想的な炎を約一時間のあいだ燃やし続けてくれました。参加者は約三百五十名、楽しく温かい手づくりの祭りになりました。

何もないところから、恐る恐る検討を始めて、段々と想いが拡がった企画でした。①学校林の間伐材を使って地域に二つ架かっている沈下橋をライトアップしよう。②地域に伝わる地踊りを高齢者から教えてもらって復活しよう。③支援を申し出ていただいた演奏家と中学校吹奏楽部による演奏会も実施しよう。④保護者・地域有志の手づくりで夜店を出店、花火は持ち寄り花火で楽しもう。以上四点がめあてとなりました。

地域住民による地域住民のための手づくりの夏祭りを企図しました。広い校庭を全部駐車場に充てました。保護者が呼びかけチラシや駐車場の設計図をパソコンでつくってくれました。駐車場は量販店方式（誘導員を配置せず、自己責任で駐車してもらう）、七店舗出店した夜店も推進委員の紹介による地元の有志の出店と教職員、保護者が負担にならない出店になる企画を考えました。全店完売、みなさんに喜んでいただきました。花火は参加者の「持ち寄り花火」をPTA役員が打ち上げました。

また、学校林竹林の伐採やツリーハウスの設置などで整備が進んだ場所（学校校庭と四万十川の間に位置）はPTA有志が草刈機や重機を駆使して整地、町役場から借り受けた盆提灯を卒業生の保護者が中心になって設営してくれました。大木の杉の間伐材は大型ベンチになるなど最適な演舞場に変身しました。

米奥小学校は、現在全校児童十八名、小規模複式の学校です。四万十町窪川地区に位置しており、県内では屈指の松葉川温泉を校区に控えています。町村合併により四万十町は淡路島よりも広い自治体になりました。小学校の数も十八校、ご他聞に漏れず『適正規模・適正配置』との名目で統合・合併が検討されている状況です。

高知県には現在、約二百五十校の小学校が広範囲に点在しています。（他に現在休校中が約五十校程度）高知市の他に東部、中部、西部教育事務所が全体を所轄しているのですが、どの地域事務所と比較しても香川県よりも広い面積を担当していることになります。

先頃の新聞報道によると、土佐清水市では本年度末に十二小学校のうち四小学校休校が決定されたとのこと、津野町も半数である三校、中土佐町でも、二校の休校が決定されています。県下約二百五十校の小学校のかなり多くの部分が、少子化児童数減少と地域経済基盤弱体化、加えて行政の財政状況のあおりを受けて、今まで以上に休校を余儀なくされそうな現状です。

本当に地域の学校をなくして、いわゆる『適正規模児童数』を実現すれば地域は活性化するのでしょうか。複式学級を解消すれば児童の学力が向上するのでしょうか。ますます、高知市をはじめとする市街地一極集中が進み、辺地と言われる地域は疲弊してしまうのではないかと危惧します。また、小規模複式小学校では学力面や生活面全般で充分な発達保障ができないと断定されることにも納得がいきません。地域ぐるみで取り組み、小さくてもきらりと光る自治体馬路村のことを考えます。四万十町道の駅『とおわ』の活力に驚かされます。また、地域挙げての取り組みの先輩・同志として、南国市の奈路地域や大月町の柏島地域の取り組みに学びたいと思ってきました。

とりわけ、小規模複式小学校を大切に守り育てている地域・学校として南国市立奈路小学校とその地域の取り組みは励みになりました。三十名余の児童数の約半数を南国市街地部から受け入れています。『学校なくして地域なし、地域なくして学校なし』の合言葉で地域住民と学校が、

学校づくりと地域づくりを協働しているのです。南国市教育委員会の見識と支援なしには成立しない制度、小規模特認校（校区を柔軟に適応する）の活用も典型的な実践と敬服したところです

特認校制度に併せて、コミュニティスクールの推進も学ばせていただきました。当事業は文部科学省が指定する事業です。学校運営に関わって、色々な問題がある事業かもしれません。しかし、地域挙げて学校を築いていく主体的な地域の取り組みを行政が支援する仕組みや、その取り組みに対して教員を加配配置して活性化を期待する制度は他に見当たりません。奈路小（南国市）拳の川小（黒潮町）に続いて県内小学校三番目の指定を受けました。

本校のコミュニティ推進委員の構成には、地域に根づいた先達の他に異色の方たちが参加してくれています。アイターンで有機農業を経営している村上さん、奥さんの実家四万十町でケーキ屋を開店した若者宮崎夫妻、本校の六年生児童もオブザーバー参加しています。以上のような経過を辿り、数回の推進委員会を経て企画されたのが『米奥・沈下橋夏祭り』でした。

盆踊りの地踊りは過去各地全域で盛んに行なわれていました。米奥地域も例外ではありません。しかし、若者が減少して生活様式も変化する中で衰退していたのだと思われます。過去の祭りで、地踊りと子ども相撲は相性のよい組み合わせであったようです。『こっぱ』とか『こりゃせ』などの名称で歌と太鼓の素朴な地踊りの歌詞は窪川町史にも採集されています。教職員の呼びかけに応えて、古老や地域で若者時代に活躍していた壮年の人たちが、喜んで児童たちに教えてくださいました。子ども相撲も実施することにしました。

張りのある歌と太鼓に合わせて、ぎこちない小学生の踊りと地域の高齢者の滑らかな踊り、地区外から地踊りの復活を楽しみにして着物で参加しているご婦人たち、そして、踊りの輪を取り巻くたくさんの参加者の笑顔、三十年ぶりに米奥地域で復活した盆踊りは地域の共同体意識にも火を点けたようです。

米奥地域には二つの沈下橋が架かっています。壱斗俵沈下橋は四万十川本流に昭和十年に架けられた現存する県内最古の沈下橋で、高知県有形文化財に指定されています。他方、清水沈下橋は最も新しい沈下橋の一つです。米奥小学校を挟んで二つの沈下橋が並立、真ん中には現代的な源流大橋が架かっています。学校林の間伐材を使って約六十メートルの沈下橋をライトアップする企画は、約六十センチの桧材をチェーンソーで何回か縦切りする試行錯誤で始まりました。

地域の協力で学校林から搬送しました。校舎の前で約六十五センチに輪切り、四回縦の切れ目を十センチ残して入れました。推進委員を中心に約八十本を一応完成。保護者の祖父の紹介による有志が約三十本を追加して完成させてくれました。（これまで学校にはあまり縁のない方々の支援には驚きと感謝）夏祭り当日、材料は二メートル間隔で橋の両側に配置して、廃油を染み込ませた上で点火しました。四万十川の川風に煽られて、間伐材は幻想的な炎を川面に映しました。

ささやかだけれども、参加した小学生や地域住民、老若男女の心に温かい想いが拡がった取り組みになりました。沈下橋の桧の炎が、地域で協力・協働するすばらしさを照らしてくれた気がします。

（かどたまさと／四万十町立米奥小学校校長）

地域とともに四万十川と学校林を活かす

子どもと四万十川に橋を架ける

門田雅人

　四万十川が清流として全国的に有名なことは知られています。しかし、四万十川で遊ぶ子どもの姿を見ない。四万十川で魚を捕ったことがない。四万十川が汚れて、ウナギや鮎の数が減っている。四万十川で若者がおぼれた。など、四万十川にとって残念な話題や事故が取りあげられるのも現状です。他方、都会には美術館や図書館、映画館、音楽ホールなど様々な文化施設があり、それらの恩恵に与かることができます。身近に溢れる自然しかない地域で、子どもたちが四万十川をはじめとして、豊かな自然と関わる体験ができないとしたら、これ以上の残念はないと私は危機感を持っていました。

　米奥小学校は、県道の対岸にあり、四万十川へは一分もあればたどり着きます。ただし、二〇〇三年に私が赴任した当時は、孟宗竹がはびこり対岸からは校舎が遮られていました。米奥地域に土地勘がなかった私は、奥にある松葉川温泉方面にかなり行き過ぎてから引き返したことを思い出します。別の視点で考えてみると、校舎にいる子どもたちにとっても、四万十川との関係を竹藪に遮られていたことになります。

　まず、竹藪を整備することから始めました。約三分の一をシルバー人材センターに依頼して切ってもらいました。その後、林業事務所や「森と緑の会」、NPO団体「朝霧森林倶楽部」などの支援やPTAのお父ちゃんたちの奮闘で見違えるほどの景観になりました。取り組み全体に『橋を架ける』というテーマを設定したのは、①四万十川と子どもたちに橋を架ける、②川を介して子どもたちと保護者や地域の人たちに橋を架ける、③四万十川の上流域と下流域に橋を架ける、そして、④四万十川と学校林を中心とした山に橋を架ける、ことを目指したからでした。

　二〇〇四年、春休み中のある日、私は知人とともに徳島県日和佐へ、著名なカヌーイスト野田知佑さんを訪問しました。米奥小学校が四万十川に近接している立地条件を活かして、地域ぐるみでカヌー体験に取り組みたいと考えてのことでした。野田さんは、四万十川をこよなく愛している人だと伝え聞いていたからです。当時の構想は、旧大野見村と旧窪川町そして、旧西土佐村の児童、つまり四万十川流域の学校児童と交流しながら四万十川をカヌーで川下りする企画でした。

　素敵な木造一軒家に、アウトドア雑誌や写真誌などで馴染みの若々しい野田さんがいて、大型犬も一緒に暮らしていました（これがかの有名なカヌー犬だとわくわくしました）。その後、野田さんの紹介で西土佐村の平塚さんに支援していただくことになりました。平塚さんにも長く関わってもらっています。快適な生活の様子やカヌーを巡る豊富な話題に時を忘れて長居してしまいました。

　最初の企画は、かなり欲ばったものでした。①野田さんの体験談の講演、②漁協組合長による川魚の紹介、③学校傍の四万十川でカヌー体験、④夜間には宿泊体験と野田さんの屋外テント訪問、⑤バス移動ののち下流域西土佐でのカヌー川下り、という内容です。

　それから四年が経過するうち、複数の学校との交流を軸に取り組んでいた企画から、保護者と親子で川遊び・カヌー体験を楽しむ企画に変わってきています。

　ここまでの記述を見ると川遊びカヌー体験の企画や四万十川との接点は、校長の趣味や独断で展開されたかのように読み取れるかもしれません。しかし、実は『はじめに子ども

ありき』なのです。

私が本校に赴任してきた当時の六年生たちは元気者でした。バケツの中に入れられたカニと例えると雰囲気が伝わると思います。

彼らは遊びの天才でもありました。学校と四万十川の間にある竹藪に秘密基地を設営して連日休み時間に通い詰めました。ダンボールを運び込み、ベニヤ板で外壁を囲み、色々な物を持ち込んでわくわくする空間を作っていたのです。程なく下級生にも秘密基地遊びは伝染することとなりました。

秘密基地遊びが楽しいことは当然のことでしたが、「すまんけれども秘密基地遊びを中止してほしい」と私から要請することになりました。ガラスのかけらやトタンの切れ端など、自動車の廃タイヤや機械類の鉄くず、農作業用ビニル等の廃材、校庭から撤去廃棄した大型鉄製遊具などが竹藪の中に所かまわず放置されていました。

現在高校二年生にあたる彼らには、「へこいねや、僕らの時にはツリーハウスもなかったし、カヌーもやってくれんかったのに」と文句を言われます。彼らのおかげで四万十川は米奥小学校にとって身近な存在になりました。

現在の段階では、①四万十川財団の支援を受けての水質調査と検査、②北ノ川地区と川奥地区の小川と農業用水路で「ごそごそ魚捕り」の活動、③ウナギや鮎など川魚を捕る仕掛けを体験すること、④四万十川でのカヌー練習と親子での川下り体験が主要な柱になっています。

カヌー体験の当日は中学年以上が全員で合宿するのが恒例です。ある年、教職員が宿泊しない案を提起したことがありましたが、保護者・児童の強い意向で合宿は継続されることになりました。「校長先生が替わっても川遊びカヌー体験と合宿は続けていきたい」との申し入れも受けているところです。保護者以外の支援者も例年三十名以上、継続して定着した伝統の取り組みになっています。

今年の取り組みでは、子どもたちがウナギ地獄の仕掛けや延縄の仕掛けを、地域の名人に手紙を書いて教えを請いました（今年は月夜だったのでウナギは捕れずに大ナマズを二匹捕獲）。また、二班に分かれて実施した小川でのごそごそ魚捕りには、二人のお父さんが師匠役を買って出てくれました（童心のガキ大将に返って一番ムキになって魚を追っかけていただけだったとの評価も）。昨年かなり本気になって網で小魚を追っかけていたカヌー師匠の野田さんは、今年は徳島の「川ガキ学校」の日程と重複したため不参加でしたが、平塚師匠指導のもと四万十川を四キロにわたってカヌーで下りきりました。

低学年は二人艇で、中・高学年および保護者・教職員は一人艇でゆったりと楽しみながら下りました。女性教頭は何度も岸辺にカヌーを突っ込んだそうですが、子どもたちが傍らをすました顔で通り過ぎていったと、本当に楽しそうに失敗談を語ってくれました。

着衣水泳体験や壱斗俵沈下橋から四万十川に飛び込むたくましさ、カヌーコースを歩いて踏破することなどを通して水や川の怖さも心に留めて、川遊びカヌー体験で積極的に四万十川と関わりを強めてきている子どもたちが頼もしく思えます。

（かどたまさと／四万十町立米奥小学校校長）

地域とともに四万十川と学校林を活かす

学校林が子どもたちに近づいてきた

門田雅人

私たちは、自分に関わりが少ないものに対して冷淡です。庭先に可憐な花を咲かせる草花も栽培種でなければ、一括りにして雑草と呼びます。山林の樹木についても同じことが言えるでしょう。広葉樹を中心にして雑木と言われる木々の名前を言えるかどうかは、子どもたちに限らず多くの大人にとっても心もとない。というよりも、杉と桧の区別さえつかない人が増えているのが現実です。

かつて、親や祖父母たちは、子どもの健やかな成長を願いながら、その節目、節目で杉や桧を植えてきました。点在する学校林も同じ趣旨で、地域の人々が植林をする、下草刈りをする、間伐をするなど世話をしてきました。学校の建て替えの建築資材にするとか、学校の大きな行事に当たっての資金にするためだったのでしょう。杉や桧は値段も高く需要も多かったのです。私個人にも、「あれは雅人が小学校入学のときに植えた桧だ」と祖父から言われてきた木々があります。このように、杉や桧の植林は、先人たちが戦後営々と真面目に築いてきた伝統でした。

しかし、安価な外国木材の輸入や林業の衰退、そのうえ、学校林の保全に関しては、保護者の絶対数の減少などを原因として、高知県の山野の杉や桧の多くは放置されることとなりました。間伐する人手がない。苦労して伐採して運び出しても、元手さえ回収できない状況が生まれてしまいました。

米奥小は全部で五つの学校林を保有しています。過去には七つあった学校林のうち、皆伐などのため管理が困難で荒廃している山などを町当局に返還したあと残っているものです。地域の方と現地実踏調査をしてはいましたが、整備や管理には困難が伴うことを覚悟していました。

したがって、二〇〇四年に「朝霧森林倶楽部」の方から「米奥小の二つの学校林を間伐したい」という申し出があった時は、ありがたく二つ返事で了承しました。それ以降、本校の学校林を巡る状況は大きく変わることになります。

チェーンソーを使っての間伐作業は、主に土曜日に行いました。保護者の多くは仕事の関係で参加が困難でした。校長の私も(かなり年長の先輩たちの足手まといになりながら)時折参加させてもらうにとどまりました。しかし、少人数とはいえ、当時のPTA会長はじめ幾人かの保護者や地域有志も作業に参加してくれて、ともに額に汗しました。三年間で合計約九ヘクタールの学校林の間伐が終了しました。

学校林の間伐契約作業中には、町役場田辺林業室長に「四万十式林業作業道」をつけていただきました。「雨に強く環境にも配慮した林道」と全国的に注目されている方式の作業道です。技術者の養成を兼ねていたのでしょうか、これまでにあった林道から、学校林峰の上まで、作業道路が無償で完成しました。

子どもたちにとっても、保護者や地域において取り組みが進行する中で学校林との関係が深まりました。①木の実や木の葉を集めて樹木を知る②手づくりの巣箱を掛ける③雑木に樹木名札を付ける④杉や桧の間伐体験をする⑤杉や桧の樹皮の皮はぎを体験することができだしたのです。間伐材や杉皮などはその後、四万十川そばのツリーハウスや峰の上の東

屋の材料として活用されました。

本校は二〇〇五年から三年間、「高知県山の学習支援事業」の指定を受けてきました。加えて、PTAとしても〇七年、〇八年と山の日の事業に取り組み、峰の上の東屋の完成、ツリーハウスの製作支援、米奥・沈下橋夏祭り、木製大型遊具づくりなどに協力・協働してきました。一方、子どもたちは、学校行事としての位置づけや生活科、総合学習として様々な活動を展開しました。①東屋やツリーハウスの落成と連動した餅つき②学校林周遊道の大型案内看板づくり③春の山菜と秋の木の実の採集活動④学校階段蹴込部四カ所を板張りにしてイラストを描くこと、などです。そして、なにより⑤自分たちの取り組みを校内、保護者や地域の人々に発表する活動を大切にしてきたのです。

地域とともに学校林を活かす取り組みを継続することを通して、子どもたちと保護者・地域に大きな変化が生まれてきました。学校林をはじめとする目前の山々が（四万十川との関わりと同じく）単に眺める対象から、日常的に関わりを持つ、親しい対象になりました。子どもたちと学校林を散策しているときでも、樹形が似ている樹木を見上げながら「この落ち葉は三枚葉なのでタカノツメで、五枚葉はコシアブラでねえ」などと話しかけてきます。校庭の端にある梅やヤマモモの実は高学年生によって、ジュースや梅干に変身してみんなに歓迎されました。竹林が伐採整備されてたわわに実りだした渋柿は低・中学年生が吊し柿や渋抜きに挑戦。山々のアケビや椎の実も、野遊びの後で味わう経験が増えたようです。

学校と協働しながらお世話をしてくださる方々の存在が、多くの保護者や地域の参加・支援を呼び込んでくれました。樹木や自然のことなら何でもこいの池田さんや建築土木の機械と技術を持つ中平さん、時間を見つけては校庭の草刈りや剪定をしてくださる羽方さん、老人クラブの世話役をしている正岡さんは草引きや餅つきなどに高齢者の参加を促してくれました。学校林の樹木標本づくりに大工の腕をふるってくださったのは大川内さん、硬い樫の木や桜を削って四十個も叩きゴマをつくってくださったのは田村さんです。挙げればきりのないほどの方々が応援団になってくれました。

また、林業事務所や土木事務所、町役場の各担当課の支援、「森と緑の会」などの物心両面の援助もありがたいものでした。ツリーハウスづくりなどには、専門的な見識を持った浜氏さんを紹介してもらいました。本校の様々な取り組みでは、幾人かのコーディネーターを外部に持つことで、余裕を持って適切な計画や設計が成立しました。これらの方々と地域が学校を支えてくださることに応えて子どもや保護者も力を発揮できたのです。

最近、六年生を中心に、約二・五ヘクタールの学校林に雑木を植樹する計画が持ち上がっています。学習してきた到達段階として、「中学生や高校生、地域の人々や関連した公共機関、民間の支援団体などに呼びかけて、連携した取り組みができないか」というのです。

この夢を実現することができたならば、子どもたちが成人してからも故郷が強く胸に刻まれているはずではないか。そんな学校林を地域とともに創生したいと考えています。

（かどたまさと／四万十町立米奥小学校校長）

大好き！ぼく・わたしの故郷

〈総合的な学習が主体的子どもを育てる〉

門田雅人

これまで三回の連載を通して、米奥小学校と、四万十川や学校林を中心にした自然や地域との関わりの深さを書いてきました。けれども、子どもたちの活動を少ししか紹介できなかったことが気がかりになっていました。最終回の今回は、高学年の年間の取り組みと、子どもたちの変化を中心に紹介してみます。

高学年は『大好き！ぼく・わたしの米奥―四万十川と学校林を結んで―』と題して、活動を展開してきました。担任の山脇教諭はその取り掛かりを次のように述べています。

『川ではあんなことをしてみたい。山ではこんなことがしたい』と様々な思いを語り合った。子どもたちの発想は多様に膨れ上がり、活動へのわくわく感が募っていった。

春の山菜採りから始まった総合的な学習活動の取り組みは、本校の教職員や地域の方が快く支援してくださったお陰で色々な思いを実現することができた。

この一年を通した活動計画が展開構想図です。誌面に限りがあるので各場面での具体的な様子や子どもたちの文章は紹介できませんでした。代わりにこの図を掲載することで、学年度末までの活動を想像していただきたいと考えます。そしてこの計画案以上の、豊かな成果が得られました。

●

米奥の山々に芽吹いた植物、校庭にある梅やヤマモモの木の実の採集や加工は、職員や地域の方の応援があって随分順調に、しかも大きな驚きとともに進められました。

「たらの芽」や「イタドリの先端」はてんぷらに、「ごんずい」はゆがいてマヨネーズで食べ、竹の子は学校で茹で、家に持って帰りました。「竹の子ごはん」「煮物」「おひたし」など、家庭の食卓の報告が子どもたちからありました。

活動が展開される中で子どもたちは、感じたことを折にふれて書き綴っています。

四時間目に梅の作業をしました。こんなに入れていいのかというくらい氷砂糖を大量に入れました。氷砂糖を食べてみました。あめみたいでおいしかったです。意外と口の中で長持ちしておなかがすいたときにはぴったりだと思いました。

どんな梅ジュースができるのか楽しみです。

担任は、そのころの学級通信に率直な文章を載せていました。

学校の梅の木がたくさんの実をつけました。梅ジュースやサワードリンク・梅干しにしようということになり活動開始。無農薬なので収穫しても捨てる梅も多かったです。

スーパーに行ったらなんでも手に入る時代だから、子どもたちの感覚もおやつは買って食べるのが当たり前、の声が聞こえてきます。こんな身近に色々食材があったことに、私も子どもも大満足と同時に幸せを感じました。

また、色々なものを収穫する作業を通して手際がよくなっていく子どもたちの姿がありました。

夏休みの調べ学習で保存食について色々聞き取りをしたり、ネットで調べたりしている子どももいました。来年は、漬物にも挑戦してみたいですね。

●

二学期から、子どもたちは山と川の二つのグループに分かれ、それぞれが企画を立て、実践は両グループ合同で行いました。山班は、①ツリーハウスができるまでの経過調べ②学校林にある樹木の特徴③一学期の活動の継続を、他方、川班は、①上流、下流域の様子の変化②川での遊びや川漁について③水質検査・水生生物調査を実施しました。

「山の日」の取り組みとして十一月に実施した参観授業の後には、学級通信に感想を書いています。

○竹の笛や竹とんぼをもらってとてもうれしかったです。それもとてもよく飛ぶ竹とんぼでした。ブランコもできていて、二人乗りのやつがとってもおもしろかったです。ロープだったのですごくゆれてたのしかった。

○餅つきは去年より力強くつけたと思います。味見をしたら、新しい餅って感じでおいしかったです。お餅を丸くするのは、もちもちでおもしろかった。拾うのはあまり取れませんでした。

担任は総合的な学習を実践した年

間の成果として、
◎これまで人任せにしてあまり進んで活動しなかった児童や、ふだんはおとなしく、輝ける場の少なかった児童たちが進んで行動し、「自分たちががんばればできる」という達成感を感じることができた。
◎七人を二つのグループに分けたことによって、お互いのグループが困っているときには助け合ったり思いやったりする気持ちや行動が見られるようになってきた。
◎全校的な活動では、保護者や地域の人たちの助けがより充実した学習にしてくれた。また、教師も子どもも楽しむ学習の時間をつくることができた。

と、子どもたちの成長を述べ、こうまとめています。

子どもたちは、現在の学年になるまでに総合で色々なことを体験してきている。中でも川遊び・カヌー体験は最も好評な活動になっている。また、学校林が近くにあるため気軽に散策することができる。三年ほど前から整備が始まり東屋や看板を設置するなどの取り組みを行ってきた。間伐材を利用してツリーハウス作りも行った。

すばらしい自然がたくさんある米奥の地域を当たり前と受け止めるのではなく、「すばらしい所だ」「自慢できる所だ」「これがぼくの故郷だ」と感じることができる人になって欲しいと願いながら、今年度の総合の時間の計画を実践してきた。（後略）

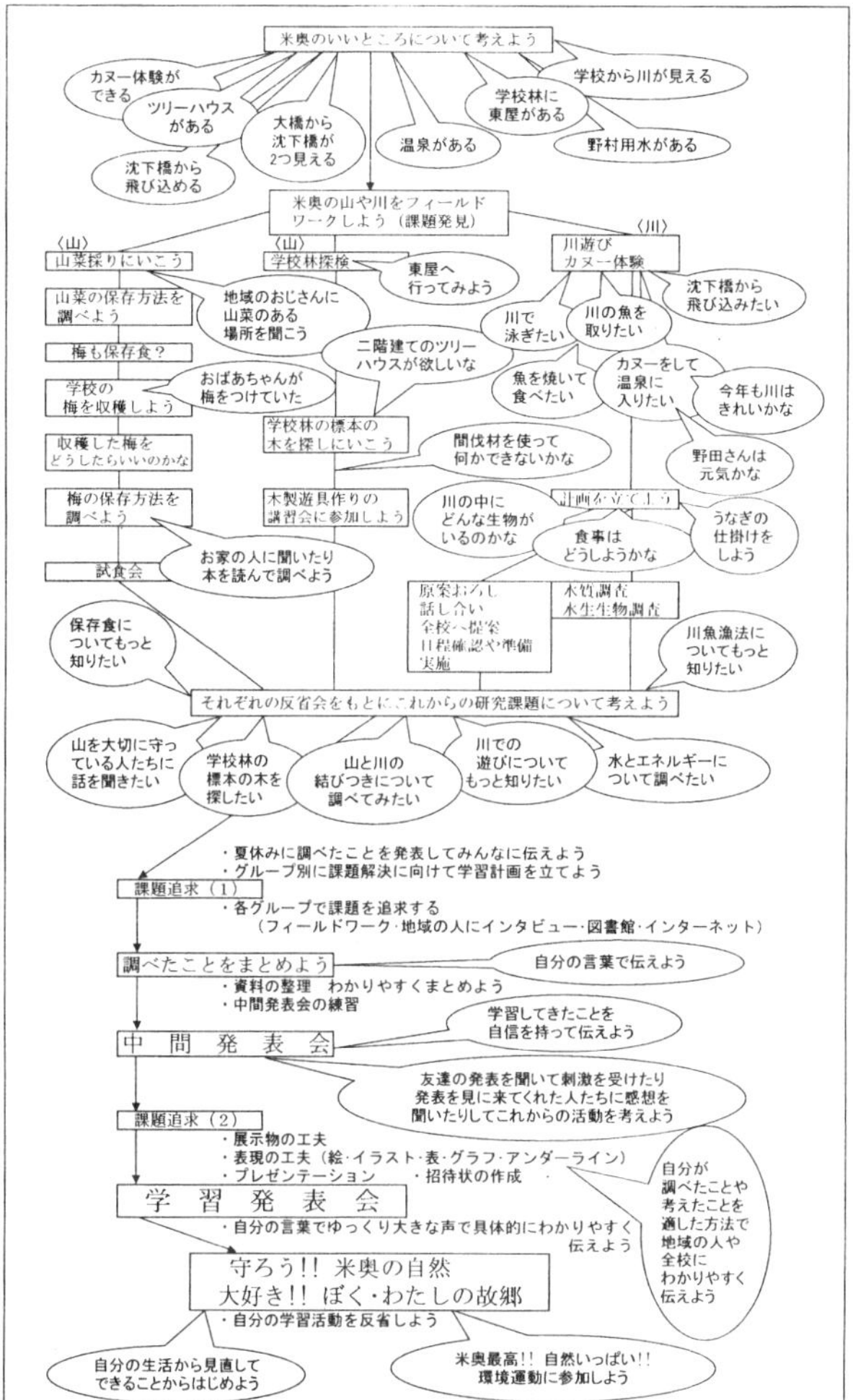

●

子どもたちは、中間まとめの公開研究授業でも、地域の多くのみなさんが参加した三学期の学習発表会でも、掲示物や資料を活用して活き活きと発表活動を展開しました。

先ごろ、「四万十川流域の文化的景観」が国の『重要文化的景観』に選定されました。子どもたちが身近な米奥の自然や流域の暮らしを誇りに感じていることこそが、文化的景観に魂を吹き込んでくれるものと確信しています。

三十七年間の教職生活を締めくくるにあたって、身に余る麗しき学校、地域、保護者、教職員、子どもたちに出会えたことに感謝しています。

（かどたまさと／四万十町立米奥小学校校長）

33

地域とともに歩む
特色ある学校づくりをめざして

※285頁からお読みください

2008年
「教育実践支援システム」（高知県管理職教員組合）

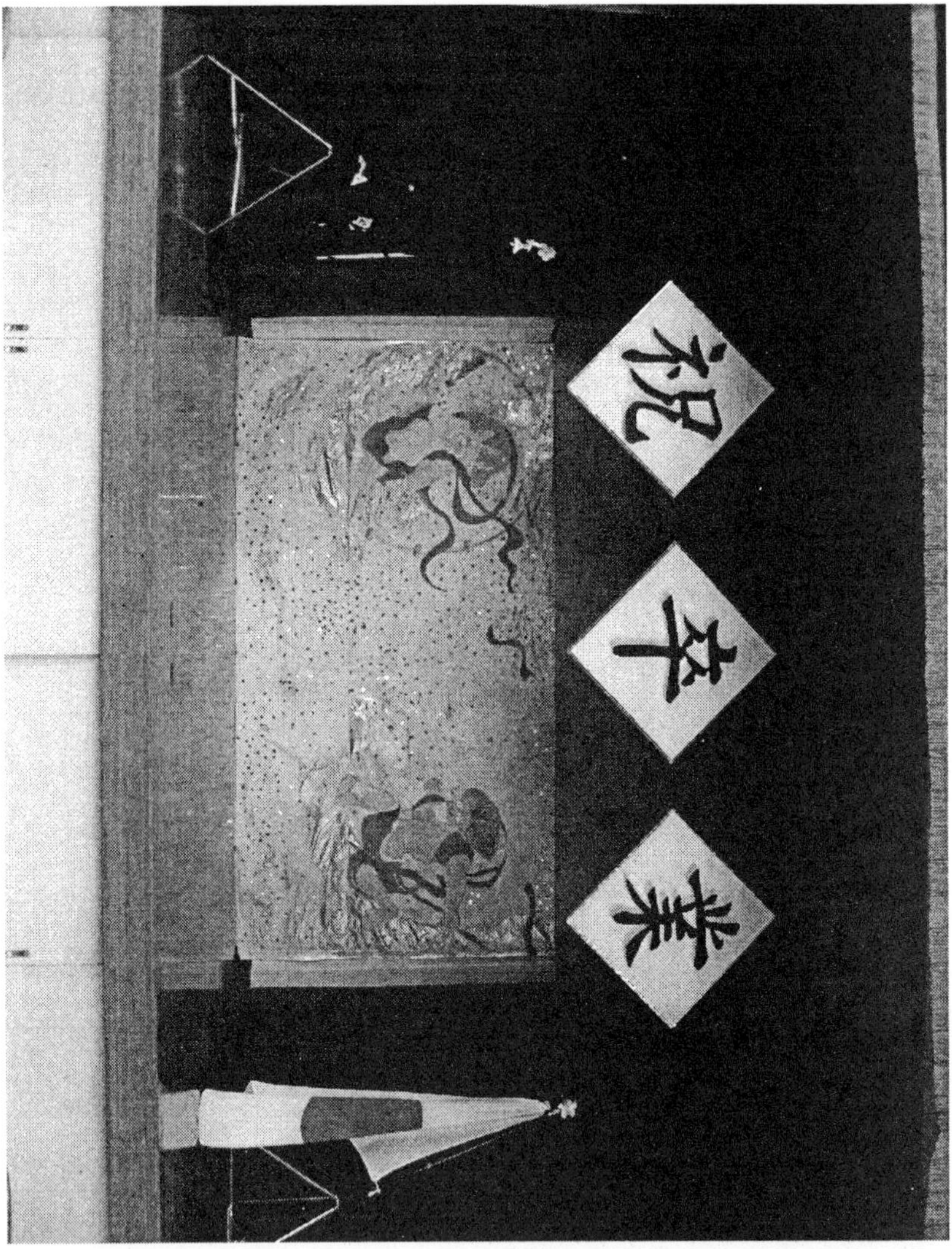
祝卒業

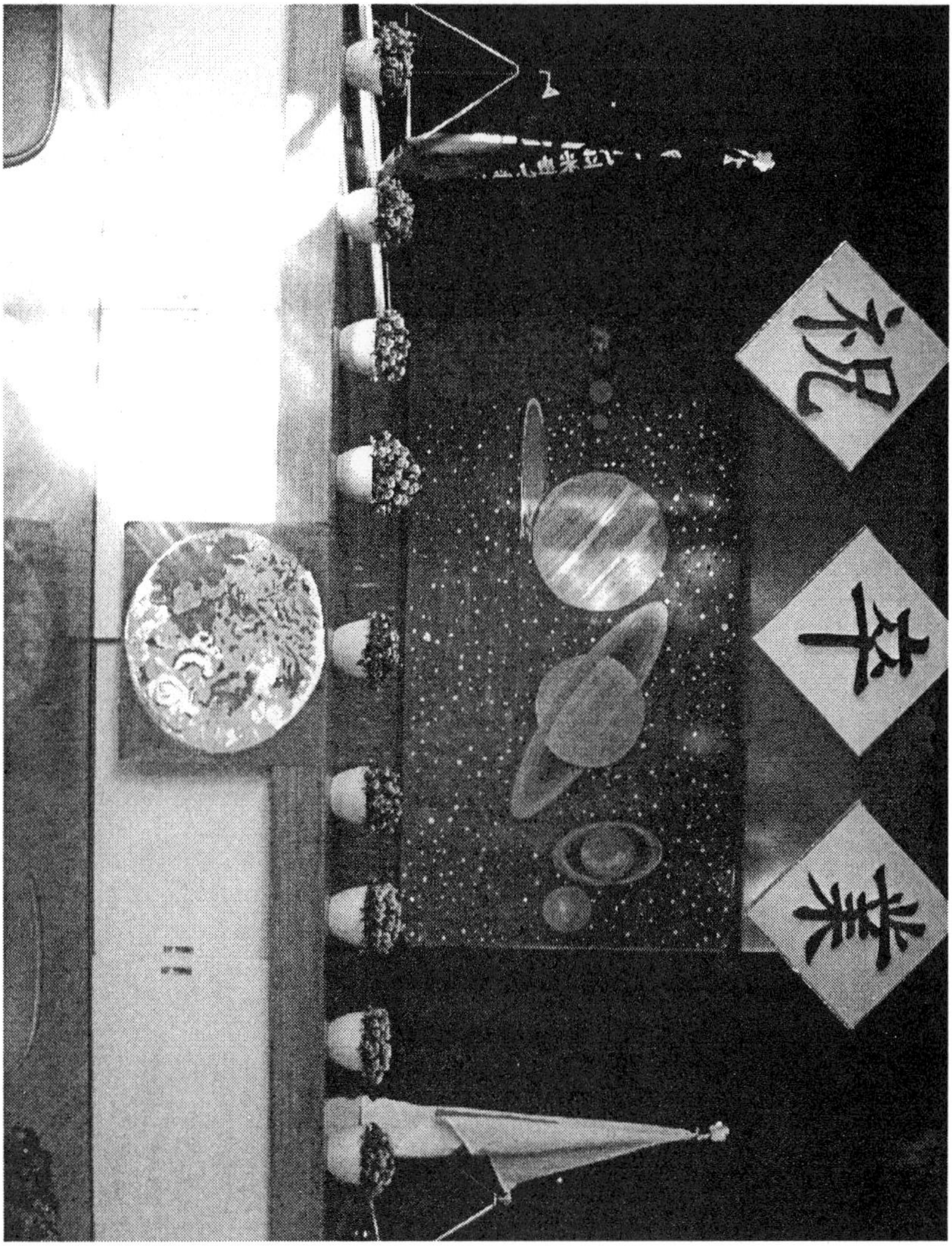
祝卒業

祝卒業

祝卒業

一方、清水沈下橋は最も新しい沈下橋の一つです。学校を挟んで二つの沈下橋が並立、真ん中には現代的な源流大橋が架かっています。学校林の間伐材を使って約６０メートルの沈下橋をライトアップする企画は、檜材をチェーンソーで縦切りする試行錯誤で始まりました。

地域の協力で学校林から搬送した間伐材を、校舎の前で約６０センチの長さに輪切りし、４回縦の切れ目を１０センチ残して入れました。推進委員を中心に約８０本を一応完成。児童の祖父の紹介による地域の有志が約３０本を追加して完成させてくれました。これまで学校にはあまり縁のなかった方々の支援があり勇気づけられました。

夏祭り当日、材料は２メートル間隔で橋の両側に配置し、廃油を染み込ませて点火しました。四万十川の川風に煽られて、間伐材は幻想的な炎を川面に映しました。また、夏祭りの話を聞いた地域の方が、一斗俵沈下橋の下にライトを沈め川底からもライトアップしたいと支援を申し出てくれました。チラチラと川底で揺れる明かりは、沈下橋のライトアップをさらに幻想的なものにしてくれました。

地域あげての取り組み『米奥沈下橋夏祭り』が終わってから、校区内や街中で保護者や地域の方々に出会うと、「すごくよかったねえ。」「沈下橋がきれいやったねえ。」「なんと人が集まったねえ。来年も是非やってよ。」と必ず声を掛けられます。３０年ぶりに復活した盆踊りでした。沈下橋の間伐材桧は、幻想的な炎を約１時間に渡って燃やし続けてくれました。参加者は約３５０名、楽しく温かい手作りの祭りになりました。

後日行われた推進委員の反省会では、「米奥にこればあ人が集まったことはない。いろいろ反省点もあるが、手作りだからアクシデントもあってぼっちりえい。」ということになりました。

— 後　略 —

※　紙面の都合で授業研究や基本的な生活習慣づくりの取り組み、総括的なまとめなど割愛します。

３０年ほど前には盛んに行われていた盆踊りは、過疎化が進み若者が減少し生活様式が変化する中で衰退していったようですが、アイターンで有機農業を経営している推進委員のMさんから、Mさんの住んでいる地区では今も盆踊りを続けているという話を聞いていました。沈下橋をライトアップするなら盆踊りも踊ったら楽しそうと、地域の高齢者から教えていただくことにしました。推進委員のNさんを中心に５名の方が学校に来て、子どもたちに踊りの指導をしてくれました。「こっぱ」も「こりゃせ」も歌詞がおもしろく、快い太鼓のリズムに合わせて子どもたちも楽しく練習しました。

祭りの演舞場にするために、学校林竹林の伐採やツリーハウスの設置などで整備が進んだ学校下の広場をＰＴＡ有志が休みのたびに、草刈り機や重機を駆使して整地してくれました。町役場から借り受けた本提灯は、卒業生の保護者が中心になって設営してくれました。大木の杉の間伐材を大型のベンチにし、ツリーハウスの広場が最適な演舞場に変身しました。

当日は、張りのある歌と太鼓に合わせて子どもも大人も一緒になって踊りました。ぎこちない小学生の踊りと地域高齢者の滑らかな踊り、地区外から盆踊りの復活を楽しみにきれいに浴衣を着て参加してくれたご婦人たち、その踊りを取り巻くたくさんの参加者の笑顔。３０年ぶりに復活した盆踊りは、地域の共同体意識にも火を点けたようでした。

盆踊りを踊った後は、盆踊りとセットで行われていたという「子ども相撲」です。米奥小学校の児童はもちろん地区外から来た子どもたちも参加し、豆力士たちの奮闘に拍手や笑いが起こり、和やかで楽しいお祭りになりました。相撲の取り方も、推進委員のNさんが、盆踊りの練習の後指導してくれました。

米奥地区には二つの沈下橋が架かっています。一斗表沈下橋は、四万十川本流に昭和１０年に架けられた現存する県内最古の沈下橋で、高知県有形文化財に指定されています。

⑤　コミュニティスクール推進委員会主催「沈下橋夏祭り」

８月９日（土）、推進委員会主催で「米奥沈下橋夏祭り」を実施しました。１９年度の推進委員会の話し合いで出された意見をもとに検討を始め、だんだんと想いが拡がった企画でした。

○学校林の間伐材を使って地域に二つ架かっている沈下橋をライトアップして、米奥のよさをアピールしよう。

○地域に伝わる盆踊りを高齢者から教えてもらって復活しよう。

○支援を申し出てくれた演奏家と中学校吹奏楽部による演奏会も実施しよう。

○保護者・地域有志の手作りの夜店を出店、花火は持ち寄りで楽しもう。

以上４点をめあてに地域住民の地域住民のための手作りの夏祭りを企画しました。

夏祭りまでには、３回の準備会のほかに、ライトアップに使う間伐材の運搬と加工、演舞場にするツリーハウスの広場の整地作業、草刈りなど大変な作業がたくさんありました。

当日も、朝から駐車場のライン引きやライトアップの準備等で大忙しでした。

祭りは、体育館での演奏会で幕を開けました。「お客さんが来てくれるろうか。」と心配していましたが、見る見る体育館がいっぱいになりました。中学校吹奏楽部の生演奏の後は、ボランティアで活動している高知交響楽団や大学の先生のフルート・コントラバス・バイオリン・ハープの演奏でした。校歌をいろんな風にアレンジして演奏して下さったり、子どもたちと一緒に歌ったりととても楽しい演奏会でした。地域の方々から、「生の演奏を聴ける機会はめったにないので感動した。」「生の演奏は迫力があってえいねえ。」と、嬉しい感想をいただきました。

夜店は、保護者や教職員も祭りが楽しめるようにあまり負担にならない形にしようと時間限定にし、外部の方にも協力してもらう企画を考えました。

推進委員のMさんを中心にした４Hクラブのトウモロコシ・ビーフ・生ビールの店、推進委員でケーキ屋さんを営んでいるMさんのプリント焼きそばの店、地区の区長さんで子育て講座にも参加してくれたたこ焼き屋さんにも声をかけて出店してもらいました。教職員は、かき氷の店を出しました。お客さんが大勢並んでアタフタしていると、卒業生の保護者が、「先生らあ、見ちゃあおれん。」と助けてくれました。ＰＴＡ会長を中心にお父さんたちは、金魚すくいとアイスクリームの店を出しました。金魚は、児童の祖父母が田んぼで育てているものを寄付してくれました。金魚の中にオタマジャクシや小さな川魚が紛れ込んでいて、手作りのお祭りならではの楽しいお店になりました。

全店完売、皆さんに喜んでいただきました。予想以上にお客さんが多く、夜店の担当者は店に貼り付けになり計画のようにはゆっくりお祭りを楽しむことはできませんでしたが、お客さんの笑顔や「ようやってくれたね。ありがとう。」という声かけが嬉しくて、「やってよかった。」という満足感を得ることができました。

ウ　山の日の餅つき・餅まき

米奥小学校では保護者の支援を受けて、稲作体験を年間通して取り組んできています。七夕の藁馬づくりなどもその一環です。収穫した３０ｋｇの米をもち米と交換して、昨年から餅つき、餅まきに取り組んできました。学校林の東屋の落成がきっかけです。

本年度は、ツリーハウスと井戸小屋の落成を祝うというのが名目となりました。高齢者とともに餅をつき、あんこを入れて丸めて袋に入れる。 和気あいあい、ほのぼのとした雰囲気が心を和らげてくれました。

教職員がツリーハウス２階部分と三階部分から、餅まきをすると子どもたちや高齢者、保護者や地域のみなさんが笑顔で餅拾いに熱中しました。文科省コミュニティ・スクール指定校らしい取り組みでした。

エ　井戸小屋の設置

米奥小は、総合的な学習に活用する目的で田んぼ池ビオトープをつくりました。学校校庭の排水を枡に集めて水源の一部とし、学校周辺の方の池の水排水をパイプで導いて水源の一部としていたのです。しかし、恒常的な水源としては乏しいので、昨年度から、山の日の事業を活用して井戸を掘り、電源を使ったモーターポンプと手動のポンプを中平謙一氏に設置してもらいました。

また、本年度は、学校林間伐材を使って井戸小屋を完成させたのです。大型木製ブランコの作製と前後して皮はぎを行ない、組み立て作業を数人で毎週のように土曜日に取り組みました。　１月１７日の仕上げには、板材を交互に張って雨が漏らないように屋根を葺きました。屋根の頂上の木製飾りは、後日丸太を削って乗せることで完成させることができました。

④　山の日の事業

ア　大型木製遊具づくり

山の日当日の事業の一つとして、１１月１５日（土）を学校参観日に完成させる取り組みを進めました。指導はツリーハウス２号棟を完成させるに当たって協力してもらった　浜氏　拡さんを中心にして支援をいただきました。重機を使っての整地作業、学校林の間伐材を運搬する作業や皮を剥ぐ作業は保護者、地域支援者、教職員有志で事前に取り組んだのです。

一週間前に基本的な骨組みを完成させ、当日は、ブランコを安定させた状態でしっかりと固定させる作業と太目のロープと座椅子になる板を使って、一人乗り用と二人乗り用の２連を完成させました。環境学習を終えた児童たちが取り囲む中で、笑顔と拍手の中でブランコ遊びの試運転がなされました。

イ　山の日の学習

学校行事と連携した形で、米奥小学校が山の日の事業実施日と設定した１１月１５日（土）に２人の講師を依頼しました。学校依頼の講師は山田高司さん（四万十市四万十学舎）ＰＴＡ山の日学習講師としては中川　仁志さん（宿毛市宿毛高校）です。

山田講師には、「自然環境と私たちのくらし」と題した講話をしていただきました。全校児童対象にパソコンのグーグルアースを活用して、クイズ形式によって地球環境の現状をわかりやすく説明してもらうことができました。なお、後半部分は高学年対象でより詳しい環境問題を解説してもらいました。

中川講師には、簡単な「竹の笛」つくりや精巧な「竹とんぼ」による遊びを指導していただき、竹を少しだけ割って輪ゴムで縛るだけで甲高い音が出ること、手づくりの竹とんぼが空高く舞い上がることに、親子ともども歓声が挙がりました。

③収穫祭（お楽しみ会）

毎年、収穫したお米を使ってお楽しみ会を行っています。毎年校庭の草引きに来て下さる地域の高齢者や児童の祖父母を招待し、料理や会食をして交流しました。児童のおばあさん三名に先生になっていただき、二つのグループに分かれて、ちらし寿司・炊き込みご飯・唐揚げ・豚汁・サラダと盛りだくさんの料理作りに挑戦しました。三名のおばあさん先生の他にもたくさんのおじいさん、おばあさんが参加してくださり、朝からにぎやかに料理作りをしました。「おばあちゃん、次は何をしたらえい？」「ぼくにも、お肉切らせて。」
と、どの子もやる気満々。おばあさんたちにやさしく教えてもらいながら楽しんで調理に取り組みました。

盛りだくさんのメニューでしたが、お昼前には出来上がり、前庭に出したテーブルにはちらし寿司やアツアツの豚汁などたくさんのご馳走が並びました。

ごぼうを切るのは初めてだけど、結構楽しいね。おいしい炊き込みご飯を作るぞ

話をしながらワイワイにぎやかに会食を楽しんだ後は、班長を中心に各班で考えたゲームをしました。ピラミッドじゃんけんや○×クイズ、絵当てクイズなど、おじいさんおばあさんも童心にかえって楽しんでくれました。子どもたちが休み時間などに集まって作った賞品のメダルを掛けてもらってにこにこ顔のおじいちゃんおばあちゃん。その笑顔を見て、自分たちが考えて準備したゲームで喜んでもらったことに満足顔の子どもたちでした。後日、料理を教えてくださった三人のおばあさんには全校でお礼の手紙を書きました。

おめでとうございます。クイズの賞品です。

絵当てクイズをします。さて、この絵は、一体何の絵でしょうか。分かった人は、手を挙げてください。

② 川遊び・カヌー体験

４年目を迎えた１９年度から、川遊び・カヌー体験は、新たに「小川でごそごそ魚捕り」の活動を加え川遊びがいっそう楽しく充実したものになりました。縦割り班４班が二方向の支流にわかれ、保護者のリーダーを中心に川に潜ったり石をひっくり返したりして魚捕りをしました。声をかけ合い魚を追い込んだり、自分なりの工夫で魚に挑んだり、たくさんの魚を捕ってまるでヒーローのような児童がいたりと、どの子も目を輝かせた体験でした。夢中になったのは子どもたちだけではありません。教師も支援に駆けつけてくれた地域の方々も童心にかえって楽しみました。何種類もの魚を捕って学校に戻り成果を披露し合いました。まだ豊かに残っている自然を感じることができました。

午後は、カヌー体験です。学校のすぐ下の四万十川でまずはしっかり練習。二年、三年と経験をしてきた上級生はすぐに上手にカヌーを操り、初めての一年生やまだ慣れていない二年生も支援の方々に助けてもらいながらカヌーの楽しさを体験しました。最後は学校下流の出発場所に移動し、最後の練習の後、ゴールの三堰に向けて出発しました。支援の方々や保護者の皆さんに見守られながら全員無事四万十川を下りました。

川下りから帰ってきたら、みんなで夕食作りです。川原で竹飯を炊くグループを家庭科室でサラダや焼き肉の準備をするグループに分かれて夕食を作りました。保護者の皆さんや地域の支援者の皆さんと、にぎやかで楽しい会食をしました。

２０年度は、５・６年生の総合的な学習で川の研究をしているグループの希望で鰻捕りにも挑戦しました。地域の鰻捕り名人に教えていただいて「はえなわ」と「うなぎぶし」を川に仕掛けました。「大きな鰻がかかったらいいな。」その夜は、期待に胸を膨らませて眠りました。ちょうど月夜だったこともあって、大きな鯰が２匹かかっていただけで期待していた鰻は捕れませんでしたが、ワクワクドキドキする体験ができました。

3，子どもたちの基礎学力や表現力を高める取り組み

本校では、子どもたちの学力を向上させるために校長はじめ全教員が研究授業を行い授業力の向上に努めています。学級担任は、必ず複式で研究授業を行うこととし、複式指導の研究も行ってきました。コミュニティスクール推進校の指定を受けることで講師を招聘しての学集会も充実してきました。また、他校の実践を参考に学習規律やひとり学び等の手引きを作成し、全校で取り組んでいます。

— 中　略 —

4，特色ある学校づくり

（1）保護者や地域の人たちとの取り組み

① 七夕集会

昔から受け継がれてきている七夕飾りの作り方を子どもたちにも伝えたいと、昨年度から「七夕の馬作り」に挑戦しています。講師を児童の祖父や老人クラブの会長さんにお願いすると快く引き受けてくださり、藁まで準備して地域の方々が来校してくださいました。

みんなで七夕の歌を歌った後、縦割り班に分かれて馬作りに挑戦。まずは縄を編むことから習いました。何度も何度もお手本を見せてもらいながら、藁を足の指に挟んでみんな一生懸命に編みました。次は、馬の足を手分けして作りました。それを胴体と合体させながら馬を完成させるのはなかなかむずかしかったけれど、手助けをしてもらいながらどの班も立派な馬を作ることができました。

馬作りが２年目となった本年度は、「自分の馬が作りたい。」と根気強く頑張った児童が多く、決して上手とは言えないけれど、子どもたちの頑張りの跡が見える馬がたくさんできました。教師が予想していた以上に、子どもたちは馬作りに楽しんで取り組めました。。

講師をしてくださった高齢者の方々も、子どもたちとのふれ合いを楽しんでくださったようでした。みんなで作った馬を飾り付けした後は、一人ずつ願い事を発表して集会を終わりました。

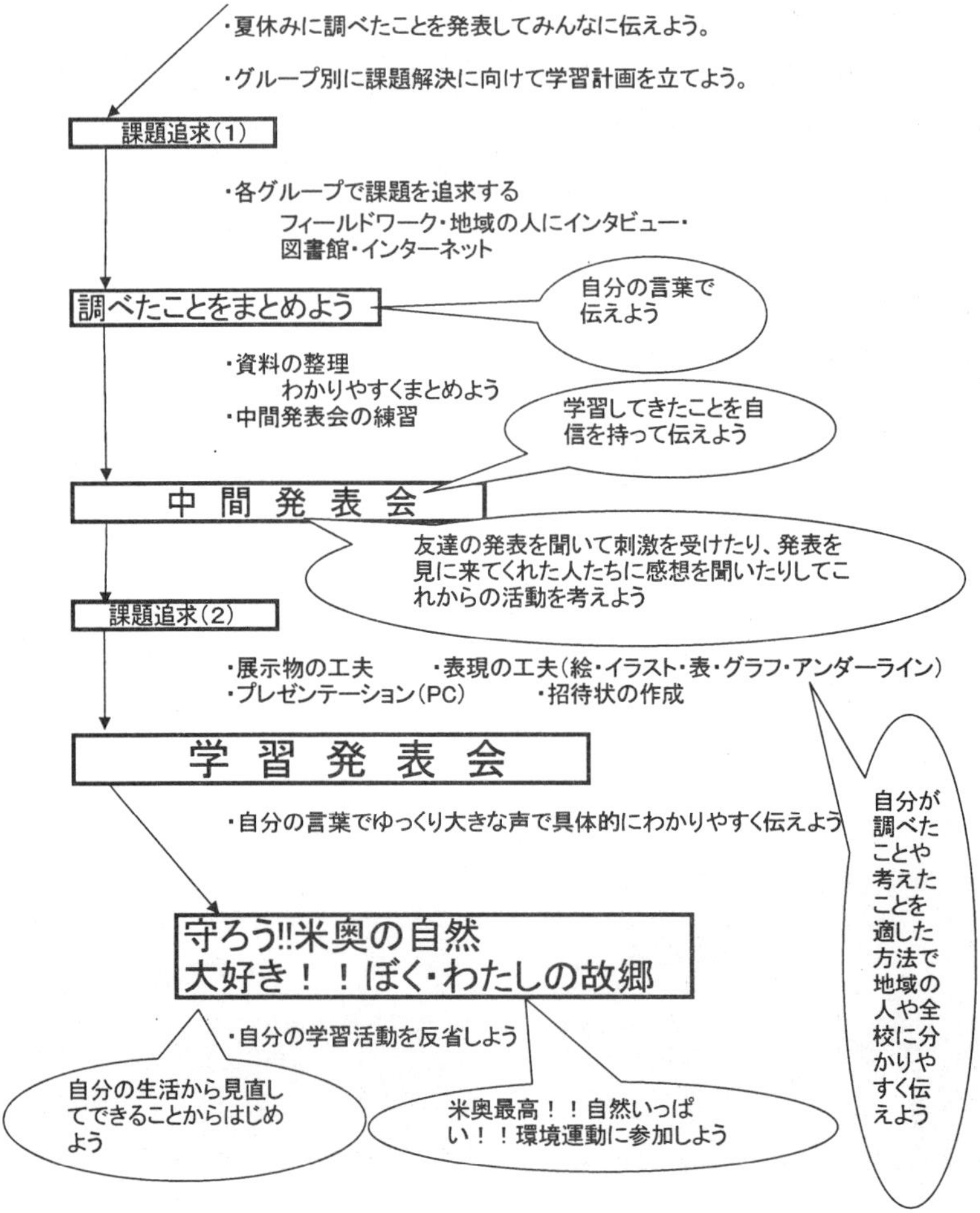
・夏休みに調べたことを発表してみんなに伝えよう。
・グループ別に課題解決に向けて学習計画を立てよう。
課題追求（1）
・各グループで課題を追求する
フィールドワーク・地域の人にインタビュー・
図書館・インターネット
調べたことをまとめよう
自分の言葉で伝えよう
・資料の整理
わかりやすくまとめよう
・中間発表会の練習
学習してきたことを自信を持って伝えよう
中 間 発 表 会
友達の発表を聞いて刺激を受けたり、発表を見に来てくれた人たちに感想を聞いたりしてこれからの活動を考えよう
課題追求（2）
・展示物の工夫
・表現の工夫（絵・イラスト・表・グラフ・アンダーライン）
・プレゼンテーション（PC）
・招待状の作成
学 習 発 表 会
・自分の言葉でゆっくり大きな声で具体的にわかりやすく伝えよう
自分が調べたことや考えたことを適した方法で地域の人や全校に分かりやすく伝えよう
守ろう‼米奥の自然
大好き！！ぼく・わたしの故郷
・自分の学習活動を反省しよう
自分の生活から見直してできることからはじめよう
米奥最高！！自然いっぱい！！環境運動に参加しよう

5・6年活動構想図

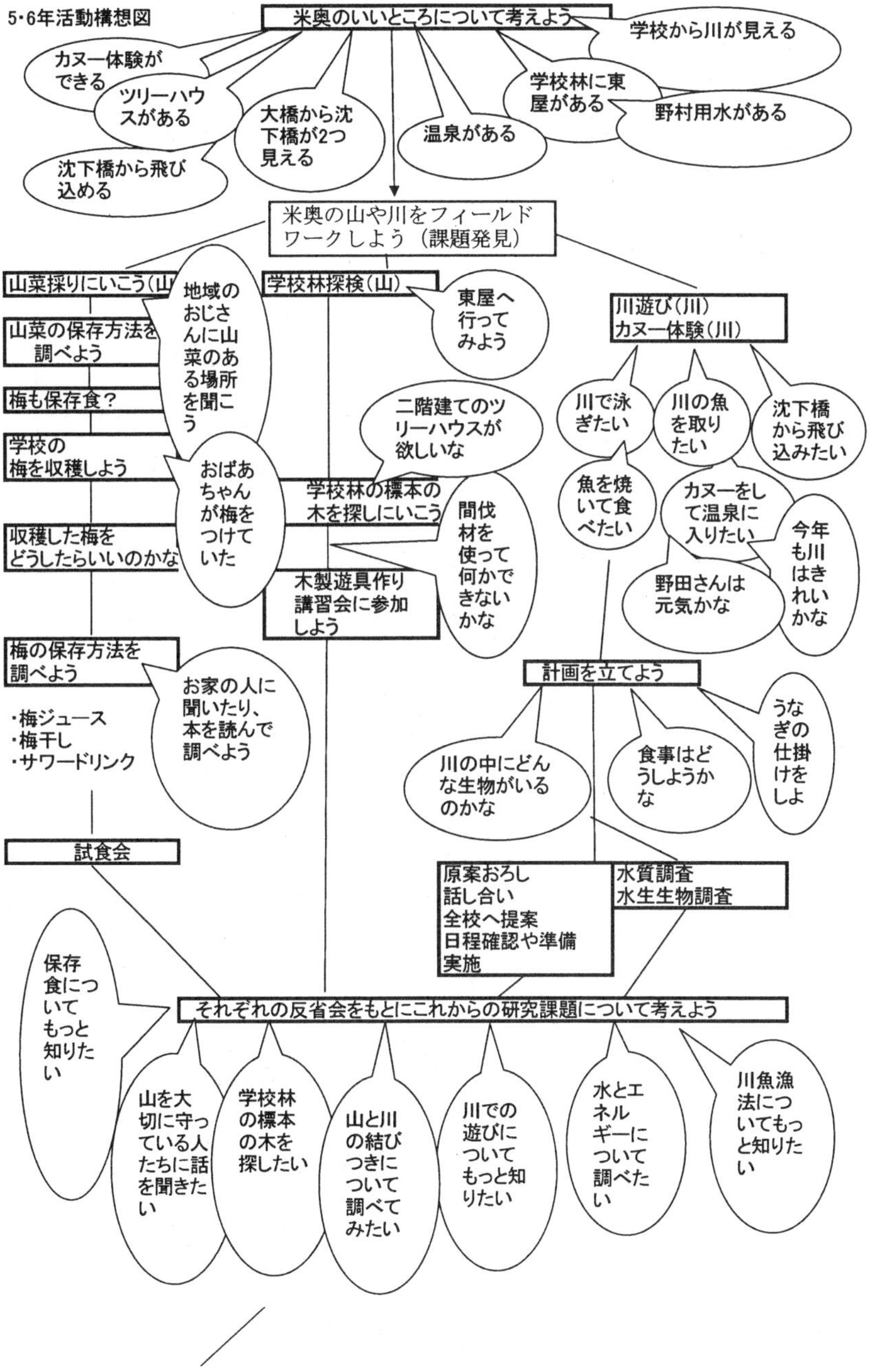
米奥のいいところについて考えよう
カヌー体験ができる
ツリーハウスがある
沈下橋から飛び込める
大橋から沈下橋が2つ見える
温泉がある
学校林に東屋がある
学校から川が見える
野村用水がある
米奥の山や川をフィールドワークしよう（課題発見）
山菜採りにいこう（山）
山菜の保存方法を調べよう
梅も保存食？
学校の梅を収穫しよう
収穫した梅をどうしたらいいのかな
梅の保存方法を調べよう
・梅ジュース
・梅干し
・サワードリンク
試食会
地域のおじさんに山菜のある場所を聞こう
おばあちゃんが梅をつけていた
お家の人に聞いたり、本を読んで調べよう
学校林探検（山）
東屋へ行ってみよう
二階建てのツリーハウスが欲しいな
学校林の標本の木を探しにいこう
間伐材を使って何かできないかな
木製遊具作り講習会に参加しよう
川遊び（川）
カヌー体験（川）
川で泳ぎたい
川の魚を取りたい
沈下橋から飛び込みたい
魚を焼いて食べたい
カヌーをして温泉に入りたい
野田さんは元気かな
今年も川はきれいかな
計画を立てよう
川の中にどんな生物がいるのかな
食事はどうしようかな
うなぎの仕掛けをしよ
原案おろし
話し合い
全校へ提案
日程確認や準備
実施
水質調査
水生生物調査
それぞれの反省会をもとにこれからの研究課題について考えよう
保存食についてもっと知りたい
山を大切に守っている人たちに話を聞きたい
学校林の標本の木を探したい
山と川の結びつきについて調べてみたい
川での遊びについてもっと知りたい
水とエネルギーについて調べたい
川魚漁法についてもっと知りたい

総合的な学習全体計画

米奥小学校

時代の要請

○「生きる力」を育む学校づくり

- 人や自然と積極的に関わり、よりよく生きようとする態度
- 自信を持っていきいきと表現する力
- 情報を取捨選択し、整理する力
- 自ら課題を見つけ、考え判断して行動できる問題解決の能力

地域の実態

- 田や畑、山や川など豊かな自然と温かな人情に恵まれている。学校の活動にも協力的で、子どもたちの活動に関わってくれる人材も多い。
- 米作りや生姜作りなどが盛んな地域であるが、地域の大半が兼業農家である。経済基盤が弱い家庭もある。
- 保護者も、全体としては学校の取り組みに協力的であるが、そうでない家庭もあり二極化が進んでいる。

学校教育目標

心豊かに伸びゆく子どもを育てる
――子どものものの見方・感じ方・行動の仕方を育てる――

研究主題

いきいき表現したり行動できる子ども

めざす子ども像

- すこやかな身体としなやかな心を持つ子ども
- 確かな学力を身に付けようと頑張る子ども
- 自分で考えて行動できる子ども

【育てたい力】
①問題解決力　②表現力　③関わる力

児童の実態

- 学習に対して受け身的な児童がいるが、課題に対しては真面目に取り組むことができる。
- 自分の言葉で表現することが苦手な児童がいる。
- 明るく活動的で、学校では運動場で元気に遊ぶ姿が見られる。家庭では、テレビやゲームに費やす時間が多い児童もいる。
- 友だちに優しく接することができる児童が多い。
- 縦割り班活動等、上級生が中心になり協力して活動することができる。
- 絵を描いたり、歌を歌ったりすることが好きな児童が多い。
- 就寝時間等基本的な生活習慣が乱れている児童がいる。

「総合的な学習」の充実

目標
- 興味・関心を持って意欲的に課題を探し、地域の自然や人々との関わりを大切にする。
- 体験的な学習を通して、生まれ育った米奥のよさに気づく。
- 仲間とともに追求し、学んだことを自分らしく表現するとともに、互いの良さに気付き高め合う。

授業実践の重点
- ○地域の方とともに取り組む。
- ○地域の自然や人々のよさに気づかせる。
- ○体験や活動を通して、一人ひとりの課題を発見させる。

授業実践の重点（指導方法や指導体制）】

	感じる心	課題を解決する力	表現する力	かかわる力
低	身近な人や自然の温かさを感じる	意欲的・主体的に計画したり、工夫したりして取り組む	学んだことや楽しかったことを絵や文章で表現する	自然や友だち、身の回りの人と進んでふれあおうとする
中	地域にあるたくさんの良さを感じ、自然の恵みに感謝するとともに地域の文化のすばらしさに気づく	課題について自分なりの解決法を見い出そうとし、進んで課題に取り組む	学んだことを自分なりの方法で相手に分かるように伝える	友だちと協力して課題に取り組み、自然や地域の人々と積極的に関わり、よさを見つけようとする
高	地域の人々の温かさや伝統・文化、それらを守っていく取り組みのすばらしさを感じ取る	見通しを持って、段取りをつけながら活動を進める	自分が調べたことや考えたことを適した方法で相手に分かるように伝える	自然や地域の人と交流を深め、自分の生き方を考える

各教科・道徳
特別活動

- 基礎・基本の徹底
- 表現力の育成
- 主体的な学習力の育成
- 豊かな感性の育成
- 互いの良さを認め合える集団づくり
- 自己肯定観を育成
- 実践的な態度の育成

保護者・地域・関係諸機関との連携（協力・支援・指導）

回	月	日	研究の概要	備考
16	10	17	コミュニティ・スクール推進協議会発表原稿の柱立ての検討	
17	10	22	生活点検分析及び児童理解 「コミュニティ・スクールの取り組み」まとめに向けて（基礎学力の向上、生活科・総合的な学習、日記・作文指導等）	授業者：山脇教諭
18	11	5	児童理解 ２年国語科研究授業事前研 いじめ・虐待についての研修	
19	11	26	２年国語科研究授業・事後研 児童理解	授業者：倉口教頭
20	12	3	児童理解 人権教集約大会の発表に向けて 漢字定着テストの実施について	
21	1	8	人権教集約大会発表原稿検討 児童理解及び生活点検分析	
22	1	14	人権教集約大会発表原稿検討 研究集録・文集『松葉の子』について	
23	1	21	２学期漢字定着テストの分析 児童理解	
24	1	28	児童理解 ３・４年保健研究授業事前研	
25	2	4	児童理解 ３・４年保健研究授業・事後研	授業者：山野上養諭
26	2	25	児童理解 ３～６年国語科・図工科研究授業事前研	
27	3	4	校内研修まとめ（成果と課題） 研究集録原稿読み合わせ	
28	3	6	３～６年国語科・図工科研究授業・事後研 「感じる心と想像力を育てる ー絵本や読書の楽しさを語るー」	授業者：門田校長 （町内保 小 中へ案内）
29	3	11	２０年度漢字定着テスト分析	

2，研究の経過について

２００８年度

回	月	日	研究の概要	備考
1	4	9	教育目標・めざす子ども像・研究主題の設定	
2	4	21	総合的な学習の計画作りについての学習会（講話・演習）	講師：門脇章夫指導主事（中部教育事務所）
3	4	23	児童理解 校内研修計画案検討 コミュニティスクールの取り組みについて	
4	5	7	学級経営案検討 漢字タイム・計算タイムについて	
5	5	21	児童理解 ５・６年図工科研究授業事前研	
6	6	4	児童理解 ５・６年図工科研究授業・事後研 計算力実態調査報告・分析	授業者：門田校長
7	6	11	３・４年算数科研究授業事前研	
8	6	18	児童理解 １・２年算数科研究授業事前研 生活科・総合的な学習計画案検討	
9	6	25	３・４年算数科研究授業・事後研 複式での効果的な学習指導について 生活科・総合的な学習計画案について	講師： 門脇指導主事 授業者：村上講師
10	7	2	１・２年算数科研究授業・事後研 書く力を伸ばす手だてについて学習会	講師：森広幸先生 授業者：田所教諭
11	7	16	校内朗読大会 朗読指導についての学習会	講師： 植田省三先生
12	8	6	１学期の反省 計算力を伸ばす学級の取り組みについて	
13	9	3	夏季休業中研修報告	
14	9	17	児童理解 １学期の漢字定着テスト結果分析と今後の取り組みについて １・２年国語科研究授業事前研	
15	9	24	児童理解 １・２年国語科研究授業・事後研 コミュニティスクールの取り組みについて （学力向上・特色ある学校づくり）	授業者：門田校長

地域とともに歩む特色ある学校づくりをめざして

四万十町立米奥小学校　門田　雅人

1．子どもや学校・地域の現状

米奥地区は、四万十川上流松葉川の両岸に開けた盆地で、古くから仁井田米の産地として知られています。西北部は森ケ内の国有林で檮原町に接しており、東北部は旧大野見村に接している地域です。戸数は約３００戸、人口は1，０００人足らずで、そのうち本校に児童が通学している家庭は僅か１２戸です。児童の家庭の職業は、町内に勤める会社員や公務員等勤め人がほとんどで、自営業・農業などはほんのわずかしかいません。共働きの家庭が多く、3世代同居の家庭も多いのが特徴です。過疎化が激しく、松葉川山小学校が本校に統合されて以降も児童が激減、若い人たちの流出も続いています。ただ、地域にＩＴ関連企業があり、就業している保護者もあることが少なからず歯止めになっています。

米奥小学校区は、豊かな自然に囲まれて人情も細やかであり、学校教育に対しても地域を挙げて極めて協力的です。教職員の眼が行き届くことから、丁寧な指導ができています。基礎的な学力の定着や基本的な生活習慣の確立についても、学校と家庭の協力・協働で取り組んできました。しかし、小規模学校の課題でもあるところの子ども同士の力関係や学力の定着において二極分化して固定化するなどの問題があります。

また、教職員や保護者の指導が徹底する反面、子どもの自律の弱さや消極的な面も大きな課題です。これまで数年の教育目標は「心豊かに伸びゆく子どもを育てる」と定めてきましたが「ものの見方や感じ方・行動の仕方を育てる」ことを重点に加えました。「四万十川と学校林を結んで」の総合学習や山の学習支援事業指定を受けていること、小規模特認校指定や文科省コミュニティ・スクール事業に指定されるなどの取り組みは、『地域あってこその学校、学校あってこその学校』を実現するための特色ある学校づくりの視点でもあります。

そのために、

①　基礎学力を鍛え確かな学力を定着させる。

②　心豊かに感じる力を育てる。

③　教職員の協力・協働で子どもを主人公にした学校づくりをすすめる。

④　保護者・地域と連携して学校づくりに取り組む。

を重点目標として取り組んでいます。

具体的には

ア　授業研究の充実　【複式授業の研究、基礎学力の充実、豊かな感性をそだてる】

イ　総合的な学習の研究【年間計画の確立、四万十川や地域を素材に、学校林活用】

ウ　基礎学力の充実　【計算力・読む力・書く力、話す力、綴る力、朗読発表の力】

エ　地域に根ざした行事【田植え、稲刈り、収穫祭、山の事業、川遊びカヌー体験】

オ　読書指導　【図書館整備、選書会実施、読書タイム、読書郵便、読み聞かせ等】

カ　学校を地域に開く　【学校通信全戸配布、地域挙げての運動会や学習発表会】

キ　集会活動　【児童朝会、児童集会、朗読集会、音楽集会、クロッキー集会】

等を年度当初から計画して取り組んで来ました。

平成１９年度から、コミュニティ・スクール推進校の指定を受け、地域の有識者や支援者、保護者の代表をメンバーとして「コミュニティ・スクール推進委員会」を発足させ、取り組みを始めました。

34

地域とともに歩む
特色ある学校づくりをめざして

地域とともに歩む
特色ある学校づくりをめざして

※293頁からお読みください

2007年〜2009年
平成19・20年度文部科学省コミュニティ・スクール
推進指定校収録抜粋

○　美術的《びじゅつてき》な美しさ

『木』『月人石』『よあけ』『月夜のみみずく』『小さな花の王様』『こやたちのひとりごと』『アンネ・フランク』

2．子どもが本を楽しむ・子どもが本を選ぶ

①　読み聞かせの楽しさ

『ねずみくんのチョッキ』『なにをたべてきたの』『だんまりこうろぎ』『キャベツくん』『ぶす』『おっと合点承知之助《がってんしょうちこれすけ》』『へっこきあねさがよめにきて』『せかいいち大きな女の子のものがたり』

『じごくのそうべえ』『わたしの手はおだやかです』・・・

②　子どもが本を選ぶ取り組み

・　親子《おやこ》で選《えら》ぶことも

・　子どもたちが本を紹介《しょうかい》しあうことも

・　図書室の本を選ぶことも

・　県立図書館の移動図書《いどうとしょ》を選ぶことも

3．保護者・学校・地域とともに地域の図書館とも連携して

・　本が選びやすくて洗練され美しい図書室
・　畳があって寝転がることもできるといい
・　図書台帳をパソコン管理にすると　　ＩＳＢＮによる入力
・　学校を地域に開くことで・・・
・　地域や県立図書館の活用及び連携
・　保護者や地域の方々が読み聞かせに

※　現在、文科省図書助成五ヵ年多額補助金継続中、別予算への組換えを監視して

― おわりに ―

①　科学絵本《かがくえほん》の充実《じゅうじつ》が・・・

②　教科書《きょうかしょ》の教材《きょうざい》に・・・

③　子ども恐《おそ》るべし・・・

④　読み手の好《この》みの拡《ひろ》がりを

⑤　今読んでいる本があること

※　短《みじ》かい時間でもテレビを消《け》して、家族《かぞく》で本を読む雰囲気《ふんいき》を

四万十町立米奥小学校３，４，５，６年及び保護者・教職員対象講座　　　　　　　‘09．3．6

感《かん》じる心と想《そう》像《ぞう》力《りょく》を育《そだ》てる

―絵《え》本《ほん》や読《どく》書《しょ》の楽《たの》しさを語《かた》る―

指導者　門田　雅人

― はじめに ―

実行委員会方式結婚式《じっこういいんかいほうしきけっこんしき》の記念品《きねんひん》　『しろいうさぎとくろいうさぎ』

子育《こそだ》ての中で子どもたちの一冊《いっさつ》の本『はじめてのおつかい』『冒険図鑑《ぼうけんずかん》』・・・

１年担任《たんにん》としての失敗《しっぱい》　『スーホの白い馬』

卒業式《そつぎょうしき》に子どもたちに渡《わた》した　『人間《にんげん》』‘04年『日本国憲法《にほんこくけんぽう》』’82年

５３年前の自分の作文　『ぼくの弟《おとうと》』

１．子どもの感じる心と想像力を育てる

○　視覚的《しかくてき》な楽《たの》しさ

『ねこさんびき』『もこもこもこ』『木のうた』『カーブック』『１４ひきのあさごはん』『原寸《げんすん》大《だい》どうぶつ館《かん》』・・・

○　ことばの楽しさ

『こんにちワニ』『ことばあそびうた』『ぶたたぬききつねねこ』『かっきくけっこ』『ウラパン・オコサ』『しりとりのだいすきなおうさま』・・・

○　子どもの生活実感《じっかん》

『あつおのぼうけん』『となりのせきのますだくん』『ぼくはいかない』『みんなちきゅうのなかまたち』『はせがわくんきらいや』『さよならエルマおばあさん』・・・

○　科学的《かがくてき》なものの見方《みかた》

『アリからみると』『みんなうんち』『落ち葉』『どんぐりノート』『ダンゴムシ』『昆虫《こんちゅう》の生活《せいかつ》』『広島《ひろしま》の原爆《げんばく》』『おじいちゃんのおじいちゃんの・・・』

○　愛《あい》を描《えが》いた絵本

『百万回生きたねこ』『あおくんときいろちゃん』『ふたりはともだち』『のぼっていったら』『きはなんにもいわないの』『ごめんねともだち』『ねえさんといもうと』・・・

米奥小学校　2008．9．17

1・2学年国語科指導略案

児童数６名　指導者　門田　雅人

9、　教材名　おさるがふねをかきました

10、ねらい　詩の授業を通して想像力を拡げる

① 展開法によって詩の授業を感じて楽しむ

② どんなおさるか、どんなふねか、どんな詩の世界か

11、展　開

学習活動	留意点
① 題名を知り話し合う 授業のめあてを知る ・どんなおさるだろう ・どんなふねだろう	○ 比べて考えさせる ・おさるとさるとはどんな違いがあるか ・おさる　が　ふねをかきました おさる　は　ふねをかきました おさる　も　ふねをかきました
② 一連を読んで話し合う ・おさるの考えたこと ・おさるのしたこと	○ 比べて考えさせる ・ふね　でも　描いてみようという動機 ふね　を　描いてみようと ・題名との関係、おさるの気持ちがわかる 書き方になっていること
③ 二連を読んで話し合う ・おさるのしたこと ・おさるの考えたこと	○ したことをさきに見つける どうしてえんとつを描いたのか
④ 三連を読んで話し合う ・おさるのしたこと ・おさるの考えたこと	○ したことをさきに見つける ・どうしてしっぽを描いたのか ・自分たちならどうかも考えてみる
⑤ 四連を読んで話し合う ・おさるのしたこと ・おさるの考えたこと	○ したことをさきに見つける ・どうしてさかだちをしたのか ・自分たちならどうかも考えてみる
⑥ 本時のまとめをする ・全体を通して読んでみる ・おさるとおさるの船を絵に描く	○ おさるの気持ちになって ・読み取りを活かす読み方をさせる ・読み取りを活かして楽しい絵を描かせる

米奥小学校　2008. 6. 3

5・6学年図工科指導略案

児童数7名　指導者　門田　雅人

7、教材名　好きな形の土笛をつくろう　2／4

ねらい　土粘土を使って自分で工夫した形の笛をつくる

① 粘土で土笛が鳴る構造を習得してつくれるようになる　2時間

② 自分で考えた形を土笛として鳴るように完成する　2時間

8、展開

学習活動	留意点
④ 本時のめあてを知る	
・用具の準備をする	・土笛の発展形であるオカリナを見せる
・土笛が鳴るわけを知る	・ビンの口を吹くと鳴ることに気づかせる
・つくり方の手順を考える	・歌口と吹き口の関係を説明する
⑤ 土笛の基本形をつくる	
・基本の形をつくる	・まずはつくり易い形を基にして
・タコ糸で二つに切る	・タコ糸や竹ヘラの使い方を見せて知らす
・竹べラで両方に空洞をつくる	
・	
⑥ 鳴らすためのつくり方に挑戦	
・ヘラで吹く方に歌口をつくる	・指先を目指してまっすぐヘラを刺すこと
・歌口へ坂道を付けて先端を尖らせる	・歌口は四角くきちんと開いていること
・吹き口から歌口へヘラで道をつける	・吹き口の出口と歌口の先端が・・・
・空洞をふさいで軽く吹いて確かめる	・竹クシの先端を使って余分な土を除く
・	
⑦ 鳴ることを確かめて接合する	
・接合には土のドベを使う	・事前に粘土を水に溶かしてつくっておく
・丁寧にもとの形に戻す	・空気が入ると素焼で割れることを伝える
・窓際に置いて乾燥させる	・できた人は自分の好きな形でつくらせる
⑤ 本時のまとめをする	
・用具など片づけをする	・床や流し、机の上に土が残らないように
・授業の感想／次時の予告を聞く	・できることが次の活動へ意欲になるように

米奥小学校　2007．11．21

3・4学年図工科指導略案

児童数8名　　指導者　門田　雅人

1、　教材名　人物をかたまりで描く・線で描く
（線描クロッキーとかたまり描き）

2、　ねらい　自信を持って人物を描く力をつける
(ア) 線描で部分、部分をしっかり描く力をつける
(イ) かたまり描きで大きな動きを描く力をつける

3、　展　開

学　習　活　動	留　意　点
①　本時のめあてを知る	・自信を持って人物が描くことをめあてに
・線描クロッキーをすること	・絵本『がいこつ』で人の体を考えさせる
・かたまり描きに挑戦すること	・新しい取り組みに関心と意欲を持たせる
①　線描クロッキーを描く	
・交代でモデルをして	・線描クロッキーの大切な要素を確認
・一本線でしっかりと対象をつかむ	・相互評価や教師の評価を折々に入れる
③　かたまり描きで描く	・人体は骨と筋肉で動く。骨に注目させる
・とりわけ頭の位置や腰の位置に着目	・かたまり描きは太線のマーカーを使用
・すばやく大きなつながりをつかむ	・練習に用紙に空描きしてから始める
④　かたまり描きに線描を加える	・マーカーは線描が活きるために薄色使用
・かたまり描きで大きくつかむ	・かたまりに依拠しつつ無視して描くも可
・かたまりをよりどころにしながら線描	
⑤　本時のまとめをする	・人物を描くことに自信と意欲を持てるよう
・授業の感想交流／次時の予告を聞く	

米奥小学校　2007. 10. 31

5・6学年国語科指導略案

児童数7名　指導者　門田　雅人

4、　教材名　想像力を働かせて『なつのあさ』を楽しむ
（絵本の絵のイメージ・ことばのイメージ）

5、　ねらい　絵本の絵とことばを想像して結ぶ
(ア) 絵を見て詩的なことばを想像する
(イ) 絵本の展開を考えてことばのイメージをつなぐ

6、　展開

学習活動	留意点
②　本時のめあてを知る ・『なつのあさ』を見ながら思い浮かぶことばを連想する	・導入として楽しい絵本を紹介する ・絵本の絵を見てことばを想像する ・説明的でなく詩的で簡潔なこと ・画面ごとに原作や友達のことばを参照
③　『あかいふうせん』を見て想像 ・画面を見て口々に発表する ・想像できることばがあることを知る	・楽しさやときめきをたいせつにして ・イメージが友達と似ていることを知る
③　『なつのあさ』を見て想像 ・画面ごと短冊に想像したことばを書く ・画面ごと原作のことばと比べながら	・第一画面は作者の絵とことばを提示する ・相互評価や教師の評価を折々に入れる ・画面ごと友だちのことばも参考にして
④　『なつのあさ』を楽しむ ・原作を通して読んでもらって ・友達の『なつのあさ』聞いてみて	・カラーコピーを黒板に提示する ・原作の想像力の拡がりを楽しめるように ・数人の短冊を通して読ませる
⑤　本時のまとめをする ・『にわかあめ』等をつなぎ読みしてみる ・授業の感想／次時の予告を聞く	・同作者別作品とつなげて発展させる ・ことば・絵のイメージ展開の絵本紹介 ・想像力の大切さを確かめさせたい

36

1　地域とともに四万十川と学校林を活かす取り組みを！

美の里づくりコンクール審査会特別賞受賞

（米奥小学校学校運営協議会）

2　本を読むことを通して思春期の子どもたちと『愛するということ』を考える

一般財団法人 農村開発企画委員会　HPより

美の里づくりコンクール

平成２７年度　美の里づくりコンクール　受賞地区

第１１回美の里づくりコンクールは、全国より２４事例の応募をいただきました。

審査は、美の里づくり審査会によって書類審査が実施され、平成28年３月１日に開催された審査会において、農林水産大臣賞をはじめとする７事例が選定されました。

各賞の受賞事例とそのご紹介を以下でいたします。

■ 農林水産大臣賞

地域	応募団体名	スローガン
岐阜県下呂市	竹原農地・水・環境保全会	いやしの里竹原「美しい田園・頑張る農村」

■ 農村振興局長賞

地域	応募団体名	スローガン
宮城県大崎市	特定非営利活動法人シナイモツゴ郷の会	全国モデルを目指す地域ぐるみの自然再生活動〜みんなで守ろう中山間地の豊かな自然〜

■ 美の里づくり審査会特別賞

地域	応募団体名	スローガン
北海道　七飯町	大沼グリーン・ツーリズム推進協議会	北海道開拓史から受け継がれる農林水産業と美しい景観づくり
山形県　三川町	対馬地区環境保全協議会	生きものの力を借りて農業を守る
静岡県　菊川市	特定非営利活動法人せんがまち棚田倶楽部	茶草場と棚田の里「せんがまち」
愛媛県　西条市	竹取物語実行委員会	豊かな森林をつくり、水源涵養で水を守り、災害に強いまちづくりと人づくり、そして地域づくり
★ 高知県　四万十町	米奥小学校学校運営協議会	地域とともに四万十川と学校林を活かす取り組みを！

2016年３月
高知みんけんだよりNO.64

第１１回「美の里（びのさと）づくりコンクール」応募用紙

都道府県	市町村名
高知県	四万十町

<table>
<tr><td>団 体 名</td><td colspan="2">米奥小学校学校運営協議会</td><td>代表者名</td><td colspan="2">池田十三生</td></tr>
<tr><td>活動のｷｬｯﾁﾌﾚｰｽﾞ</td><td colspan="5">地域とともに四万十川と学校林を活かす取り組みを！</td></tr>
<tr><td>組織形態</td><td colspan="3">集落　市町村協議会　ＪＡ　ＮＰＯ　●その他団体</td><td>設立年月日</td><td>2009年4月1日</td></tr>
<tr><td>活動年数</td><td colspan="2">１１（準備期間含む）年</td><td>会員数</td><td colspan="2">40名</td></tr>
<tr><td rowspan="4">所在地</td><td rowspan="4" colspan="3">〒７８６－００９５
高知県高岡郡四万十町米奥１４９
四万十町立米奥小学校</td><td>ＴＥＬ</td><td>0880-23-0193</td></tr>
<tr><td>ＦＡＸ</td><td>〃</td></tr>
<tr><td>E-MAIL</td><td>yoneoku-e@kochinet.ed.jp</td></tr>
<tr><td>ﾎｰﾑﾍﾟｰｼﾞ</td><td>www.kochinet.ed.jp/yoneoku-e/</td></tr>
<tr><td rowspan="4">記入者</td><td>氏　名</td><td>門田雅人</td><td>所属組織名</td><td colspan="2">米奥小学校学校運営協議会</td></tr>
<tr><td rowspan="3">住　所</td><td rowspan="3" colspan="2">〒７８５－００２４
高知県須崎市安和６４７－１</td><td>ＴＥＬ</td><td>0889-42-8023</td></tr>
<tr><td>ＦＡＸ</td><td>〃</td></tr>
<tr><td>E-MAIL</td><td>awamonta@mb.scatv.ne.jp</td></tr>
</table>

《活動の概要》

学校の所在地である米奥地区は、四万十川上流松葉川の両岸に開けた地域で、生姜の産地として知られています。西北部は森ケ内の国有林で梼原町に接しており、東北部は旧大野見村に接しています。戸数は280戸ほど、そのうち本校に児童が通学している家庭は10戸強、児童数はこのところ20名前後で推移している状況です。

米奥小学校は、四万十川流域の中でも最も川に接近した学校です。学校林も数箇所学校に近接してあるなど豊かな自然に恵まれています。保護者・地域は学校教育に対して極めて協力的であり、様々な学校の取り組みに対して地域を挙げて支援しています。

学校運営協議会は『小さくてもきらりと光る学校』を目指して学校を存続発展させること、学校と地域がともに協働した活動を展開していくことで地域の活性化を図ることを目的として結成しました。地域挙げて取り組む『米奥沈下橋夏祭り』は30年ぶりに復活しました。地域の地踊りや子ども相撲は地域の絆を感じさせます。間近にある二つの沈下橋を間伐材の炎がまるで迎え火のように照らします。ＰＴＡなどが手

〈左頁へ続く〉

づくりの夜店を開き小さな演奏会には老若男女が集います。『四万十川広葉樹植林プロジェクト』は四万十川の清流を取り戻す取り組みです。川の恵みは広葉樹が用意することを学んだ子どもたちは、高知大学の学生とも協働して樹木名札設置や植林に取り組んできました。また、間伐材を活用したツリーハウスは３代目の秘密基地になりました。

《団体の概要と活動を始めたきっかけ》

学校の取り組みとして、総合的な学習を中心に地域を学ぶ活動が展開されました。地域の生姜づくりや米づくりを体験するなど、また、四万十川と子どもたちに橋を架けるような活動、学校林が子もたちに近づいてくるような取り組みが大切にされてきました。具体的には、四万十川の水質検査、鮎漁や鰻漁調べ、川遊び・カヌー体験、川を泳ぐ間伐材鯉のぼりづくりなど。桜材はたきゴマ、稲馬の七夕飾り、コンテナ生姜づくり、米づくり体験、巣箱掛や杉板材による階段アート、学校林林道案内看板設置などなど・・

学校運営協議会は子どもたちや教職員の活動を支援しながら小規模複式の学校の存続や活動の展開による児童の確保、移住の促進などを視野に入れて、四万十町小規模特認校と文科省学校運営協議会組織を発足させました。

本会は、基本的にはこどもを主人公にした様々な活動を支援するのが役割の中心です。しかし、学校が活き活きと活発に活動する開かれた学校は地域を励まし地域を活性化していく原動力になります。地域の多様な住民が児童の支援に学校を訪れ、子どもたちの活動を見たり聞いたり一緒に活動したりすることが増えてきました。

《現在までの活動内容》

米奥地域は、四万十川流域に掛かる最古の一斗俵沈下橋を含む重要景観に指定されました。当会は、それらを単なる遺跡として観光に供するのではなくてそれらの景色の中に子どもや地域住民が活き活きと生きて活動してこその重要景観と考えています。

当会の活動は子どもや学校運営に関わる取り組みを展開していますが、景観に関連した代表的な事例について述べます。

ア・学校林の間伐についてNPO団体と協力して04年以降取り組んできました。延べ９ヘクタールを終了しています。間伐材は、夏祭りの沈下橋の松明ライトアップに活用。約１メートルの丸太を縦に８分割した切れ目をチェーンソーで入れます。学校の上流と下流両端にある二つの沈下橋が美しい炎で彩られます。

イ・学校林周遊道を整備して展望台東屋づくりをしました。学校目前に二つある学校林を林道で結んで学習に活用する目的です。四万十方式林道の講習を兼ねて整備することができました。東屋は間伐材の柱と杉皮の屋根です。地域には土建業を営む住民もいて協力してもらいました。

ウ・木製遊具としてツリーハウスや大型平均台、ブランコなどを多様な人々との協働で河岸広場に完成させました。河岸広場は04年頃まで孟宗竹の竹藪でした。シルバー人材センターやNPO団体の協力、児童や保護者も参加して変貌したものです。ガラス片やタイヤ、農機具などの捨て場は上級生の板張り秘密基地の夢を発展させた広場になりました。

エ・米奥夏祭りの展開は地踊りや子ども相撲の復活、音楽の夕べ、夜店と沈下橋のライトアップなどを柱にしています。間伐材を活かす方法を模索する中から、生まれた企画でした。四万十川に映る沈下橋の間伐材の炎は迎え火のようで、8回を終えた今となっては30年間途絶えていたことが嘘のように、地域にとって大切な行事の一つとなりました。なお、参加者の安全に関わる駐車場は量販店方式です。

オ・広葉樹植林プロジェクトは皆伐された学校林への植樹から始まりました。杉や桧などと広葉樹を混在させることの意義を大切にしています。ここ5年間は町内の企業や関係団体による支援、多数の高知大学生の参加が定着しました。雑木として顧みられなかった樹木を近しく感じられる企画です。四万十茶の提供や当日の温泉入浴補助券など参加者が楽しく参加できることを大切にしています。

カ・3代目ツリーハウスを取材した新聞記者が四万十川と周辺の環境を絶賛され、15年秋に地域住民参加の結婚式をツリーハウス広場で挙げました。演奏や会食も自然の中でみんなに開かれた盛大なものになりました。この地域に居住したいとのことで住宅提供を模索しています。地域から外に出て生活している青壮年世代や地域外の移住希望者にとって魅力ある地域づくりこそが大切だと再確認、確信するに至りました。

《活動おける課題と今後の目指す方向》

子どもと四万十川に橋を架ける取り組みは、学習としての水質検査や先人の苦闘の跡である水路隧道調べ、水路や小川でのごそごそ魚捕り、鮎漁・川鰻漁調べや四万十川沈下橋完全調査、全児童カヌー川下りなどへと発展しました。

子どもたちが学校林と近づく取り組みは、梅ジュースづくりや食べられる山菜調べ、希少植物梅花オーレン観察、また、巣箱を掛け、樹木名名札を掛けるなどの取り組みに繋がりました。学校林周遊道看板を子どもたちが図工の時間に共同で描き土木事務所の許可を得て道路に設置しました。木造の美しい校舎の廊下には樹木標本の展示、

〈左頁へ続く〉

階段には杉板階段アートなど学校生活と結んでいます。毎年５月には、全校児童が着彩した間伐材活用の２メートル超鯉のぼりが学校前の四万十川や一斗俵沈下橋の川の中を泳ぎます。

今年夏、完成した現在のツリーハウスは３代目です。使用禁止になっていた先代の復活を要望する子どもたちの願いに応えました。杉皮屋根に親子の棟を渡り廊下で結んだ雄大なハウスができました。今年の台風で下流の沈下橋に引っ掛かっていた大きな杉の風倒木２本は土木事務所や地元企業の善意で大型平均台として鎮座しています。

教職員や保護者も入れ替わりました。活動の初心や意義は確かめ合うことをしなければ風化してしまいます。また、学校にとっても授業時数確保の課題が避けて通れません。少人数の児童保護者、教職員にとって過度な負担は掛けられないところです。取り組みの初期、少年少女であった人たちが活動に参加し始めました。地元企業やＮＰＯ団体、漁業組合やＪＡ、観光協会、商工観光課など行政、高知大学との協力・協働に確信を持ちます。

長年の課題だった水洗外便所が、四万十川重要景観地域に指定されるとすぐに裏校門前に設置されました。空地はアスファルト舗装による駐車場が整備されました。重要景観保全と連携した取り組みを進めることが大切です。運動により町議会で可決されている町営住宅建設や町内外から住民をこの美しい地域に迎え入れたいものです。これまでに移住してきた仲間が役員として役割を果たしてくれています。

私たちは、『地域なくして学校なし、学校なくして地域なし』を合言葉に取り組んできました。地域にとって自慢の学校です。米奥は、子どもたちにとって誇らしい景観があり活動を展開する地域です。かつての少年少女たちが活動に参加してくれています。とりわけ今年度は、地元の中学・高校を卒業して高知大学地域協働学部に進学を果たした卒業生が、大学生との懸け橋、案内役を務めてくれたことが特筆されます。地域内外の人の輪の拡がりを見るとき美の里づくりの前進をみんなで楽しんでいます。

	撮影年月日 その1 2003年以前
	学校周辺が整備される以前の航空写真である。学校と四万十川を遮るように杉木立と竹藪が茂っている。 四万十川に主なものが24あるという沈下橋が学校の上流に一斗俵、下流に清水ケ瀬沈下橋が見える。中間にあるのが抜水橋である。 沈下橋は解体費用と生活道としての価値評価判断で残ることができた貴重な景観である。

	撮影年月日 その2 2004年12月3日
	四万十川と学校を遮っていた川岸の孟宗竹をほとんど伐採したあと杉の間伐に取り組んだ。 児童、保護者、地域の協力者及び間伐NPO団体の協働作業である。学校運営協議会の出発母体になるような活動であった。 児童たちが鋸で竹を切り特製の鎌で杉の木の皮剥ぎにも取り組んだ。これらの間伐材は、ツリーハウス1代目の材料となった。

〈左頁へ続く〉

撮影年月日
その3
2006年11月10日

学校林にある広葉樹の写真と名前一覧を地域で活動する方（運営協議会委員）から提供された。長方形の杉板に樹木名を記して掛ける取り組みをはじめた。

学校林の道は片側、四万十川方式で四駆自動車が登れるまでに整備されたので周遊道の形になった。

その後、樹木に取り付ける紐は自然に近い棕櫚縄に変更した。

撮影年月日
その4
2007年 5月 8日

川遊びカヌー体験が始まったのはこの年からである。著名なカヌーイスト野田知佑さん（中央）に2年間楽しみ方を学んだ。

四万十川の直ぐそばに居て川と親しまない術はないと児童全員と保護者が3キロの川下りを堪能。

以降、連年で取り組んでいる。緩やかな流れで練習を積み清水ケ瀬沈下橋から下流へと下る。安全管理には配慮した装備、支援者も多数である。四万十川の景観になじむ風景である。

撮影年月日
その5
2008年 3月 5日

子どもたちが図工の時間に共同で制作した案内看板を地域の支援者の協力で建てることができた。

NPO団体による四万十方式林道が図の右半分、峰の上には杉皮葺きの東屋が完成している。左側登山道は人ひとり通れる道だがすぐ近くに展望所がある。

土木事務所が擬木で展望所の手すり柵を作ってくれた。県道の看板設置許可も快くもらえた。

撮影年月日
その6
2008年 8月 9日

30年ぶりに復活した米奥地区の夏祭りだった。沈下橋のライトアップや支援をしてくれた中学校の吹奏楽部演奏、保護者手づくりの夜店や花火。

しかし、地域の高齢者に教えてもらいながら地踊りや子ども相撲を復活することは何にもまして大切なこととして取り組んだ。着物姿の高齢者が多数参加、子どもたちと踊りの輪ができた。中央で太鼓を叩くのは、のちの会長。


〈左頁へ続く〉

	撮影年月日 その7 2012年11月27日 第2回四万十川広葉樹植林プロジェクトの活動として、学校対岸の学校林に紅葉などの広葉樹を約50本植林した。 高知大学からバスを運行して多方面の協力を得た取り組みである。以前には数年にわたり、地域と子どもたちだけで中津川学校林にブナなどの広葉樹を植林してきた。 緑の少年団活動と連携して鳥の巣箱を掛ける取り組みも継続している。
	撮影年月日 その8 2014年 5月 3日 学校運営協議会有志他地域の協力者が間伐材を学校まで運び入れる。子どもたちは4つの班に分かれて川面に浮かぶ鯉を描き上げる。 大人たちも上流の沈下橋から5列に繋がる鯉たちをペイントした。3年目を迎えて水中を泳ぐ鯉の数が増えたが学校前は児童数17匹である。空にも鯉のぼり抜水橋には小型の和紙製鯉のぼりがはためく。

	撮影年月日 その９ 2014 年 7月 27 日
	今年は復活以降６回目の夏祭りを実施した。間伐材の松明は準備と点火作業、点火時刻の判断が難しい。２つの沈下橋の点火時刻を調整する。祭り全体のフィナーレでもある。 ２つの沈下橋と中央に位置する学校を結んで散策の経路に昨年から本格的に案内松明をつけ始めた。１斗俵沈下橋の流れは緩やかで水面にも炎が映る。

	撮影年月日 その 10 2014 年 11 月 15 日
	当日は、高知県山の日の事業として第４回植林プロジェクトに取り組んだ。 当日は午前中四万十川河畔にて児童たちと飯盒炊爨（竹飯やアユの塩焼きなども）に取り組んだ。 午後にはツリーハウスなどの落成引き渡し行事の後で餅まき、餅拾いを実施。協議会や学校関係者、大学生が餅まきの役を担当した。児童、住民多数参加、その後、児童や大学生は広葉樹樹木名の探査に向かった。

〈左頁へ続く〉

	団体概要補足資料 撮影年月日 2006年 7月15日 5、6年生が図工の時間に完成した階段アートである。同じ形状の階段が西と東にあるので踊り場を挟んで計4か所を以降、3、4年生も描いた。 階段の蹴込だけはセメントでつくられていた。寸法を計測した杉板をはめ込んだのだ。絵を描く際は集めて野田さんの絵本を拡大して（拡大縮小図形） 方眼紙方式で描いた。 他の場所はアニメ的な原画を子どもたちが描き同じ方法で完成した。

	その8－補足資料 撮影年月日 2013年 4月11日 間伐材を活用した桧丸太の鯉である。水性の塗料を使って大胆な模様を描く。四万十川の水中に没してもはっきりと目に留まり溶けて消えはしない。 運営委員や地域の支援者が間伐材を学校校庭に運び入れ子どもたちの活動を見守る。‘14年には1斗俵沈下橋からも5列20匹ほどの鯉が川流れした。 子どもたちの鯉は児童数17匹が横一列に学校前四万十川を泳ぐ。

その9－補足資料
撮影年月日
2014年7月26日

　これは、祭り前日の清水ケ瀬沈下橋の間伐材松明準備完了の写真である。上流の1斗俵沈下橋と比べると橋の長さがかなり長いので2メートル間隔の材も多い。

　橋脚も高いので夏祭り会場から眺めてみると空中に炎の列が蛇の尾のように見える。

　間伐材は縦に切れ目を入れて松材をかませ、廃油や灯油で点火を促進する。

その10－補足資料
撮影年月日
2015年10月20日

　ツリーハウス3代目完成を取材された朝日新聞記者の高橋さんが沢山の友人演奏家料理人を伴ってウェディングピクニックIn　米奥と銘打って結婚披露宴。

　PTA会長をはじめとする地域住民も招待された。素朴ながら人の輪と自然、料理や飲み物等約300名参加し盛大で楽しい祝宴となった。地域への居住を希望している。期待に応えたい。

'14年度 特別活動後期月曜日 110名 私の一冊一覧

NO	ジャンル	書籍名	著者名	人数
1	絵本	はらぺこあおむし	エリックカール	2
2	絵本	かぎばあさんシリーズ	手島悠介／岡本颯子	
3	絵本	てんさんぱらさ	不明	
4	絵本	おまえうまそうだな	宮西達也	2
5	絵本	さっちゃんのまほうのて	古田足日／田畑精一	
6	絵本	ぶたにく	大西暢夫	
7	絵本	ぐりとぐら	中川李枝子／山脇百合子	
8	絵本	スイミー	レオ・レオニ	
9	絵本	14ひきシリーズ	いわむらかずお	
10	絵本	ないたあかおに	浜田廣介	
11	絵本	おっかなどうぶつえん	西内久典／なかのひろたか	
12	絵本	書名不明 ストックホルムの町の話	不明	
13	絵本	あのねかずくんはいしゃさんはこわくない	あまんきみこ／渡辺有一	
14	絵本	わすれられないおくりもの	スーザン・バーレイ	
15	絵本	こんとあき	林 明子	2
16	絵本	書名不明 春夏秋冬1日1話	祖父が毎日読んでくれた 不明	
17	絵本	じろはったん	森はな／梶山俊夫	
18	絵本	かわいそうなぞう	土家由岐雄／武部本一郎	
19	絵本	100万回生きたねこ	佐野洋子	
20	教科書	ルロイ修道士『握手』	井上ひさし	
21	教科書	消しゴムころりん『ふしぎの時間割』	岡田 淳	
22	詩集	書名不明父親所蔵の詩集	不明	
23	児童文学	バッテリー	あさのあつこ	5
24	児童文学	ブレイブストーリー	宮部みゆき	
25	児童文学	星の王子さま	サン・テグュジュペリ	
26	児童文学	ハリーポッターと賢者の石	J. Kローリング	2
27	児童文学	ローワンと魔法の地図	エミリー・ロッダ	
28	児童文学	モモ	ミヒャエル・エンデ	
29	児童文学	グットラック	神林長平	
30	児童文学	野ブタをプロデュース	白岩 玄	
31	児童文学	よだかの星	宮澤賢治	
32	児童文学	クジラの歌が聞こえる	ビクターケラハー	
33	児童文学	ローワンと魔法の地図	エミリー・ロッダ	
34	児童文学	ハッピィバースディ	青木和雄	
35	社会	世界で一番美しい元素図鑑	セオドア・グレイ	
36	社会	身体がノーと言うとき	ガボール・マテ	
37	社会	ミッキーマウスの憂鬱	松岡圭祐	
38	社会	宇宙のはじまり	スヴァンテアレニウス	
39	社会	焼かれた魚	小熊秀雄／新田基子	
40	社会	貧困大国アメリカ	堤 未果	
41	社会	犬と私の10の約束	川口 晴	
42	社会	やめないよ	三浦和良	
43	社会	結婚できない男	尾崎将也	
44	社会	心の野球	桑田真澄	
45	社会	イチローの流儀	小西慶三	
46	社会	空想科学読本	柳田理科男	
47	社会	物理のための数学	和達三樹	
48	社会	もし世界が100人の村なら	池田香代子	2
49	社会	電池が切れるまで	すずらんの会	
50	社会	遠野物語	柳田国男	
51	小説	ルーズベルトゲーム	池井戸潤	
52	小説	ライ麦畑でつかまえて	J. Bサリンジャー	
53	小説	亡国のイージス	福井晴敏	
54	小説	下町ロケット	池井戸潤	
55	小説	青空のむこう	アレックスシアラー	2
56	小説	植物図鑑	有川 浩	
57	小説	チョコレートアンダーグラウンド	アレックスシアラー	
58	小説	秘密の花園	バーネット・グラハムラスト	
59	小説	坊ちゃん	夏目漱石	
60	小説	おおかみこどもの雨と雪	細田 守	
61	小説	舟を編む	三浦しをん	
62	小説	九つの物語	橋本 紡	
63	小説	七瀬ふたたび	筒井康隆	
64	小説	レインツリーの国	有川 浩	
65	小説	1リットルの涙	木藤亜也	
66	小説	サラとソロモン	エスタージェリーヒックス	
67	小説	図書館戦争	有川 浩	
68	小説	キケン	有川 浩	
69	小説	死神制度	伊坂幸太郎	
70	小説	海の底	有川 浩	
71	小説	機動戦士ガンダム閃光のハサウェイ	富野由悠季	
72	小説	スナーク狩り	宮部みゆき	
73	小説	手紙	東野圭吾	
74	小説	寄生獣	岩明 均	
75	小説	鴨川ホルモー	万城目学	
76	小説	博士の愛した数式	小川洋子	
77	小説	三国志	吉川英治	
78	小説	あそこの席	山田悠介	
79	小説	トワイライト	ステファニーメイヤー	
80	小説	スターガール	ジェリー・スピネッリ	
81	小説	12番目の天使	オグマンディーノ	
82	小説	竜馬がゆく	司馬遼太郎	
83	小説	風が強く吹いている	三浦しをん	2
84	小説	子ぎつねヘレンが残したもの	竹田津実	
85	小説	竜馬伝	福田 靖	
86	小説	幸福な食卓	瀬戸まい子	
87	漫画	GTO	藤沢とおる	
88	漫画	はだしのゲン	中沢啓治	
89	漫画	ワンピース	尾田栄一郎	
90	哲学	SKINNY BITCH	ロリー・フリードマン	
91	雑誌	Newton	ニュートンプレス	

本を読むことを通して思春期の子どもたちと『愛するということ』を考える

門田　雅人

一　取り組みの動機と経過

私はここ4、5年に渡って【本を読むことを通して『愛するということ』を考える】という主題で公、私立高校生数百人を対象に授業形式の講座を取り組んできました。また、思春期の生徒の教員免許を取得しようとする大学生にも同じ形式内容の授業講義を実践してきたところです。

この主題の取り組みをしたいと考えた主要な理由は、思春期の子どもたちの置かれた状況にあります。学校生活における価値基準が「全国悉皆学力テスト」に象徴される狭義の学力偏重に陥る中で豊かな内容の総合的な学習や学級活動、主体的で充実した生徒会活動や学校行事は片隅に追いやられる傾向が顕著です。

いみじくも思春期と命名された発達段階のこの時期は、反抗期とも呼ばれ保護者からの自立を模索する成長の節目です。また、胸のふくらみの早い遅い、自慰行為をする自分のことを異常ではないかなどと性的な成熟に対して悩んだり慄いたりした経験は、通過儀礼として共通のものでしょう。しかし、気がかりな事例が報告されています。思春期になっても異性の親と風呂に一緒に入っている子どもが少なくないとのアンケート結果です。また、同年代の異性との交際について「煩わしい」と否定的な志向が広がっているとも言われます。

一方で、家庭における性的虐待の問題は表面化しにくい要素を持ちながらも事態の深刻さが顕著です。また、先ごろ出会い系サイトで知り合った中学生が誘拐された事件がありました。高知市の男性が逮捕されたことは記憶に新しいところです。中学校、高校の生徒指導の現場で、望まない妊娠をしてしまった生徒への対応や支援は厳しい現実に振り回されながらの事後処理指導にならざるを得ません。

家族関係が濃密になりすぎた問題点も噴出していますが、家族や友人関係の距離感全般が近すぎたり希薄すぎたりしていることは生きにくい、息苦しい人間関係を生みだしています。しなやかな人間関係が育たないままでは、人と人の信頼関係も恋愛感情も成立しません。相手を無視、排除することや暴力的に対人関係を処理することが起こるのも必然です。

「風俗」とか「援助交際」などと言葉を甘く飾り立てても、実態は性を商品化した売春、買春は、法律的な建前とはかけ離れて日常の周辺にあります。扇情的な成人週刊誌は、万引き対策の故なのでしょう、書店やコンビニの店先一等地に配置されています。幼児や少年少女の視線を避ける配慮は私たちの国にはありません。アダルトビデオも成人週刊誌もその存在に大人と子どもの線引きがあまりされていないのが現状です。意図的にそれらの情報を得ようとすれば、パソコンやスマホでの検索することで正視に絶えない画像さえも無制限に飛び込んできます。子どもたちにとって過剰な情報があふれています。性的な犯罪の標的が幼児や少年少女に向かう傾向も気がかりなところです。

他方、子どもたちの悩みに真摯に応える、彼らの成長にとって必要不可欠な愛情や性についての正確な知識、ものの見方・感じ方・考え方・行動の仕方は教えられているでしょうか?私は極めて不充分だと感じています。どうしても対処療法になりがちです。道徳的な心がけの問題に矮小化しがちです。しかし、私は特別支援教育の教員たちが、子どもたちが性的犯罪の被害者にならないために(もちろん加害者にも)等身大の人形などを活用していねいに丁寧に性器の名称や男女の性差、性に関してのまっとうな授業の成果を知っています。また、公立の高校で人工中絶の自分の体験を通して性や性行為について考え合う授業の値打も知っています。

私ができることを考えてみました。私は平凡な人間です。聖人君子ではありません。上から目線で愛や性について道徳的な説教は思春期の子どもたちも拒否するところでしょう。40数年前の私と連れ合いの結婚記念品は絵本『しろいうさぎとくろいうさぎ』でした。黒兎がおどおどしながら、愛を告白する素敵な愛の絵本です。25歳の私のお気に入りでした。絵本は幼年期にも思春期にも大人にも想像力を拡げてくれるものです。読書は文学や社会、理科や芸術の世界に誘ってくれます。

私は、現場の教員として低学年担任であったときはもちろんのこと高学年の担任、管理職になってからも子どもたちに絵本や本を読んで紹介すること、読書を共に楽しむことを続けてきました。高知県全域の保育所で保育士さんたちと学び合ってきました。美術教育の分野では小・中・高の教員とも協働研究を進めてきたところです。退職して以降は毎週地元の小学校で読み聞かせをさせてもらっています。(保育所は毎月一回)絵本や本は子どもたちが思春期を迎えるまで、幼児期から愛や性について主体的に自分の血肉にして行ける大切な材料だと思います。【読むことを通して思春期の子どもたちと『愛すること』を考える】企画を長く胸に温めていました。公立高校の司書の方の推薦と担任や管理職の了解を得て実践が始まりました。（今年度、高知市内の私立高校でも同内容の授業実施）後掲する配布資料の書籍実物のほとんどを授業会場へ持ち込んでの取り組みです。生徒への提示資料を参照しながら授業実践の具体的な展開の要旨を論述します。

二 実践の具体的な展開

絵本は、幼児から学齢期、大人まで視覚的なわかり易さと深くまで読み込むことができる材料です。対象に考えた思春期の子どもたちが主体的に『愛するということ』を考える教材の切り込み口として最適なものと考えました。教材配列の全体構成を検討しているときに『愛するということ』（エーリッヒ・フロム）に出会い、その章立てを参考に展開していくことに思い至りました。副題として―ものの見方・感じ方・考え方・行動の仕方に繋げて―を設定しました。

導入では、高校生の頑なな気分をほぐすことを主眼に①簡単な自己紹介を②想像力テストへとつなぎ③受講者全体じゃんけんによるセンター決定まで軽快な流れを大切にしました。そして、『世界で一番美しい元素図鑑』や絵本『百年の家』が大人の鑑賞にも堪える美しい本であることや『うえきばちです』『あかまるちゃんくろまるちゃん』などが日本語の同音異義語や同色の物体変身を活かした笑える絵本であること、小説『博士の愛した数式』は数字や数学の楽しさを感じさせてくれること、また今次の主題とも関係が深い『ヌードの美術史』『股間若衆』『性をめぐる不思議に科学で答える』などを提示して絵画や彫刻、写真で表現された裸体や性行為、性風俗、性に関する科学も図書から見たり感じたり考えたりできることを提起しました。

1　人間のつながりを考えるの章立てでは思春期の自己を肯定することの大切さを強調したいと思いました。絵本や本の紹介を通して

①思春期・反抗期の自分に万歳『よくぞここまで成長してきた』②0歳も15歳も67歳もそして100歳も、今が大切、輝かせて！③ユニーク1／1オブゼム（自分は尊厳ある大切なひとり／普遍的なみんなと同じ一人）

絵本『人間』や写真集『1歳から100歳の夢』などは、読み進めることで人間の存在理由や成長発達の素晴らしさを実感させてくれる書籍です。

2　本を通して愛を考えるの章立てでは

①絵本を視て愛情全般を考えてみる　として

○親子の愛情を描いて　写真絵本『誕生の歌』は人間の出産場面をリアルに映し出してくれています。『ちいさなあなたへ』は母親が娘の成長を慈しみ世代が交代していく喜びや悲しみをしみじみと感じさせてくれます。東京書籍国語教科書にも採択された『月夜のみみずく』は父と娘の森への小旅行交流を美しい水彩で描いた絵本です。

○姉妹や友達の愛情・友情を描いて　『となりのせきのますだくん』は小学校1年生で怪獣のように歪んだ表現しかできない男の子の初恋を女の子の視点から描いています。高校生や大学生の多くが『知っている』『読んだことがある』との反応を示してくれます。『だんまりこうろぎ』は光センサーを設定した絵本で、週末で同種の異性に出会うところで初めてコオロギの音声が絵本から飛び出すので劇的です。

○自分や人間、自然を描いて　女優室井滋自伝風絵本の『しげちゃん』は女の子なのに男の子のような名前を付けられた自分がその名前に誇りを持つようになる内容です。そういえば彼女は芸名も滋ですね。

『広島の原爆』は広島出身の作家と高知県出身の画家の協働作業から生まれた渾身の一冊です。被爆前の広島の美しい街並み、被爆後の悲惨!丁寧に精緻に描かれています。驚嘆するのは広島型原爆と長崎型原爆の形態や当時の世界情勢まで図示して見るものに具体的な事実を提示してくれているところでしょう。修学旅行にヒロシマを選択した学校の多くで事前学習の教材資料活用されている理由が理解できます。

写真絵本『はるにれ』は北海道原野に凛と立つ一本のはるにれの木の四季を写した素朴な一冊です。幼年期にこの本に出会った若いカップルが、現代に実物を見に行く話にはロマンを感じます。

『あかいはなさいた』は四季折々の中で咲き誇る赤い色彩の花々を描いた絵本です。美しくてそれで充分満足できるのですが、作者が韓国人であることを知ると別の感慨が湧いてきます。大地に咲き誇る花々が日本のそれと同じであること、それらを描く作者の感性に共感できること。違わないこと。韓流ドラマに涙する視聴者が多い理由も納得がいくところです。

②純愛を考えてみる（ピュアな恋愛といえる）　として

『百万回生きたねこ』を取り上げました。長年にわたって版を重ねるベストセラーです。非日常的な不老不死の飼い猫が、野良猫になって平凡な恋をして子育てをする日常の方に価値を置く展開が爽快です。その後、「猫は決して生き返りませんでした。」。

『老夫婦』はシャンソンの歌詞に無彩色で描かれた老夫

婦、友人たちや妻を送った夫も亡くなります。故今江祥智さんが翻訳したこの絵本は人の一生について思索を与えてくれます。

③性愛を考えてみる（異常とも感じられる情愛）として

児童文学の『獣の奏者外伝』を取り上げました。本篇の内容でも家族や部族の絆や想い人のことは繊細に綴られていますが、とりわけ外伝では恋人や夫婦の関係が濃密に描かれていて、是非思春期の人たちに対峙してほしい本です。衝撃的な書名の『パンツが見える』や『だれでも一度は処女だった』などは真摯な考察であり誠実なルポルタージュです。フィギュアやＡＫＢ48の少女たちが肌も露わにミニスカートでコンサート会場や歌番組で映像として流されます。幼児が大人びた化粧をする片方で青年が大人に成熟することができない文化状況はいびつです。

『毎日かあさん』は西原理恵子の家庭を活写した連載漫画ですが、アルコール依存症の破滅的な夫との不思議な家族関係です。映画化された主人公夫婦を、現実には離婚している小泉今日子と永瀬正敏が演じたことも話題になりました。笑いながら泣いてしまいました。『異性』は角田光代・穂村 弘、著名な作家２人の男女が対話形式で性愛について率直な意見交換をしている異色の書籍です。男性と女性の感じ方、考え方の共通点と違いが際立っていて楽しめます。

前段からの以上を提示したうえで、私から生徒へのメッセージを**①童貞や処女は捨てるものではありません。人としての交流の一つの到達点　②元付き合っていた彼女や彼を今の彼女・彼に紹介できますか？　③風俗やアダルトビデオの世界と現実の交際とは別物ですよね　④暴力を振るう交際相手とはすぐさま別れること　⑤いのちを守るということについてじっくり考えることが大切です。自殺についても　⑥性的な成熟は一応完成している。労働を通して賃金を得ていない点では生活力未熟である。**６点を強調しました。それは、一緒に本を読むことを通して共通理解に達してほしい私の希望です。ここまでの書籍の提示と紹介が本授業の主題です。

3　一冊の本との出会いが想像力を拡げる

の章立てでは、前章までの主題を土台として支えるだろうと思われる読書体験の楽しさや大切さを【一冊の本】というキーワードで展開しました。

①私立灘中・高等学校教師の3年間同一教材としての本

『銀の匙』、『【銀の匙】国語の授業』を取り上げました。故橋本 武先生の実践記録です。『銀の匙』一冊を生徒とともに学び尽くす奇跡のような授業です。全く無名の私立学校であった頃からの取り組みでした。

②著名作家が青春時代を描いたエッセイ

では、現代の若者たちに圧倒的な人気を誇る作者の3名のエッセイを取り上げました。伊坂幸太郎、東野圭吾、道尾秀介誰もが順風な人生ではなかったことを赤裸々に書いてくれていました。

道尾秀介は高校時代まで読書の習慣はなかったと語っています。当時、たまたま交際していた彼女が薦めてくれた一冊が太宰 治の『人間失格』であったこと、本を読む楽しみや小説を書く仕事に向かうきっかけの一冊でした。

③自分にとっての一冊がある悦び

思春期の今、自分にとってこれが一冊と言える本があることは、『人間失格』という一冊によって道尾秀介や又吉直樹が直木賞、芥川賞作家に導かれたような文学者を目指すために必要であるという意味ではありません。それが漫画であり、画集や写真集であるのかもしれません。生徒が医師や科学者、第一次産業従事者、サラリーマンなどなど、どのような職業に就くとしても熱中する一冊、心に残る一冊は今後の人生を応援してくれると信じます。

『バッテリー』は野球少年の思い出の一冊かもしれません。映画化もされました。アマゾンで単行本を全巻取り寄せてみました。一冊100円でしたが金銭的な価値よりも貴重な価値を見ることができます。漫画『海街diary』は異母姉妹が主人公です。「少女漫画なんて」などと毛嫌いしていては、普通ではないような家族や姉妹のしなやかで逞しい生き方に心ゆすぶられる体験はできません。一押しの漫画です。

『ルリボシカミキリの青』と『フェルメール光の王国』はどちらも科学者福岡伸一さんの著作です。私が強く感動した内容を生徒に伝えました。前書は昆虫観察の観点から後書は美術鑑賞の観点からとらえることのできる本でしょう。しかし、福岡さんは科学と美術の両方に造詣が深く二兎を追うことに成功しています。フェルメールの青についての論旨は科学者ならではの視点、指摘だなあと感じます。『数の悪魔』と『天地明察』はジャンルの異なる本ですが数字、数学の視点から見ると共通した読書の悦びを感じることができます。もちろん後者は江戸時代を舞台に天文学や太陽暦などを材料にした小説なので違う読後感を得ることができます。映画化された映像と比較して楽しむこともできるでしょう。

直接、『愛すること』を主題にして本を楽しむことをしなくても多様な読書体験は広い意味では「人生を励まして」くれると思います。自分一人では直接体験できない世界を見せてくれるからです。たとえばイギリスで出版される『ハリーポッター』シリーズは日本でも同時出版されて読むことができます。過去のどのような著作も時空を超えて読むことができるのです。ものの見方・感じ方・考え方・行動の仕方を主体的に学ぶためには欠かせない活動だと思います。

今次の実践報告には資料として高知大学教職課程特別活動履修者（理学部、人文学部、医学部、教育学部混成）模擬授業時記入アンケートによる【私の一冊】を提示してあります（307頁）。

4　おわりにの章立てでは本を楽しむための具体的な行動提起をしました。授業を受身的に聴講して「面白かった」「退屈した」「愛とか性とか恥ずかしくて聞きたくなかった」等の一方的な感想だけを期待していたからではなかったからです。**①今読んでいる本があること　②その時の気分で同時にいくつかの本を読めば　③本を選ぶためにできること**の3点を挙げました。

「何を読んだらよいのかわからない」「朝の読書で読むことを強制されるのが嫌だ」といった声が聞こえてくるからです。『12歳からの読書案内』など多様な読書案内の図書があります。漫画紹介も含めて、それらのいくつかを紹介しました。

私がとりわけ重視して紹介するのは、取りつきやすい雑誌による読書案内です。うれしいことに若い女性に人気の雑誌『アンアン本の特集号』は毎年企画されます。若者人気のファッション雑誌『ブルータスの本の特集』も毎回秀逸です。

授業全体の締めくくりの一言は、

※毎日少しの時間でもスマホを止めて、新聞や本を読む雰囲気を　絵本や漫画も楽しい

でした。

三　今次の反省と展望

今の形式を原型にした取り組みを始めて4年が経過しました。これまで、美術教育分野での研究会に実践報告として発表したことがあります。その後、高知市の中学校越智明美教諭が『百万回生きたねこ』『しろいうさぎとくろいうさぎ』漫画『のだめカンタービレ』など愛の絵本や漫画数冊を提示しながらシャガールの絵画『Over The Town』の鑑賞授業を実践されたことを伺いました。目標は「じっくり作品を味わい『愛とは何か?』という、永遠のテーマについて考えてみよう」という取り組みです。子どもの発達段階や状況に応える実践だと感じます。

なお、発達段階に関しては自戒していることがあります。絵本『スーホの白い馬』はモンゴルの草原を舞台に少年と白い馬の深い結びつきと悲劇を描いた傑作です。初めて小学1年生を担任した青年教師の折、5月に勇んでこの絵本を読み聞かせしました。しかし、子どもたちは走り回り聞き入ってはくれません。挫折した私は、心新たに一緒に楽しめる絵本を選書したことでした。『ネズミくんのチョッキ』『おおきなおおきなおいも』など子どもたちは毎朝の読み聞かせを心待ちしてくれました。運動会が終わった10月、再度『スーホの白い馬』を読んだ時のことです。物語の場面、場面に集中して聞き入り「白い馬死なないでくれ」と少年が悲痛な叫びを上げる場面では全員がポロポロと涙をこぼしました。子どもこそが主人公です。感じ方も育てたいと思い定めた出来事でした。

幼年期、児童期との接続の問題も課題です。私の地元の須崎市安和小学校での読み聞かせは毎週木曜日朝の時間、元保育士中城佐恵さんと2人で低・中学年、高学年を分担して交代で同日実施しています。幸いにして、彼女はストーリーテリングの第一人者です。私はどちらかというと多様な絵本の楽しみ方を届けたいと考えて選書しています。毎回、実施した後には次回まで絵本を教室に残して、子どもたちが手に取ることを期待しています。かつて校長を務めた米奥小学校でも低学年に読み聞かせを実施していました。1年生はたったの3名でした。そのうちの1名が今年度から高知大学協働学部1年生として同じキャンパスにて志を繋いでくれています。6年生の時に学習発表会で「学校林と四万十川」について総合的な学習成果を報告してくれたことなど彼女のものの見方・感じ方・考え方が学齢ごとに確実に接続されたことを実感します

別紙資料として高校生生徒への配布資料を後掲してあります（次頁）。参照してください。今回の報告では、取り上げた絵本や書籍の一部を紹介するに止まりました。実物の絵本や書籍を示しながらの授業風景と異なり書籍の内容や授業の状況を理解することが困難な記述になりました。お詫びします。

私のこれからの課題も見えてきました。**①全体構成や形式、選書を再検討する　②中学生対象の実践機会を企画するとともに高校での取り組みを広げる　③現場の先生方の批判や意見を反映して、現場で多様な実践を期待する**　ことなどです。多忙を極める学校現場だと思いますが実践報告、提起に対してのご批判ご意見を期待します。

2016/01/13（退職教員・非常勤講師）

② 純愛を考えてみる （ピュアな恋愛といえる）

『しろいうさぎとくろいうさぎ』（ガース・ウィリアムス）『百万回生きたねこ』（佐野洋子）『えすがたあねさま』（大川悦生）『のだめカンタビーレ』（二ノ宮知子）『とめはねっ！』（河合克敏）『高く手を振る日』（黒井千次）『老夫婦』（ジャック・ブレル）

③ 性愛を考えてみる （異常とも感じられる情愛）

『獣の奏者』外伝（上橋菜穂子）『パンツが見える』（井上章一）『だれでも一度は処女だった』（千木良悠子／辛酸なめ子）『毎日かあさん』（西原理恵子）『スカートの下の劇場』（上野千鶴子）『女を殴る男たち』（梶山寿子）『異性』（角田光代／穂村　弘）

※ 童貞や処女は捨てるものではありません。人としての交流のひとつの到達点

※ 元付き合っていた彼女や彼を今の彼女・彼に紹介できますか？

※ 風俗やアダルトビデオの世界と現実の交際とは別物ですよね

※ 暴力を振るう交際相手とはすぐさま別れること

※ いのちを守るということについてじっくり考えることが大切です。自殺についても

※ 性的な成熟は一応完成している。労働を通して賃金を得ていない点では生活力未熟である。

3．一冊の本との出会いが想像力を拡げる

① 私立灘中・高等学校国語教師の三年間同一教材としての本

『銀の匙』（中　勘助）　『【銀の匙】国語の授業』（橋本　武）

② 著名作家が青春時代を描いたエッセイ

『3652』（伊坂幸太郎）／『多分最後のご挨拶』（東野圭吾）／『プロムナード』（道尾秀介）

③ 自分にとって一冊の本がある悦び

『蝉時雨やむ頃』（吉田秋生）『バッテリー』（あさのあつこ）『弱くても勝てます開成高校野球部の・・・』（高橋秀美）『「はやぶさ」式思考法』（川口淳一郎）『バガボンド（井上雄彦）『ルリボシカミキリの青』・『フェルメール光の王国』（福岡伸一）『鍵のない夢を見る』（辻村深月）『プロメテウスの罠』（朝日新聞報道部）『風の帰る場所』（宮崎　駿）『数の悪魔』（エンツェンスベルガー）『天地明察』（沖方　丁）『未来への手紙』（未来への手紙プロジェクト）『海洋堂物語』（宮脇　修）『ビブリア古書堂の事件手帖』（三上　延）『忘れられないあの一言』（岩波書店編集部）

― おわりに ―

① 今読んでいる本があること

② そのときの気分で同時にいくつかの本を読めば

③ 本を選ぶためにできること

友達の紹介　／『本を味方につける本』（永江　朗）『12 歳から読書案内』（金原瑞人）／『あさのあつこのマンガ大好き！』（あさのあつこ）『恋愛に効く絵本』（きむらゆういち）『他の誰もが薦めなかった・・』（14 歳の世渡り術）　雑誌アンアン本の特集／雑誌ブルータス本の特集／本の紹介雑誌ダヴィンチ等

※ 毎日少しの時間でもスマホを止めて、新聞や本を読む雰囲気を！絵本や漫画も楽しい！

太平洋学園高校１年　　　　　　　　　　　　　　　　　　　　’15／10／14

―ものの見方・感じ方・考え方・行動の仕方に繋げて―　　　　　門田　雅人

本を読むことを通して『愛するということ』を考える

・太平洋学園との縁について／マイブームと想像力の拡がり、本日のセンター決定！
・還暦の年齢にならなくては経験できないこと／人は必ず死ぬのです

『愛するということ』（エーリッヒ・フロム　紀伊国屋書店）『世界で一番美しい元素図鑑』（セオドア・グレイ）『しごとばスカイツリー』（鈴木のりたけ）『百年の家』（Ｊパトリック・ルイス）『うえきばちです』（川端　誠）『あかまるちゃんとくろまるちゃん』（上野与志）『博士の愛した数式』（小川洋子）『春画を旅する』（山本ゆかり）『ヌードの美術史』（美術手帳編）『股間若衆』（木下直之）『少年の性』（奥田継男）『性をめぐる不思議に科学で答える』（別冊宝島）

１．人間のつながりを考える

①　思春期・反抗期の自分に万歳『よくぞここまで成長してきた』
②　０歳も１５歳も６７歳もそして 100 歳も、今が一番大切、輝かせて！!
③　ユニーク１／１オブゼム（自分は－尊厳ある大切な一人／普遍的なみんなと同じ一人）

『おじいちゃんのおじいちゃんの・・』（長谷川義文）『人間』（加古里子）『地球のかたちを哲学する』（ギョーム・デェプラ）『下に見る人』（酒井順子）『ピンチを味方にするスイッチ』（尾木直樹）『１歳から 100 歳の夢』（日本ドリームプロジェクト）

２．本を通して愛を考える

①　絵本を視て愛情全般を考えてみる

○　親子の愛情を描いて

『誕生の詩』（トーマス・ベリイマン）『ちいさなあなたへ』（アリスン・マギー）『あなたがうまれたひ』（デブラ・フレイジャー）『月夜のみみずく』（ヨーレン）『パパのしごとはわるものです』（板橋雅弘）『おまえうまそうだな』（安西達也）

○　姉妹や友達の愛情・友情を描いて

『ねうさんといもうと』（シャーロット・ゾロトウ）『となりのせきのますだくん』（武田美穂）『はせがわくんきらいや』（長谷川集平）『あおくんときいろちゃん』（レオ・レオニ）『ふたりはいつも』（アーノルド）『だんまりこうろぎ』（エリック・カール）

○　自分や人間、自然を描いて

『しげちゃん』（室井　滋）『何のために生まれてきたの？』（やなせたかし）『カーブック』（ヤーン・アグラ）『わたし』（谷川俊太郎）『広島の原爆』（那須正幹）『ペテェッティーノ』（レオ・レオニ）『スーホの白い馬』（大塚勇三）『あつおのぼうけん』（田島征彦）『はるにれ』（姉崎一馬）『ぶたにく』（大西暢夫）『たまごのはなし』（ダイアナ・アストン）『あかいはなさいた』（タク・ヘジョン）『動物たち』（三沢厚彦）

あとがき

教員退職七年目を迎えて、私の毎日は①居住校区の小学校で毎週絵本の読み語りを②前任の小学校の学校運営協議会活動支援を③高知大学週一回の非常勤講師を④居住地域での集落活動センターの取り組みを⑤週末には連れ合いと実家四万十市西土佐への帰省を⑥大人になった我が子たちを見守ること、三人の孫たちの支援をすること、などが主な日常です。それにしても、子どもたちにとって育ちにくい、高齢者にとっても生きにくい世の中になっていると感じます。

私は、その毎日の生活の中で『発達とは』『教育とは』『支援とは』と考えさせられます。そして今、最も心に沁みている言葉は『啐啄《そったく》同時』という四字熟語です。訓育と陶冶、教えることと育てることの統一的対応のことです。なぜなら、私自身を含めて人の一生における多くの年齢の人々に接している中で、保育園児・小学・中学・高校・大学・大人の職場の仲間や運動などなど、それぞれの発達段階で当事者がどうしてもやりたいと感じる発達課題に応える、学習課題こそが教育に求められているのだと思うのです。『啐啄《そったく》同時』卵の殻を外と中から同時に突付く。幼い頃も、思春期も、かけがえのない人生です。若い教師も経験を積んだ教師も、子どもを主人公にした地域との協力・協働の中で輝くのだと信じます。

この書籍は、前書きに記したように個人的な教師生活を締めくくるに当たっての、私的な教育実践・運動の記録集でした。少ない部数でお世話になった方々や仲間に進呈したものです。瞬く間に残部0《ゼロ》になりました。その後、若い教職員や大学生の参考資料になればと考え、一般書籍の体裁を整えて発行したのでしたが今回残部がなくなりましたので、追加の記録を二編補充して再販することにしました。ご感想、ご批判を期待します。

二〇一六年九月一五日　門田　雅人

２００４－０７　高知県管理職教員組合高岡支部書記長　０８　　高知県管理職教員組合副組合長
２００４－０５『絵本の宝石箱　一冊の絵本』連載執筆月刊「風の子」高知県保育団体連合機関紙
２００４　　美術教育を進める研究全国大会　第４１回大会　手仕事・工作の今を考える　司会
２００４　　『卒業生へのお祝いのことば』季刊「清流」（くぼかわ病院報）３５号
２００５－０６　高知県教育委員会『山の学習支援事業』指定研究
２００５　　緑の少年団全国大会（高知大会）みどりの奨励賞（全国３校表彰）受賞
２００５　　美術教育を進める研究全国大会　第４２回大会　基調実践報告
『私が大切にしてきた美術教育　そして今校長として』
２００５－０８　　窪川・四万十町立図書館　連続講座
『子どもに絵本と読書の橋を架ける』企画支援
２００５　　『現職教育の充実をめざす学校経営』高知県及び高岡地区小・中学校長会発表
２００５－０６　高知県読書感想文優秀校
２００６－０９　四万十町教育委員会『小規模特認校』指定
２００６　　こども県展推薦賞（南部　由華）指導　　こども県展図画学校優秀校
２００７　　高知大学教育学部講座『高知県の教育』
『想い描くこと・書き綴ることを大切にして』講義
２００７－０８ 文部科学省『コミュニティスクール』推進校指定研究
高知県森と緑の会『高知県山の日の事業』指定事業推進
２００７　　美術教育を進める研究全国大会　第４４回大会基調パネルディスカッション　司会
２００７　　『私が大切にしてきた美術教育』分科会講座担当第３２回高知教育講座
２００８　　こども県展図画学校優秀校
２００７－０９　季刊「文化高知」（高知市文化振興事業団）１４５-１４８号
連載執筆　”地域とともに四万十川と学校林を活かす”
『沈下橋に桧の炎が燃えた』　１４５号
『子どもと四万十川に橋を架ける』　１４６号
『学校林が子どもたちに近づいてきた』　１４７号
『総合的な学習が主体的な子どもを育てる』　１４８号
２００９　　高知県管理職教員組合実践機関紙
『教育実践支援システム』実践報告
２００９　　『絵本とこども－想像力のひろがり』（南の風社）再販出版
『絵本の宝石箱』（南の風社）　編集出版
『教育実践・教育運動記録集』
学校通信『松葉の子』

２００９　　高知県教育職員退職（四万十町立米奥小学校校長）

２０１０　　『子どもの発達を保障する教職員集団の共闘を』高岡地区小中学校教頭会講話
２０１０　　高知大学教育学部非常勤講師

※　過去　保育所、小学校、大学、図書館、教育研究会等講話・講演多数記録せず・・・

『書く、書き綴る、描く』　　28号
『別れ　そして　出会い』　　29号

１９８９　季刊「子どもと美術」（あゆみ出版）高学年特集
『12歳の自画像を描く・書き綴る』執筆
１９９０－９６　季刊「子どもと美術」（あゆみ出版）２４号～４０号
『イメージの宝石箱　一冊の絵本』連載執筆

１９９１　小学校教頭昇任登用（小規模複式担任教頭）　（西土佐村立下家地小学校）
研究主任　『子どもたちの読む力・書く力を育てる』
１９９１　『小学生の美術教育』（あゆみ出版）編集責任／分担執筆
１９９１　『図画工作科の授業１３巻　鑑賞』（同朋舎）分担執筆
１９９２　こども県展推薦賞（安岡　恭輔）指導　こども県展図画学校優秀校
１９９２　小砂丘賞作文　『小砂丘賞作品集１８』
小６最優秀『父の仕事場に行って』（雪村加代子）指導
１９９２　美術教育を進める研究全国大会（高知大会）第２９回全国大会実行委員長
高畑　勲　氏記念講演　『火垂るの墓と現代の子どもたち』
１９９３　『絵本とこども－想像力のひろがり』（あゆみ出版）執筆出版
田島　征彦　氏表紙絵及び挿画
１９９３－９４　幡多国語教育研究大会　高学年部会研究協力者
１９９４－　研究主任　『読む力・書く力・発表力を育てる』　（西土佐村立大宮小学校）
１９９４　年刊「日本児童生徒文詩集」
『転校そして卒業前の僕』（田辺　哲志）指導　他年度も数度採用
１９９４　月刊「部落」（部落問題研究所）７月臨時特別号“90年代後半の部落問題同和教育”
『教育合意を大切にして地域に根ざした学校づくりを』執筆

１９９６　須崎市『カワウソ絵本賞』審査委員　（須崎市立上分小学校）

１９９７　季刊「探検　ほんの海へ」（子どもの本と未来を語る会）春季号巻頭言
『子どもとの距離を考える』執筆　（須崎市立須崎小学校）
２０００　美術教育を進める研究全国大会（高知大会）第３７回全国大会事務局
高畑　勲　氏記念講演　『絵巻物の伝統と現代のアニメーション』

２００１－０２　窪川小学校卒業記念版画『１２歳の自画像』　（窪川町立窪川小学校）
２００１－０２　宿毛市立図書館　連続講座
『子どもと本とを結ぶ仲間の輪を拡げる』企画支援
２００２　こども県展推薦賞（市川　孝徳）指導　こども県展図画学校優秀
２００３　窪川町立米奥小学校校長昇任登用　（窪川町立米奥小学校）
２００３－０８　窪川・四万十町学校図書館協議会会長／窪川・四万十町図書館協議会委員
２００３　美術教育を進める研究全国大会　第４０回大会　リレー基礎講座　司会

教育実践等の略歴について

門田　雅人

１９７２年　宮崎大学教育学部卒業　同年高知県教育職員　教諭として採用
１９７３－７４　図工科研究指定（大方町指定）　研究主任　　　（大方町立田ノ口小学校）
『子どものものの見方・考え方・感じ方を育てる図工指導』
１９７４　こども県展小６学年推薦賞（松岡　清一）指導　　７５夏のこども表紙採用
１９７４　幡多郡下の保育士・教師等約１００名で『幡多幼年サークル』結成　事務局長
１９７４　月刊「子どもと教育」（あゆみ出版）７月号評価特集
『一見絵はへたでも通知表は○』執筆　　　（大月町立中央小学校）
１９７５　高知県美術教育を進める会結成　事務局長

１９７８　国語科研究指定（幡多地区地教連指定）　研究主任　（西土佐村立川崎小学校）
『はっきり正しく読め　深く確かな読み取りができる子どもを育てる』
１９７８　月刊「絵本」（すばる書房）３月号ー‘７７～’７８絵本ハイライト特集
『’７７年絵本の拡がりの中で』執筆
１９８０　月刊「どの子も伸びる」（部落問題研究所）９月号
『生活する子ども・親・教師を結ぶ』執筆 - 学級通信の取り組み

１９８１　美術教育を進める研究全国大会（高知大会）　第１８回全国大会実行委員長
佐古田好一　氏 記念講演　　　（越知町立越知小学校）

１９８２－０３　研究主任　『読む力・書く力・計算力を育てる』　（須崎市立南小学校）
１９８３　高知県教職員組合／高岡教職員組合教育文化部長選出（専従２年）
教育合意大運動・民間教育研究団体協働・ＰＴＡ等教育各種団体連携
１９８３　季刊「教育実践」（民衆社）小学生の非行の芽特集号
『自分を自分でさしずできる子を』執筆　－書くことの指導を軸に－
１９８４　「父母とともに創る教育」－子ども・学校・地域－（あゆみ出版）
『みんなの力で地域に根ざした高岡の教育を』執筆
１９８５－９０　季刊「子どもと美術」（あゆみ出版）６号～２２号
『子どもと絵本－想像力の拡がり』連載執筆

１９８８　小砂丘賞作文　**『小砂丘賞作品集１４』**
小６最優秀『兵隊に行っていたおじいちゃん』（新玉　幸子）指導
（西土佐村立津野川小学校）
１９８８　研究主任　『国語科における読む力・書く力・話す力を育てる』

１９８９　季刊「文化高知」（高知市文化振興事業団）２７号－２９号
連載執筆　”素顔の子どもたち”
『四万十川あつよしの夏』　　　２７号

著者略歴

門田 雅人（かどた・まさと）

1948年　高知県四万十市西土佐須崎生まれ

1972年　宮崎大学教育学部卒業。以後高知県の小学校教員として幡多郡、高岡郡内で教職に就く。幡多幼年の会・高岡教育実践研究会・高知県美術教育を進める会等教育研究サークル事務局長、美術教育を進める会全国事務局次長歴任、仲間と学びあう。

2009年　四万十町立米奥小学校校長退職

2010年　高知大学教育学部非常勤講師

著　書　『父母とともに創る教育』（あゆみ出版）共著分担執筆
『小学生の美術教育』（あゆみ出版）責任編集共著分担執筆
『図画工作科の授業　鑑賞』（同朋社）共著分担執筆
『絵本とこども』（南の風社）
学校通信『松葉の子』（私家版）

現住所　〒785－0024　高知県須崎市安和647－1

教育実践・教育運動記録集

発行日　2010年10月1日
2016年10月1日　第2版

発行所　（株）南の風社
〒780-8040　高知市神田東赤坂2607-72
Tel 088-834-1488／Fax 088-834-5783
E-mail edit@minaminokaze.co.jp
http://www.minaminokaze.co.jp

ISBN978-4-86202-084-0 C0037